FRANZÖSISCH LERNEN

ZIEL:
SPRACHEN

FRANZÖSISCH LERNEN
Anfängerniveau
A2

Anthony Bulger

Adaptiert für Deutschsprechende von
Ricarda Hollmann

DIE BUCHREIHE
ZIEL: SPRACHEN

DER GEMEINSAME EUROPÄISCHE REFERENZRAHMEN FÜR SPRACHEN

Ab wann kann man eine Fremdsprache „sprechen"? Und wann kann man sagen, dass man sie „korrekt", bzw. fließend spricht? Sie sogar „beherrscht"? Diese Frage beschäftigt SpezialistInnen für Linguistik und Lehre seit jeher. Es hätte theoretisch lediglich ein Thema akademischer Debatten bleiben können, jedoch müssen Lernende heutzutage ihre Sprachkenntnisse nachweisen, vor allem bei Stellenbewerbungen oder wenn sie auswandern möchten. In der EU gibt es mehr als 20 offizielle Amtssprachen (unter den etwa 120 in Europa gesprochenen Sprachen), sodass das Thema der Zugangsvoraussetzungen für Posten immer kritischer wurde.

Die Antwort auf die obigen Fragen und Zulassungsprobleme war unter anderem Auslöser für die Gründung des Gemeinsamen Europäischen Referenzrahmens (GER) für Sprachen durch den Europarat im Jahr 2001. Seine Hauptaufgabe ist es, ein neutrales und sprachübergreifendes Bewertungsmodell für die Beherrschung von Sprachen anzubieten, um deren Erlernen im europäischen Raum zu vereinfachen. Ein weiteres Ziel ist der Austausch und die Förderung der Mobilität, aber auch die Strukturierung der vielen privaten Bewertungstests, die Ende des 20. Jahrhunderts zunahmen und die meist individuell pro Sprache galten.

Mehr als 15 Jahre nach seiner Einführung ist sein Erfolg so groß, dass er die Grenzen Europas überschritten hat und auf der ganzen Welt verwendet wird; ein Beweis dafür ist sein Leistungsverzeichnis, das in 40 Sprachen verfügbar ist. Der Erfolg ist auch an den LehrerInnen, Personal-Vermittelnden und Unternehmen sichtbar, die umfassend darauf zurückgreifen und an den Praktizierenden, die es „vorteilhaft finden, mit stabilen und anerkannten Mess- und Formatstandards zu arbeiten[1]."

---

[1] "Gemeinsamer europäischer Referenzrahmen für Sprachen: lernen, lehren, beurteilen", Klett Verlag, 2013

DIE NIVEAUS UND KATEGORIEN DES GER

Der GER teilt sich in drei grundlegende Level und in sechs Stufen des Sprachniveaus auf:

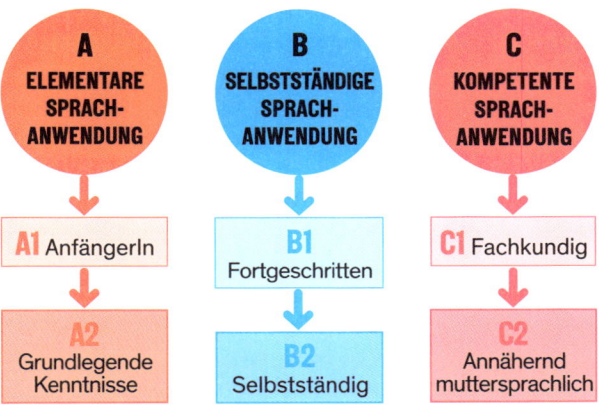

Jedes der Kompetenzniveaus ist nach Sprachaktivität spezifiziert:
- die mündliche und geschriebene Produktion (sprechen und schreiben);
- die Rezeption (mündliches und geschriebenes Verstehen);
- die Interaktion (mündlich und geschrieben);
- das Vermitteln (mündlich und geschrieben);
- die nonverbale Kommunikation.

Im Rahmen dieses „Ziel: Sprachen"-Kurses und seiner Verwendung begrenzen sich die Sprachaktivitäten natürlich auf die Rezeption und grundlegende Produktion. Interaktion, Vermitteln und nonverbale Kommunikation vollziehen Sie, indem Sie MuttersprachlerInnen begegnen und sich mit ihnen austauschen – physisch oder online.

DIE KENNTNISSE DES A2-NIVEAUS

Mit dem Niveau A2 kann ich:
– einfache Sätze und und das häufigste Vokabular verstehen
– kurze Texte lesen und eine Information in gängigen Dokumenten finden
– persönliche, kurze und simple Anschreiben verstehen
– simple und gewöhnliche Aufgaben kommunizieren
– meine Familie, andere Menschen, meine Lebensumstände, meine Ausbildung und meine berufliche Tätigkeit in einfacher Form beschreiben
– kurze und simple Notizen und Nachrichten schreiben.

Die meisten aktuellen Methoden zum Selbsterlernen von Sprachen erwähnen eines der Niveaus des GER (meistens B2), aber diese Kategorisierung stimmt teils nicht mit dem Leistungsverzeichnis überein. Die „Ziel: Sprachen"-Reihe wurde auf Basis des Referenzrahmens gestaltet. Der Inhalt der Dialoge wurde gegenüber der grundlegenden Angaben verbessert, um auf die tatsächlichen Bedürfnisse der heutigen Lernenden einzugehen. Und ganz nach der Assimil-Philosophie, wurde keine Mühe gescheut, den Sprachlernprozess angenehm und unterhaltsam zu machen!

Ein Ratschlag für Lernende

Wenn Sie die Lektionen genauestens befolgen, sich die Dialoge anhören und die Aufgaben machen, werden Sie das Niveau A2 erreichen. Es gibt keinen bestimmten Zeitrahmen, sodass Sie Ihr eigenes Tempo bestimmen können. Aber das Wichtigste beginnt erst danach: sich mit Muttersprachlern austauschen, Filme schauen, Bücher, Artikel und Blogs lesen. Kurzum: jede Möglichkeit nutzen, die akquirierten Sprachkenntnisse zu pflegen, um sie nicht einrosten zu lassen. Das ist der erste, wichtige Schritt auf dem Weg zur Beherrschung der neuen Sprache – wie auch immer diese gemessen wird!

FRANZÖSISCH LERNEN

FRANZÖSISCH AUSSPRECHEN UND SCHREIBEN

- AUSSPRACHE
- KONSONANTEN
- VOKALE
- UMLAUTE
- DIE LAUTE VERBINDEN: VERKETTUNG UND LIAISON
- BETONUNG
- INTERFERENZ
- SYNTAX
- INTERPUNKTION UND GROSS- UND KLEINSCHREIBUNG

◆ AUSSPRACHE

Ein paar Wörter sind im Deutschen und Französischen nahezu gleich (z.B. **appétit**, *Appetit*), werden aber anders ausgesprochen. Der beste Weg für eine gute Aussprache, ist mit MuttersprachlerInnen zu sprechen – aber wenn Sie genau auf die Audioaufnahmen dieses Kurses hören, die Dialoge und Übungen laut wiederholen und Ihre Aussprache mit den Aufnahmen abgleichen, werden Sie sicher gut kommunizieren. Sie sollten auch jede Möglichkeit nutzen, französisches Radio, Fernsehen, Filme und Onlinemedien anzuhören und zu schauen, um mit den Lauten und dem Rhythmus der Sprache vertraut zu werden. Noch wichtiger ist es, sich daran zu gewöhnen, laut zu lesen; indem Sie z.B. die Dialoge dieses Buches vorlesen oder die unten geschilderten Laute üben. (Bedenken Sie, dass französische Kinder diese Laute auch erlernen müssen, mit **un cahier de sons**, *ein Laute-Heft*.)

Auch wenn Französisch die Amtssprache in fast 30 Ländern ist – Belgien, Kanada und die Schweiz inbegriffen – haben wir uns an die Standard-Aussprache aus Frankreich gehalten (der Dialekt aus der Touraine-Provinz ist mutmaßlich der „reinste" von allen).

Ein Wort der Warnung bezüglich der Aufnahmen dieses Kurses: wie ein geschriebenes Wort ausgesprochen wird, hängt davon ab, wo es im Satz steht. Die meisten der unteren Beispiele wurden aus den Dialogen der Module ausgewählt, sodass Sie Aussprachen vergleichen und kleine Unterschiede bemerken können.

◆ KONSONANTEN

Die meisten Konsonanten haben mehr oder weniger die gleichen Klänge wie auf Deutsch. Hören Sie zu und wiederholen Sie dann laut:

a. **papier**	d. **femme**	g. **collègue**
b. **bien**	e. **professeur**	h. **vrai**
c. **merci**	f. **travail**	i. **directeur**

Finale Konsonanten, vor allem das Plural **-s** und **-x** sind normalerweise lautlos:

a. **magasins**	d. **réseaux**
b. **bateaux**	e. **femmes**
c. **professeurs**	f. **travaux**

Es gibt aber vier Ausnahmen: **-c**, **-f**, **-l** und in bestimmten Umgebungen **-r**:

a. **sac**	c. **persil**
b. **tarif**	d. **car**

Ein Laut, der sich vom Deutschen unterscheidet, ist z.B. **j** (wie ein weiches, stimmhaftes [sch] ausgesprochen):

a. **jardin**	b. **joli**	c. **jambon**

Manche Doppelkonsonanten differieren in ihrer Aussprache vom Deutschen. Normalerweise wird z.B. **ll** als [l] ausgesprochen, aber wenn ein **i** oder ein anderer Vokal davor steht, klingt es eher wie [j]. Ebenso wird **gn** als [nj] ausgesprochen und **ch** als [sch]:

a. **belle**	d. **oignon**	g. **chance**
b. **bouteille**	e. **Bretagne**	h. **Michel**
c. **travailler**	f. **ligne**	i. **enchanté**

(Beachten Sie, dass **ville**, *Stadt*, und **mille**, *tausend*, Ausnahmen für die Regel sind und [wiel] und [miel] ausgesprochen werden.)

– Der Buchstabe **h** am Wortanfang ist lautlos, aber es gibt einen Unterschied zwischen dem **h muet** (*stummes h*) und dem **h aspiré** (*aspiriertes h*). Die meisten Wörter, die mit **h** beginnen, sind vom ersten Typ und erfordern Elision und Liaison.
Z. B. wird **un hôpital**, *ein Krankenhaus*, [önopital] ausgesprochen; mit dem definitem Artikel **le**, wird dessen finales **e** getilgt: **l'hôpital** [lopital]. Diese Regeln gelten nicht für Wörter, die mit dem **h aspiré** beginnen: **un havre**, *ein Hafen*, und **Le Havre** werden [ön|awre] und [lö | awre] ausgesprochen, mit einer kleinen Pause (**|**) zwischen Artikel und erstem Vokal. Trotz des Begriffs, wird das aspirierte **h** nicht ausgesprochen.
In der nächsten Aufnahme beginnen die ersten 6 Wörter mit einem stummen **h**, die anderen mit einem aspirierten. Hören Sie genau auf das Wort, das dem **h**-Wort vorausgeht:

a. **une heure**	d. **l'hébergement**	g. **Les Hauts**	j. **un haricot**
b. **un hôtel**	e. **très heureux**	h. **la haine**	k. **le hasard**
c. **elle habite**	f. **un homme**	i. **la halle**	l. **le hockey**

Es ist schwierig die **h**-Kategorie eines Wortes zu bestimmen (wobei viele importierte Wörter als **h aspiré** kategorisiert werden, wie **le hip-hop**). Die Wortlisten müssen gelernt werden, also achten Sie genau auf die Aussprache in unseren Aufnahmen und machen Sie Ihre eigene Liste. Fangen Sie damit an, eine Seite wie www.espacefrancais.com/le-h-aspire-et-le-h-muet/ zu besuchen.

– Das französische **r** ähnelt unserem, jedoch wird es weiter oben im Rachen gebildet:

a. **rouge**	d. **réseau**	g. **en retard**
b. **garage**	e. **merci**	h. **manger**
c. **trente**	f. **très**	i. **régulièrement**

◆ VOKALE

Das Französische hat zwei Arten von Vokal-Lauten, oral und nasal, während es im Deutschen nur orale gibt. Während das Deutsche einen Unterschied zwischen langen und kurzen Vokalen macht (*im* und *ihm*), sind französische Vokale sozusagen dazwischen: **il** ist weder so kurz wie *im*, noch so lang wie *ihm*. Hier sind die ersten vier grundlegenden Vokal-Klänge:

a. **avoir**	d. **expo**	g. **mardi**	j. **orange**
b. **acheter**	e. **merci**	h. **ici**	k. **projet**
c. **salle**	f. **cher**	i. **ski**	l. **voler**

Die Aussprache von **e** ändert sich je nachdem, ob der Buchstabe einen Akzent hat (siehe unten, Umlaute) oder ob er von einem anderen Buchstaben gefolgt wird. In den oberen Beispielen ist das finale **e** stumm.

Das **u** hat zwei Klänge: einen, der dem deutschen *ü* ähnelt, wie in **vu**, und einen zweiten, der unserem *u* ähnelt, wie in **vous**. Sie können leicht verwechselt werden, also üben Sie aufmerksam. Hören Sie sich das **u** der ersten sechs Wörter an und dann das der letzten sechs. Üben Sie die Wortpaare dann, indem Sie sie laut aussprechen:

a. **tu**	d. **dessus**	g. **tout**	j. **dessous**
b. **vu**	e. **du**	h. **vous**	k. **doux**
c. **pu**	f. **rue**	i. **poux**[1]	l. **roux**[2]

[1] *Läuse* [2] *rotbraun*

Andere Vokale sind nasaliert, d.h. sie werden ausgesprochen, indem Luft durch Nase und Mund ausgeströmt wird. Sie können versuchen ein Nasenloch mit dem Finger zuzuhalten! Nasalisierung ist besonders ersichtlich, wenn ein Vokallaut (entweder ein einzelner oder Kombinationen wie **ei** und **ai**) von den Konsonanten **n** oder **m** gefolgt wird, die lautlos werden:

a. **lin**[1]	d. **en**	g. **on**	j. **importer**
b. **vin**	e. **encore**	h. **son**	k. **main**
c. **pain**	f. **Jean**	i. **pardon**	l. **frein**[2]

[1] *Leinen* [2] *Bremse*

Vokale können kombiniert werden, um die folgenden Laute zu produzieren: **ai** → [offenes „e"]; **au** → [o]; **eu** → [ö] und **ou** → [u]. Hören und wiederholen Sie:

a. **lait**	d. **aussi**	g. **deux**	j. **vous**
b. **mais**	e. **autre**	h. **peu**	k. **beaucoup**
c. **français**	f. **gauche**	i. **cheveu**	l. **pouvez**

Der Vokal **e**, ohne ein Akzentzeichen (siehe unten) am Wortende ist meist lautlos: z.B. ist **une pile**, *eine Batterie*, [ün piel]. Wenn es jedoch ans Ende eines maskulinen Adjektivs gesetzt wird, um es feminin zu machen, führt das **e** dazu, dass der finale Konsonant ausgesprochen wird. Hören Sie auf den Unterschied dieser Adjektiv-Paare:

a. **grand → grande**	d. **vert → verte**	g. **important → importante**
b. **français → française**	e. **brun → brune**	h. **prochain → prochaine**
c. **petit → petite**	f. **haut → haute**	i. **amusant → amusante**

Ein ungewöhnlicher Vokal ist die Ligatur von **o** und **e**, als einzelnes Symbol: **œ**. Diese Kombination wird meist [ö] ausgesprochen. Hören Sie sich die folgenden Wörter an:

a. **un œil**	c. **un bœuf**	e. **un cœur**
b. **un œuf**	d. **une sœur**	f. **un nœud**

Die Aussprache hängt von mehreren weiteren Faktoren ab, darunter die Etymologie des Wortes (Griechisch oder Latein), aber für unsere Absichten reicht die obere Regel aus.

◆ UMLAUTE

Es gibt drei Haupt-Akzente, die auf Vokale gesetzt werden können: ´ (aigu), ` (grave) und ^ (zirkumflex). In manchen Fällen geben Sie einfach eine grammatikalische Funktion an, ohne die Aussprache zu ändern: z.B. **a** (dritte Person Singular von **avoir**) und **à** (eine Präposition, *an, in, nach, zu*). Ebenso zeigt der Accent grave den Unterschied zwischen der Konjunktion **ou**, *oder*, und dem Adverb/Pronomen **où**, *wo*.
In anderen Fällen ändern diese Akzente die Aussprache. Der Buchstabe **e** ist wichtig, da es der einzige Vokal ist, der alle drei Akzente tragen kann. Das „reine" **e** ist entweder stumm, meist am Wortende (**balle**), oder unbetont (**merci**). Mit einem Accent aigu wird **é** ein wenig wie unser langes [e:] in *ewig* ausgesprochen, aber noch etwas gespannter. Hören Sie auf den Unterschied zwischen den Wortpaaren:

a. **occupe → occupé**	c. **souffle → soufflé**
b. **désire → désiré**	d. **allume → allumé**

Der Accent grave, **è**, produziert einen offenen Laut, ungefähr wie das [ä] in *eng*. Er ist oft, aber nicht immer, über das **e** gesetzt, wenn die nächste Silbe lautlos ist:

a. **père**	d. **quatrième***	g. **achètes**
b. **mère**	e. **pièce**	h. **problème**
c. **très**	f. **espèce**	

* die *-ième* Endung an einer Kardinalzahl kreiert die Ordinalzahl, wie das *-te* (*fünfte*) auf Deutsch.

Die einzigen anderen Vokale, die einen Accent grave bekommen können, sind **à** und **ù** (letzterer nur in **où**, *wo* benutzt), wo er zu keiner Veränderung in der Aussprache führt.
Das Zirkumflex ^ ist das einzige Akzentzeichen, das mit allen fünf Vokalen benutzt werden kann. Es hat verschiedene Funktionen, z.B. signalisiert es, dass ein Wort lateinischer Herkunft ist oder dass ein oder mehr Buchstaben, meist ein **s**, entfernt wurden. Es hilft auch bei der Unterscheidung von Homophonen wie **sur/sûr** (*auf/sicher*) und **du/dû** (*von/geschuldet*). Jedoch sind die einzigen Vokale, bei denen dadurch die Aussprache geändert wird (und selbst das nur leicht) **a**, **e** und **o**. Hören Sie sich die Paare an:

a. **prêt → pré**	c. **tâche → tache**	e. **côte → cote**
b. **hôte → hotte**	d. **pâtes → pattes**	

Für die Zwecke dieses Kurses ist es wichtig, die Unterschiede zwischen den geschriebenen Wörtern zu erkennen statt der leichten Diskrepanz im Klang.

Zusätzlich zu den drei Akzenten, die wir gesehen haben, gibt es zwei weitere Sonderzeichen, die gelernt werden sollten, da sie die Aussprache des Vokals oder Konsonanten ändern können, auf die sie angewendet werden:

Das **tréma** zeigt an, dass zwei Vokale getrennt ausgesprochen werden anstatt als Diphthong/Doppellaut. Die geläufigsten Anwendungen sind **Noël**, *Weihnachten* [no:-äl] und **maïs**, *Mais* [ma-ies] (statt **mais**, *aber*, das [mä] ausgesprochen wird).
Bei anderen Wortpaaren (z.B. **chat** und **château**) ist der Unterschied nur leicht und betrifft uns für den Moment nicht.

Zuletzt gibt es noch **la cédille** – ein einem Haken ähnelndes Zeichen unter dem **c**, das dessen Aussprache zu einem [ss] verändert. Es wird nur benutzt, wenn das **c** vor den Vokalen **a**, **o** und **u** steht. Das liegt daran, dass **e** und **i** nach dem **c** immer den [ss]-Klang auslösen. Hören Sie sich die Paare dieser verwandten Wörter an und achten Sie auf die Schreibweise:

a. **France → français**	d. **recevoir → reçu**
b. **commerce → commerçant**	e. **lancer → lançons**
c. **glace → glaçon**	f. **grincer → grinçant**

◆ DIE LAUTE VERBINDEN: VERKETTUNG UND LIAISON

Verkettung (**enchaînement**) ist, wenn der finale Konsonant eines Wortes in den initialen Vokal (oder **h**) des nächsten übergeht. Liaison ist der Verkettung ähnlich, aber involviert die Aussprache eines ansonsten lautlosen finalen Konsonanten. In beiden Fällen ist das Ziel, den Satz/das Wort geschmeidig und fließend zu machen. Die Grundregeln sind einfach:

– Das finale **n** am maskulinen indefiniten Artikel **un** erklingt im folgenden Wort, wenn es mit einem Vokal beginnt: **un ami**. Die gleiche Regel gilt für **une**, da das finale **e** lautlos ist (siehe oben): **une amie**.
– Das finale **s** am definiten Plural-Artikel **ils** und **elles** wird zu [s]: **elles achètent**. Die gleiche Regel trifft auf die Pronomen **nous** und **vous** zu: **nous avons**, **vous allez**.
– Das finale **s** eines Plural-Adjektivs wird mit dem Nomen verbunden: **les grands enfants**.
– Ein finales **t** oder **d** wird verbunden und [t] ausgesprochen: **petit ami**, **grand artiste**.
– Selbiges gilt für ein finales **x**: **beaux arts**.

Liaison ist aber in manchen Fällen nicht erlaubt:
– mit der Konjunktion **et**: **un café et un thé**
– zwischen einem Singular-Nomen und dem folgenden Wort: **un enfant intéressant**
– mit einem **h aspiré** (siehe oben)
– mit Eigennamen: **Robert est intelligent**

(In den anfänglichen Modulen werden wir diese Liaisons natürlich unterstreichen.)
Hören Sie zu und wiederholen Sie dann laut:

a. **elles achètent**	e. **trois euros**	i. **des héros**	m. **ils ont une voiture**
b. **nous avons**	f. **plus occupé**	j. **un grand artiste**	n. **elles ont une voiture**
c. **beaux arts**	g. **deux hôtels**	k. **un petit ami**	o. **Robert est intelligent**
d. **avant-hier**	h. **tout à l'heure**	l. **un enfant intéressant**	p. **un café et un thé**

In manchen Fällen, wird Liaison (aber nicht Verkettung) in formellen Kontexten benutzt oder auch von achtsamen Sprechenden, die ihre gute Bildung zeigen möchten. Z. B. ist in einem Satz wie **ils ont une voiture** die erste Verknüpfung (**ils_ont**) obligatorisch, aber die zweite (**ont_une**) ist optional. Im Grunde genommen werden im Alltags-Französisch lediglich die obligatorischen Liaisons produziert. Wenn man z.B. dem öffentlichen Radio zuhört, halten sich Nachrichtensprechende an die Grundregeln, aber wenn ein Mitglied der Académie française über dessen neueste Novelle diskutiert, wird es wohl jede mögliche Liaison anwenden. Je fließender Sie im Französischen werden, desto wohler werden Sie sich beim Verbinden der Wörter fühlen.

◆ BETONUNG

Französisch ist eine silbenzählende Sprache, was bedeutet, dass alle Silben eines Wortes oder Satzes ungefähr die gleiche Wichtigkeit haben. Das Resultat ist, dass Vokallaute nicht reduziert oder abgeschwächt werden. Gegensätzlich dazu ist deutsch eine akzentzählende Sprache: Silben werden in regelmäßigen Intervallen betont und die unbetonten werden weniger klar ausgesprochen. Z.B. wird *komfortabel* meist [komfortaabl] ausgesprochen (die Betonung liegt auf dem langen *a* und das *e* wird ganz ausgelassen). Konträr dazu werden beim französischen Äquivalent **confortable** alle vier Silben und Vokale gleich deutlich ausgesprochen. Hören Sie sich diese Wörter an und wie klar alle Silben produziert werden:

a. **une conférence**	e. **une exposition**	i. **malheureusement**
b. **un informaticien**	f. **l'hébergement**	j. **une téléspectatrice**
c. **confortable**	g. **un renseignement**	k. **le surlendemain**
d. **une messagerie**	h. **énormément**	l. **un réfrigérateur**

Als Regel gilt, dass die letzte Silbe eines französischen Wortes etwas mehr akzentuiert ist als die anderen, aber nicht immer im gleichen Ausmaß wie im Deutschen. Obwohl kurze Vokale durch die Silbenbetonung in einem Satz „gequetscht" werden können, bleiben die Laute recht klar. Hören Sie sich die folgenden Sätze an, ohne zu sehr über die Bedeutung nachzudenken (die in einer darunter stehenden separaten Tabelle gegeben wird):

a. **Comment vas-tu ?**	f. **Je fais du ski chaque année en décembre.**
b. **Je suis très occupée.**	g. **Nous n'avons pas pensé à cela.**
c. **Combien est-ce que ça coûte ?**	h. **Les appartements coûtent les yeux de la tête.**
d. **J'ai fait la grasse matinée.**	i. **Pour quelle date souhaitez-vous réserver ?**
e. **Ce n'est pas grave.**	j. **Je prendrai des pommes de terre, des oignons et quelques poireaux.**

Verdecken Sie nun den Text und hören Sie nochmal zu.

a. *Wie geht es dir?*	f. *Ich fahre jedes Jahr im Dezember Ski.*
b. *Ich bin sehr beschäftigt.*	g. *Wir haben nicht daran gedacht.*
c. *Wie viel kostet das?*	h. *Die Wohnungen kosten ein Vermögen.*
d. *Ich habe ausgeschlafen.*	i. *Für welches Datum möchten Sie reservieren?*
e. *Es ist nicht schlimm.*	j. *Ich werde Kartoffeln, Zwiebeln und ein paar Porrees nehmen.*

◆ INTERFERENZ

Viele deutsche und englische Wörter kommen aus dem Französischen und andersherum, wodurch sie sich ähneln. Das kann sowohl vorteilhaft als auch tückisch sein. Die Gefahr besteht darin, die Bedeutung, Aussprache oder beides misszuverstehen. Wenn Sie diesen Homographen begegnen, verifizieren Sie immer die Aussprache, bevor Sie es laut äußern. Ein gutes Wörterbuch wird helfen. Lesen Sie diese Wörter, hören Sie dann aufmerksam der Audioaufnahme zu.

a. **un cousin**	c. **dîner**	e. **un journal**
b. **un moment**	d. **une station**	

Ein weiteres Problem ist das „Franglais" (Modul 18): englische Wörter wurden von Französischsprechenden übernommen, aber mit anderen Bedeutungen – wie das Denglisch.

◆ SYNTAX

Der Satzbau unterscheidet sich zum Deutschen. Es gilt die einfache und strenge Regel „Subjekt – Verb – Objekt" und zwar auch im Nebensatz! Je mehr Sie ins Französische eintauchen, desto mehr zeigt sich dies und desto mehr verinnerlichen Sie es.

◆ ZEICHENSETZUNG, GROSS- UND KLEINSCHREIBUNG

Zuletzt eine Anmerkung zur Interpunktion. Das Ziel dieses Kurses ist, Ihnen eher das französische Sprechen als Schreiben beizubringen. Trotzdem werden Sie nicht umhinkommen, ein paar Unterschiede in der Art und Weise der Zeichensetzung zu registrieren. Vor allem wird im Französischen ein Leerzeichen vor „starken" Satzzeichen gesetzt: **Quel est votre nom ?**, *Was ist Ihr Name?*; **Attendez-moi !**, *Warten Sie auf mich!*. Selbes trifft auf Semikolons und Doppelpunkte zu. Wenn Sie auf Französisch schreiben möchten, empfehlen wir Ihnen, die Sprach-Einstellung Ihres Schreibprogramms zu ändern. Aber wenn Sie die Leerzeichen vergessen, wird man Sie trotzdem verstehen **Bien entendu !**, *Selbstverständlich!*.

Im Französischen wird praktischerweise fast alles kleingeschrieben – außer in folgenden Fällen: am Satzanfang, Eigennamen, Anreden und Titel, Feiertage, Völkernamen, geografische Bezeichnungen, Himmelsrichtungen (wenn sie ein Gebiet bezeichnen).

I.
BEGEGNUNG UND BEGRÜSSUNG

1. KONTAKTAUFNAHME 25

2. SICH KENNENLERNEN 33

3. IN DER BRETAGNE 41

4. DAS ZUHAUSE UND DIE FAMILIE 49

5. WO IST…? 57

6. WIE VIEL UHR IST ES? 67

7. EIN TERMIN 75

II.
SICH UNTERHALTEN

8. DIESES WOCHENENDE 87

9. URLAUB 97

10. SICH AUSRUHEN 107

11. SHOPPEN 115

12. TELEFON-KONVERSATION 125

13. ÜBER DEN URLAUB SPRECHEN 133

14. EINE WOHNUNG FINDEN 141

III.
GESCHICHTEN ERZÄHLEN

IV.
FREIZEIT GENIESSEN

15.
MUSIK HÖREN 153

16.
DIE GESCHICHTE
EINES LEBENS 163

17.
LASS UNS AUF DEN MARKT
GEHEN! 173

18.
DIÄT 183

19.
BUCHUNG 193

20.
SPORT 203

21.
KRANKHEIT 213

22.
DAS BERUFSLEBEN 225

23.
FEIERN 235

24.
DIE LOTTERIE 245

25.
POLITIK 255

26.
EIN AUTO MIETEN 263

I

BEGEGNUNG

UND

BEGRÜSSUNG

1. KONTAKT-AUFNAHME

PRISE DE CONTACT

ZIELE

- SICH VORSTELLEN
- HALLO UND TSCHÜSS SAGEN
- JEMANDEM DANKEN

KENNTNISSE

- GENUS - MASKULIN UND FEMININ
- *ÊTRE* (SEIN) UND *AVOIR* (HABEN)
- *TU* UND *VOUS*
- VERNEINUNG

VORSTELLUNGEN

– Guten Tag, ich bin Léon. Und Sie?

– Ich heiße Virginie. Freut mich, Sie kennenzulernen *(Angenehm)*.

– Ich bin hier an der Sorbonne für die Klima-Konferenz *(über das Klima)*.

– Ich auch.

– Sind Sie *(Sie sind)* Französin *(französisch)*, Virginie? Sie haben einen kleinen Akzent.

– Nein, ich bin Schweizerin *(schweizerisch)*. Aber ich wohne in Lyon.

– Lyon ist eine schöne Stadt *(Das ist eine schöne Stadt, Lyon)*.

– Ja, sehr nett. Und Sie? Kommen Sie *(Sie sind)* aus Paris?

– Nein, überhaupt nicht. Ich bin nicht französisch. Ich bin Belgier!

– Hallo, Virginie. Geht [es] dir gut?

– Hi Jean. Sehr gut, danke. Und dir?

– Gut. Aber ich bin spät dran für die Konferenz.

– Dann ich auch! Tschüss, Léon.

– Aber wartet auf mich!

PRÉSENTATIONS

– Bonjour, je suis Léon. Et vous ?
– Je m'appelle Virginie. Enchantée.
– Je suis ici à la Sorbonne pour la conférence sur le climat.
– Moi aussi.
– Vous êtes française, Virginie ? Vous avez un petit accent.
– Non, je suis suisse. Mais j'habite à Lyon.
– C'est une belle ville, Lyon.
– Oui, très sympa. Et vous ? Vous êtes de Paris ?
– Non, pas du tout. Je ne suis pas français. Je suis belge !

– Salut, Virginie. Tu vas bien ?
– Salut, Jean. Très bien, merci. Et toi ?
– Ça va. Mais je suis en retard pour la conférence.
– Alors, moi aussi ! Au revoir, Léon.
– Mais, attendez-moi !

■ DEN DIALOG VERSTEHEN
FORMULIERUNGEN UND REDEWENDUNGEN

→ **Bonjour** heißt wörtlich *Guten Tag* (**bon + jour**), aber es wird umfassender verwendet und bedeutet auch *Guten Morgen* oder einfach *Hallo*. **Salut** ist eine umgangssprachliche Begrüßungsform, die von jungen Menschen oder zwischen guten Freunden benutzt wird. Für *Tschüss/Auf Wiedersehen* sagt man **au revoir**.

→ **enchanté**, wörtl. „entzückt", heißt *Freut mich, Sie/dich/euch kennenzulernen* oder *Angenehm*. Im obigen Dialog spricht eine Frau, sodass es an ihr Genus angeglichen werden muss, indem ein **e** an das Wortende gehängt wird: **Enchantée**. Die Aussprache wird dadurch nicht verändert. Wir werden Ihnen noch mehr über Kongruenz erzählen.

→ **sympa** ist eine Abkürzung von **sympathique**, *sympathisch*, es entspricht aber auch Adjektiven wie *nett, freundlich*.

→ **Français/français**: Wie im Deutschen und Englischen werden Substantive von Nationalitäten großgeschrieben: **Les Français sont sympas**, *Die Franzosen sind nett*. Adjektive von Nationalitäten werden wie auch im Deutschen (und im Gegensatz zum Englischen) kleingeschrieben: **Il est français**, *Er ist französisch*.

KULTURELLER HINWEIS

Auch wenn sich dieses Buch auf das gesprochene Französisch in Frankreich konzentriert, ist es eine Amtssprache in 28 weiteren Nationen auf der Welt; von Algerien bis zu den Seychellen. Es wird zudem von zahlreichen internationalen Organisationen verwendet, wie den Vereinten Nationen, der OECD und dem Internationalen Olympischen Komitee. Wenn Sie also jemanden Französisch sprechen hören, kann es sich lohnen zu fragen, ob derjenige aus Bordeaux, Belgien oder Burundi kommt!

Lyon, im Zentral-Osten von Frankreich, ist dessen drittgrößte Stadt. Als Teil des UNESCO Weltnaturerbes ist sie auch für ihren Titel als kulinarische Hauptstadt bekannt.

La Sorbonne ist eine renommierte Universität, die im 13. Jahrhundert von Robert de Sorbon gegründet wurde. Obwohl das Hauptgebäude immer noch in dem ehemals böhmisch lateinischen Viertel liegt (Latein war im Mittelalter die Sprache zum Unterrichten), gibt es 14 Sorbonne-angehörige Fakultäten und Institute in ganz Paris.

◆ GRAMMATIK
GENUS

Alle französischen Nomen sind entweder maskulin oder feminin. Es kann teils schwierig sein, das richtige Genus zu identifizieren, aber hier sind ein paar Regeln:

– Natürlich sind alle Nomen maskulin, die auf Männer referieren (**homme**, *Mann*; **frère**, *Bruder*; **père**, *Vater*, etc.) und diejenigen, die auf Frauen verweisen feminin (**femme**, *Frau*, **sœur**, *Schwester*; **mère**, *Mutter*, etc.)
– Nomen auf **-é** (**café**, *Kaffee/Café*), **-age** (**ménage**, *Haushalt*), **-isme** (**tourisme**, *Tourismus*), **-eau** (**manteau**, *Mantel*), **-in** (**vin**, *Wein*) und **-ment** (**gouvernement**, *Regierung*) endend sind im Allgemeinen maskulin
– Substantive, die mit **-be** (**robe**, *Kleid*), **-té** (**beauté**, *Schönheit*), **-erie** (**boulangerie**, *Bäckerei*), **-tion** (**nation**, *Nation*) und **-ssion** (**émission**, *(Fernseh-)Sendung*) enden, sind im Allgemeinen weiblich. (Es gibt jedoch eine Vielzahl an Ausnahmen.)
Die Artikel **le** und **un** (*der* und *ein*) sind maskulin, **la** und **une** (*die* und *eine*) feminin: **un accent**, *ein Akzent*; **une conference**, *eine Konferenz*; **la ville**, *die Stadt*; **le climat**, *das Klima*. Wenn jedoch das Initial eines Substantivs ein Vokal ist, wird der Vokal des definiten Artikels weggelassen: **l'accent**. Deshalb ist es so wichtig die Genera der französischen Nomen zu lernen! Es gibt kein Äquivalent zu dem neutralen Pronomen *es* im Französischen.

SUBJEKTPRONOMEN

Hier sind die Subjektformen der französischen Personalpronomen:

je	*ich*	nous	*wir*
tu	*du*	vous	*Sie/ihr*
il	*er/es*	ils	*sie*
elle	*sie/es*		

Da das Französische kein neutrales Pronomen hat, können **il** und **elle** beide *es* bedeuten. Das finale **s** wird nicht ausgesprochen, sodass **il** und **ils** identisch klingen, genau wie **elle** und **elles**. Allerdings gibt es kaum eine Verwechslungsgefahr, da je nach Kontext das begleitende Verb entweder in der Singular- oder Pluralform steht. Achtung: **vous** benutzt man sowohl zum Siezen als auch zum Duzen (oder Siezen) mehrerer Personen. Oft ergibt sich aus dem Kontext, was gemeint ist.

ÊTRE UND *AVOIR* – „SEIN" UND „HABEN"

Das sind die beiden wichtigsten Verben im Französischen, da sie beide Voll- und Hilfsverben sind – wie im Deutschen. Sie sind auch unregelmäßig:

	être, *sein*		
je suis	*ich bin*	**nous sommes**	*wir sind*
tu es	*du bist*	**vous êtes**	*Sie sind/ihr seid*
il/elle est	*er/sie/es ist*	**ils sont**	*sie sind*

29

	avoir, *haben*		
j'ai	*ich habe*	**nous avons**	*wir haben*
tu as	*du hast*	**vous avez**	*Sie haben/ihr habt*
il/elle a	*er/sie/es hat*	**ils ont**	*sie haben*

Hinweis zur Aussprache: passen Sie auf, dass Sie nicht **ils sont** (*sie sind*), mit einem starken „s" ausgesprochen, und **ils ont** (*sie haben*), mit einem sanften „s" ausgesprochen, verwechseln.

TU UND VOUS

Im Französischen wird wie im Deutschen zwischen **tu** (*du*) und **vous** (*Sie*) unterschieden. Man duzt Familie, Freunde, gute Bekannte und junge Menschen, während man sich in formelleren Kontexten siezt. Jedoch wird **vous** auch verwendet, um mehrere Menschen anzusprechen (wir werden in diesem Kurs nicht immer beide Optionen als Übersetzung angeben).
Wenn Sie also z.B. mit Ihrem Sohn sprechen, sagen Sie **Comment vas-tu ?**, *Wie geht es dir?*, aber wenn Sie einen Fremden ansprechen – oder mehr als eine Person – sagt man **Comment allez-vous ?**, *Wie geht es Ihnen/euch?*.

DIE VERNEINUNG

Die negierende Form benötigt zwei Wörter: **ne** direkt vor dem Wort und **pas** direkt nach dem Wort: **Je suis française** → **Je ne suis pas française**. Im umgangssprachlichen Französisch wird immer öfter das **ne** ausgelassen. Gewöhnen Sie sich aber direkt daran, nicht das eine ohne das andere zu verwenden, da es im Schriftlichen und in der gehobeneren Sprache von Nöten ist!

DIE FRAGEFORM

Es gibt mehrere Wege eine Frage zu stellen. Die einfachste ist die Intonation am Ende des Satzes anzuheben. Somit kann der Aussagesatz **Vous êtes française**, *Sie sind französisch*, zu einer Frage umgewandelt werden *Sind Sie/Sie sind französisch?*, indem man einfach die Betonung auf **française** hebt: **Vous êtes française ?**. Wir werden uns später die anderen Möglichkeiten anschauen.

●VOKABULAR

avoir *haben*
attendre *warten*
être *sein*
s'appeler *heißen, (sich) (an)rufen*
habiter *wohnen*

un accent *ein Akzent*
le climat *das Klima*
une conférence *eine Konferenz*
une ville *eine Stadt*

suisse *schweizerisch*
belge *belgisch*
français *französisch*

oui *ja*
non *nein*
bien *gut*
en retard *(zu) spät, verspätet*
sympa *sympatisch, nett, freundlich*

Au revoir *Tschüss, Auf Wiedersehen*
Bonjour *Guten Tag/Morgen, Hallo*
Ça va *gut, Es geht mir gut*
Enchanté *(m.)* **Enchantée** *(f.) Freut mich, Sie/dich/euch kennenzulernen, Angenehm*
Merci *Danke(schön)*
Moi aussi *Ich auch*
Pas du tout *Überhaupt nicht, Gar nicht*
Salut *Hallo, Hi*

Das ist das Ende unserer ersten Lektion. Wir gehen die Dinge langsam und Schritt für Schritt an, aber Sie können bereits einfache Sätze bilden und grundlegende Fragen stellen. Sie könnten sogar an einer Klima-Konferenz teilnehmen! **Allons-y**, *Los/Weiter geht's!*

ÜBUNGEN

1. KONJUGIEREN SIE DIE VERBEN *AVOIR* UND *ÊTRE*

a. Je .... *(être)* français et ma femme .... *(être)* belge.
b. Virginie .... *(avoir)* un petit accent.
c. Ils .... *(être)* en retard pour la conférence.
d. Vous .... *(être)* très sympa.
e. Elles .... *(avoir)* un frère et il .... *(avoir)* deux sœurs.

2. SETZEN SIE DIESE SÄTZE IN DIE NEGIERENDE FORM

a. Alain est français. ....
b. Ils sont en retard. ....
c. Virginie a deux sœurs. ....
d. Lyon est une belle ville. ....
e. Nous sommes à la Sorbonne. ....
f. Je suis belge. ....

3. WELCHES GENUS HABEN DIESE NOMEN? FÜGEN SIE JEWEILS DEN DEFINITEN UND INDEFINITEN ARTIKEL HINZU

a. émission	_ _	_ _	g. robe	_ _	_ _
b. ville	_ _	_ _	h. manteau	_ _	_ _
c. manteau	_ _	_ _	i. vin	_ _	_ _
d. boulangerie	_ _	_ _	j. père	_ _	_ _
e. café	_ _	_ _	k. nation	_ _	_ _
f. conférence	_ _	_ _			

4. ÜBERSETZEN SIE DIESE SÄTZE AUF FRANZÖSISCH

03   Hören Sie sich danach die Tonaufnahme an und überprüfen Sie Ihre Antworten:

a. Hallo Jean, geht es dir gut? – Sehr gut, danke.
b. Sind Sie Belgierin? – Überhaupt nicht. Ich bin Schweizerin.
c. Lyon ist eine schöne Stadt.
d. Sie ist spät dran. – Ich auch.
e. Auf Wiedersehen. – Wartet auf mich!

2. SICH KENNENLERNEN

FAIRE CONNAISSANCE

ZIELE

- EINFACHE FRAGEN STELLEN
- INFORMATIONEN ÜBER SEINEN BERUF GEBEN

KENNTNISSE

- PLURALNOMEN
- POSITION UND KONGRUENZ VON ADJEKTIVEN
- GENUS (FORTSETZUNG)
- FRAGEFORM (FORTSETZUNG)

WAS MACHEN SIE?

– Was machen Sie beruflich *(als Arbeit)*, Lucien?

– Ich bin Lehrer an *(in)* einer Grundschule in Marseille.

– *(Sie haben)* Wie viele SchülerInnen haben Sie in Ihrer Klasse?

– Ich habe zwei Klassen von 30 SchülerInnen im *(in diesem)* Moment, weil einer meiner Kollegen krank ist.

– Das ist ein sehr schwieriger Beruf, oder *(nein)*?

– Nicht wirklich. Die Kinder sind liebenswert und meine KollegInnen sind nett. Wissen Sie, *(all)* meine [ganze] Familie ist im Unterrichtswesen: mein Vater ist Französischlehrer *(Lehrer von Französisch)*, meine Schwester unterrichtet *(das)* Englisch und *(die)* Mathe in einem Gymnasium und mein älterer Bruder ist Schulleiter *(Direktor der Schule)*.

– Sind Sie verheiratet?

– Ja, und ich habe zwei Kinder: einen sechsjährigen Sohn *(von sechs Jahren)* und eine vierjährige Tochter *(von vier Jahren)*.

–Ist Ihre Frau auch Lehrerin?

– Nein, sie ist Direktorin eines kleinen Reisebüros *(Agentur von Reisen)*. Und Sie, was machen Sie, Sophie?

– Ich bin Informatikerin, spezialisiert auf *(in den)* Netzwerke.

– Sehr interessant. Ich habe einen Cousin, der Informatiker ist. *(Sie arbeiten)* Für welche Firma arbeiten Sie?

– Ich arbeite nicht für eine Firma: ich bin selbstständig *(unabhängig)*.

– Sie haben Glück!

04 QUE FAITES-VOUS ?

– Qu'est-ce que vous faites comme travail, Lucien ?

– Je suis professeur dans une école primaire à Marseille.

– Vous avez combien d'élèves dans votre classe ?

– J'ai deux classes de trente élèves en ce moment parce qu'un de mes collègues est malade.

– C'est une profession très difficile, non ?

– Pas vraiment. Les enfants sont adorables et mes collègues sont gentils. Vous savez, toute ma famille est dans l'enseignement : mon père est professeur de français, ma sœur enseigne l'anglais et les maths dans un lycée et mon frère aîné est directeur d'école.

– Est-ce que vous êtes marié ?

– Oui, et j'ai deux enfants : un fils de six ans et une fille de quatre ans.

– Est-ce que votre femme est professeur aussi ?

– Non, elle est directrice d'une petite agence de voyages. Et vous, que faites-vous, Sophie?

– Je suis informaticienne, spécialisée dans les réseaux.

– Très intéressant. J'ai un cousin qui est informaticien. Vous travaillez pour quelle société ?

– Je ne travaille pas pour une société : je suis indépendante.

– Vous avez de la chance !

■ DEN DIALOG VERSTEHEN
FORMULIERUNGEN UND REDEWENDUNGEN

→ **combien** bedeutet generell *wie viel*, aber je nach Kontext und Ergänzung auch *wie sehr, wie oft, wie lange*: **combien d'élèves**, *wie viele SchülerInnen*, **combien de temps**, *wie lange (wie viel Zeit)*.

→ **malade** ist ein Adjektiv, das *krank* heißt: **Mon fils est malade**, *Mein Sohn ist krank*. Das Wort kann auch als Nomen für *PatientIn, Krank/e* verwendet werden.

→ **le travail** bedeutet *die Arbeit* (**Le travail est essentiel**, *(Die) Arbeit ist essenziell*), während **un emploi** *ein Job* ist, für den man bezahlt wird. (Die staatlich geförderte Agentur für Arbeit heißt **Pôle emploi**.) Die beiden Wörter überlappen teilweise und wir werden sie später noch genauer ansehen.

→ **oui**, *ja* und **non**, *nein*. Mit einer eher umgangssprachlichen Frage, die gebildet wird, indem man die Intonation am Ende anhebt, kann man zur Hervorhebung der Frageform **non** benutzen: **C'est difficile, non ?**, *Das/Es ist schwierig, nicht wahr/oder/stimmt's?*

→ **avoir de la chance**: *Glück haben* (wörtl. *das Glück haben*). Viele französische Ausdrücke mit **avoir** werden auch im Deutschen mit *haben* gebildet, aber auch einige mit *sein*.

→ **professeur de français, directeur d'école**, *Französischlehrer, Schuldirektor*: die im Deutschen häufig gesehenen Komposita werden im Französischen oft mit **de**, *von* gebildet: *Lehrer von Französisch, Direktor von Schule*.

→ **une fille** kann entweder *eine Tochter* oder *ein Mädchen* sein: **Ma fille s'appelle Sophie**, *Meine Tochter heißt Sophie*; **Il enseigne dans une école de filles**, *Er unterrichtet in einer Mädchenschule*. In den meisten Fällen kann man die Bedeutung anhand des Kontextes ablesen. Ebenso kann **une femme** *eine Frau* oder *eine Ehefrau* sein, ähnlich wie im Deutschen: **Sophie est ma femme**, *Sophie ist meine Frau*; **Un de mes collègues est une femme**, *Einer meiner Kollegen ist eine Frau*.

KULTURELLER HINWEIS

Das französische Schulsystem ist in vier Niveaus aufgeteilt: **l'école maternelle** (*Kindergarten, Vorschule*), **l'école primaire** (*Grundschule*), **le collège** (entspricht in etwa der Gesamtschule) und **le lycée** (*Gymnasium, Oberstufe*). Schulbildung ist im Alter von 6 bis 16 verpflichtend, aber die meisten Kinder beginnen schon lange vor dem Mindestalter.

◆GRAMMATIK
FAIRE, MACHEN/TUN

Ein weiteres – und unregelmäßiges – Verb ist **faire**, *machen, tun*:

je fais	ich mache	nous faisons	wir machen
tu fais	du machst	vous faites	Sie machen/ihr macht
il/elle fait	er/sie/es macht	ils/elles font	sie machen

Erinnern Sie sich, dass der finale Konsonant stumm ist.

PLURALNOMEN

Der übliche Weg der Pluralbildung ist das Anhängen eines finalen (lautlosen) **s** an das Nomen: **un collègue, deux collègues**, etc. Singular-Nomen auf **s** endend, sind im Plural unverändert: **un fils, deux fils**, *ein Sohn, zwei Söhne*. Dieselbe Regel wird auf Nomen, die auf **x** und **z** enden angewandt: **un nez, deux nez**, *Nase(n)*; **une voix, deux voix**, *Stimme(n)*. Es gibt ein paar unregelmäßige Bildungen, die wir später sehen werden.

POSITION UND KONGRUENZ VON ADJEKTIVEN

Adjektive folgen im Allgemeinen dem Nomen, das sie beschreiben (wobei manche auch davor stehen) und kongruieren sowohl in Genus als auch Numerus. Für das Genus addiert man gewöhnlich ein finales **e** an die maskuline Form, um sie ins Feminine umzuwandeln: **un frère aîné**, *ein älterer Bruder*; **une sœur aînée**, *eine ältere Schwester*. Für Adjektive auf **l**, **n**, und **s** endend, wird der Konsonant verdoppelt, bevor das **e** anhängt wird: **Il est gentil, Elle est gentille**, *Er ist nett, Sie ist nett*. Allerdings endet die maskuline Form bestimmter Adjektive auf **e** – zum Beispiel **difficile**, *schwierig*. In diesem Fall ändert sie sich nicht: **un travail difficile, une profession difficile**, *eine schwierige Arbeit, ein schwieriger Beruf*. Um den Plural von Adjektiven zu bilden, addiert man einfach ein **s**: **Le collègue est malade → Les collègues sont malades**, *Die Kollegen sind krank* (in beiden Fällen ist das **s** lautlos).
Diese Regeln führen dazu, dass dasselbe Adjektiv vier Formen haben kann, auch wenn die Aussprache fast identisch ist:

gentil	maskulin Singular	un fils gentil	ein netter Sohn
gentille	feminin Singular	une sœur gentille	eine nette Schwester
gentils	maskulin Plural	des enfants gentils	nette Kinder
gentilles	feminin Plural	des familles gentilles	nette Familien

GENUS (FORTSETZUNG)

Einige Nomen, besonders diejenigen, die auf Berufe referieren, haben wie im Deutschen eine maskuline und eine feminine Form:
– oft reicht es aus, ein finales **e** an das maskuline Nomen zu hängen: **un avocat** → **une avocate,** *ein/e Anwalt/Anwältin*. Wenn das Nomen bereits auf **e** endet, ändert man einfach den definiten oder indefiniten Artikel: **un/le journaliste** → **une/la journaliste,** *ein/e JournalistIn*
– die **-ien**-Endung wird durch das Addieren von **-ne** umgewandelt: **l'/un informaticien** → **l'/une informaticienne,** *ein/e InformatikerIn*
– maskuline Nomen auf **-eur** endend, können eine von drei femininen Endungen bekommen: **-euse**: **un serveur** → **une serveuse,** *ein/e KellnerIn*; **-ice**: **le/un directeur** → **la/une directrice,** *der/die/ein/e DirektorIn/ManagerIn*; **-esse**: **le/prince** → **la/une princesse,** *der/die/ein/e Prinz/Prinzessin*
Da Französisch eine lebende Sprache ist, entwickeln sich Wörter und Gebrauch ständig weiter. Zudem ist Genus ein sensibles Thema, weshalb man immer öfter beide Formen vorfindet, wo es früher nur eine gab: **une maire** und **une mairesse** für *ein/e BürgermeisterIn*.

DEFINITE ARTIKEL

Oft werden die vier definiten Artikel – **le** (maskulin), **la** (feminin), **l'** (vor maskulinen oder femininen Nomen mit einem Vokal beginnend) und **les** (Plural maskulin oder feminin) – wie im Deutschen verwendet, um eine definite Aussage zu machen, wie in diesem Modul: **Les enfants sont adorables**, *Die Kinder* (d.h. die ich unterrichte) *sind liebenswert*. Aber sie werden auch allgemein vor Nomen gesetzt: **Elle enseigne l'anglais et les maths**, *Sie unterrichtet Englisch und Mathe*; **Il est spécialisé dans les réseaux**, *Er ist auf Netzwerke spezialisiert*. Das ist ein wichtiger Punkt, wie wir im nächsten Modul sehen werden.

DIE FRAGEFORM (FORTSETZUNG)

Wir wissen, wie man Fragen stellt, indem man die Intonation eines Aussagesatzes anhebt (Modul 1). Eine weitere simple interrogative Form besteht darin, **est-ce que** (wörtl. ist es, dass; ausgesprochen [esske]) vor das Nomen oder Pronomen zu setzen: **Sophie est mariée** → **Est-ce que Sophie est mariée ?**, *Sophie ist verheiratet* → *Ist Sophie verheiratet?* Das finale **e** von **que** ist getilgt, wenn das folgende Wort mit einem Vokal beginnt: **Est-ce qu'elle est mariée ?**

● VOKABULAR

avoir de la chance *Glück haben*
enseigner *unterrichten*
faire *machen, tun*
savoir *wissen, kennen, können*
travailler *arbeiten*

une agence de voyages *ein Reisebüro*
la chance *das Glück*
une classe *eine Klasse*
un(e) collègue *ein/e KollegIn*
un(e) cousin(e) *ein/e Cousin/e*
un directeur/une directrice *ein/e DirektorIn, ein/e ManagerIn*
une école *eine Schule*
une école primaire *eine Grundschule*
une famille *eine Familie*
une femme *eine (Ehe-)Frau*
une fille *eine Tochter, ein Mädchen*
un fils *ein Sohn (das finale „s" ist stimmhaft: [fees])*
un(e) informaticien(ne) *ein/e InformatikerIn*
un moment *ein Moment*
le travail *die Arbeit*
un(e) professeur(e) *ein/e LehrerIn, ein/e DozentIn, ein/e ProfessorIn*
un réseau *ein Netzwerk (der Plural bekommt ein lautloses* **x**: **réseaux**)
une société *eine Firma, ein Unternehmen*

adorable *liebenswert, süß, goldig*
aîné(e) *(Adj.) älter/e/s*

difficile *schwierig*
gentil(le) *nett, lieb*

indépendant(e) *unabhängig, selbstständig*
malade *krank*
marié(e) *verheiratet*

combien *wie viel*
parce que *weil*
trente *dreißig*
très *sehr*
vraiment *wirklich, tatsächlich*
en ce moment *im Moment*

ÜBUNGEN

1. KONJUGIEREN SIE DAS VERB *FAIRE*

a. Nous (*faire*) l'enseignement en français. →
b. Je (*faire*) une conférence à Marseille. →
c. Qu'est-ce qu'elle (*faire*) comme travail ? →
d. Qu'est-ce que vous (*faire*) dans votre classe ? →

2. VERÄNDERN SIE DIESE MASKULINEN NOMEN INS FEMININ UND VICE VERSA

a. un serveur ___ _____
b. une journaliste ___ _____
c. un avocat ___ _____
d. un directeur ___ _____
e. une informaticienne ___ _____

3. SETZEN SIE DIE ADJEKTIVE IN DIE KORREKTE FORM

a. Les familles sont (*gentil*).
b. L'école est très (*petit*).
c. Mes collègues sont (*malade*).
d. L'informaticien est (*spécialisé*) dans les réseaux.
e. Sophie travaille dans une (*petit*) agence de voyages.

4. ÜBERSETZEN SIE DIESE SÄTZE AUF FRANZÖSISCH

a. Er unterrichtet Mathe in einer Grundschule. →
b. Sind Sie verheiratet, Sophie? Ja, und ich habe einen Sohn. →
c. Was machen Sie beruflich? →
d. Wie viele SchülerInnen haben Sie im Moment in Ihrer Klasse? →
e. Er ist Direktor eines kleinen Reisebüros in Lyon. →

3.
IN DER BRETAGNE
EN BRETAGNE

ZIELE	KENNTNISSE
• NACH ENTFERNUNGEN/ORTEN FRAGEN • WEGBESCHREIBUNGEN GEBEN • ERKLÄREN, WAS SIE TUN MÖCHTEN	• FRAGEFORM (FORTSETZUNG) • *DE* • TEILUNGSARTIKEL • INTERROGATIVE ADJEKTIVE • ALLER, VOULOIR, POUVOIR

DIE BRETAGNE BESICHTIGEN

– Guten Tag [der] Herr. Was kann ich für Sie tun?

– Ich verbringe ein paar Tage hier in [der] Bretagne mit meiner Familie und wir möchten mit dem Fahrrad zum Mont Saint Michel fahren. Können Sie mir ein paar Ratschläge geben?

– Aber natürlich. Das ist eine ausgezeichnete Idee. In welchem Hotel oder welchem Gastzimmer sind Sie?

– Wir sind nicht im Hotel. Wir sind bei Freunden in Rennes.

– Aber das ist viel zu weit! Es sind mehr als 90 Kilometer! Schauen Sie sich diesen Plan an. Sehen Sie?

– In der Tat! Tut mir leid, ich kenne die Region nicht. Ich bin aus Nizza.

– Ah, ich verstehe. Haben Sie ein Auto?

– Nein.

– Kein Problem. Sie können diesen Abend mit dem *(im)* Bus losfahren und die Nacht in La Rive verbringen. Das ist zwei Kilometer vom Berg [entfernt]. Hier *(Halten Sie)*, nehmen Sie diese Broschüren und diese Karte.

– Danke, Sie sind sehr nett.

– Haben Sie [noch] andere Fragen?

– Ja: kennen Sie ein gutes Restaurant hier in der Nähe *(nah von hier)*?

– Probieren Sie *Bei Yannick*: sie haben Crêpes [Pfannkuchen], gutes Fleisch und Cidre [Apfelwein]. Möchten Sie die Adresse?

– [Ja,] bitte.

05 — VISITER LA BRETAGNE

– Bonjour monsieur. Qu'est-ce que je peux faire pour vous ?

– Je passe quelques jours ici en Bretagne avec ma famille et nous voulons aller au Mont Saint Michel à vélo. Pouvez-vous me donner quelques conseils ?

– Mais bien sûr. C'est une excellente idée. À quel hôtel ou quelle chambre d'hôte êtes-vous ?

– Nous ne sommes pas à l'hôtel. Nous sommes chez des amis à Rennes.

– Mais c'est beaucoup trop loin ! Il y a plus de quatre-vingts kilomètres ! Regardez ce plan. Vous voyez ?

– En effet ! Désolé, je ne connais pas la région. Je suis de Nice.

– Ah, je comprends. Avez-vous une voiture ?

– Non.

– Pas de problème. Vous pouvez partir ce soir en car et passer la nuit à La Rive. C'est à deux kilomètres du Mont. Tenez, prenez ces brochures et cette carte.

– Merci, vous êtes très gentille.

– Avez-vous d'autres questions ?

– Oui : est-ce que vous connaissez un bon restaurant près d'ici ?

– Essayez *Chez Yannick* : ils ont des crêpes, de la bonne viande et du cidre. Voulez-vous l'adresse ?

– S'il vous plaît.

◼ DEN DIALOG VERSTEHEN
FORMULIERUNGEN UND REDEWENDUNGEN

→ **passer**, bedeutet unter anderem *verbringen* – wenn es mit Ausdrücken der Zeit benutzt wird: **Nous passons quelques jours à Nice chaque année**, *Wir verbringen jedes Jahr ein paar Tage in Nizza*.

→ **à vélo**, **en car**: im Deutschen nehmen wir meistens *mit* für ein Aktionsverb, um ein Verkehrsmittel zu beschreiben (*mit dem Zug*, etc.). Im Französischen benutzen wir für gewöhnlich **en** (**en car**, *mit dem Bus*, **en voiture**, *mit dem Auto*, etc.), aber es gibt ein paar Ausnahmen, darunter **à pied**, *zu Fuß* und **à vélo**, *mit dem Fahrrad*.

→ **chez**, *bei* ist ein sehr nützliches Wort. Vom Lateinischen ***casa***, bedeutet es im Grunde *zu Hause*: **Je suis chez Rémi**, *Ich bin bei Rémi[s Haus]*. Es wird üblicherweise gefolgt von einem Eigennamen – viele Restaurants sind nach ihren Eigentümern benannt: **Chez Jean**, **Chez Georges**, etc. – oder von einem Personalpronomen: **chez nous**, *bei uns*.

→ **beaucoup de** bedeutet *viel*: **Elle n'a pas beaucoup de temps**, *Sie hat nicht viel Zeit*; **Je n'ai pas beaucoup d'élèves dans ma classe**, *Ich habe nicht viele SchülerInnen in meiner Klasse*. Das Wort wird auch oft in dem Ausdruck **Merci beaucoup**, *Vielen Dank* gebraucht.

→ **Tenez** ist der Imperativ von **tenir**, *halten* und wird angewandt, wenn man jemandem etwas gibt oder zeigt. Es kann mit *hier* übersetzt werden: **Avez-vous une carte ? – Tenez**, *Haben Sie eine Karte? – Hier*. (Beim Duzen einer einzelnen Person sagt man **Tiens !**)

→ **s'il vous plaît**, wörtl. *wenn es Ihnen gefällt*, bedeutet einfach *bitte*: **Voulez-vous un plan ? – Oui, s'il vous plaît**, *Möchten Sie eine Karte? – Ja bitte*. **Oui** kann ausgelassen werden, da das Einverständnis impliziert ist: **Voulez-vous une crêpe ? – S'il vous plaît**, *Möchten Sie einen Crêpe? – Bitte*.

KULTURELLER HINWEIS

Frankreich ist das Top-Reiseziel der Welt und der Tourismus – **le tourisme** – macht sieben Prozent des Bruttoinlandsproduktes aus. Von der felsigen **Bretagne** im Norden, zu der glamourösen sonnendurchfluteten **Côte d'Azur** an der Mittelmeerküste, hat das Land eine der schönsten und vielfältigsten Landschaften zu bieten. Eines der meistbesuchten Wahrzeichen ist **le Mont Saint Michel**, eine kleine Insel, gekrönt von einem mittelalterlichen Kloster und eingenistet zwischen der Küste der Normandie und der Bretagne.

◆ GRAMMATIK
DIE DRITTE FRAGEFORM

Wir wissen, wie man Fragen durch Anhebung der Intonation am Ende eines Aussagesatzes stellt (Modul 1) und indem man **est-ce que** am Anfang der Frage benutzt (Modul 2). Es gibt eine dritte Möglichkeit, die daraus besteht, das Pronomen und das Hauptverb umzustellen: **Vous avez une voiture → Avez-vous une voiture?**, *Sie haben ein Auto → Haben Sie ein Auto?*. Sie ist gehobener als die anderen beiden Konstruktionen. Wenn Sie also jemanden fragen möchten, ob er/sie aus Nizza kommt, haben Sie drei Auswahlmöglichkeiten:
1) **Vous êtes de Nice ?** 2) **Est-ce que vous êtes de Nice ?** 3) **Êtes-vous de Nice ?**
Die Bedeutung bleibt die gleiche, aber die Sprachebene ist unterschiedlich: (1) gesprochen, (2) ungezwungen, (3) formell. (Siehe Hinweis zu **vouloir** auf der nächsten Seite.)

DE

Wir haben bereits die Präposition **de**, *aus, von* (manchmal *für*) gelernt: **Vous êtes de Paris**, *Sie sind aus Paris*; **Il est professeur de français**, *Er ist Französischlehrer (Lehrer von Französisch)*. Verwechseln Sie nicht **de** mit einem der Teilungsartikel (siehe unten).

DU, DE LA, DE L', DES

Diese Teilartikel drücken eine unspezifizierte Quantität eines Nomens aus: **du** für maskuline, **de la** für feminine und **des** für den Plural. Sie haben grob die gleiche Funktion wie *ein paar, etwas* in Deutsch, können aber in vielen Fällen nicht übersetzt werden: **Nous avons du cidre, de la viande et des crêpes**, *Wir haben „etwas" Apfelwein, „etwas" Fleisch und „ein paar" Pfannkuchen*. Wenn das Nomen mit einem Vokal beginnt, benutzen wir **de l'** im Singular, unabhängig vom Genus: **Il a de l'argent**, *Er hat „etwas" Geld*. Es werden die selben Artikel mit allen drei Frageformen benutzt:
Avez-vous des enfants ?, *Haben Sie Kinder?*
Est-que tu as de la famille en Bretagne ?, *Haben Sie Familie in der Bretagne?*
Yannick a du travail ?, *Hat Yannick einen Job („Hat Yannick Arbeit")?*

QUEL, QUELLE, QUELS, QUELLES

Diese interrogativen Artikel entsprechen *welche/r/s*:
Pour quelle société est-ce qu'elle travaille ?, *Für welche Firma arbeitet sie?*
À quel hôtel êtes-vous ?, *In welchem Hotel sind Sie?*
Quels restaurants sont ouverts le dimanche ?, *Welche Restaurants sind sonntags geöffnet?*
Quelles cartes voulez-vous ?, *Welche Karten möchten Sie?*

Alle vier Wörter werden gleich ausgesprochen, außer vor einem Vokal (**quels_ accents ?, quelles_ écoles ?**, etc.). Mehr dazu später!

DREI WICHTIGE VERBEN: *ALLER, VOULOIR, POUVOIR*

Hier sind drei der nützlichsten Verben des Französischen: **aller**, *gehen*; **vouloir**, *wollen* und **pouvoir**, *können*. Alle drei sind unregelmäßig:

• **aller**: **je vais; tu vas; il/elle va; nous allons; vous allez; ils/elles vont**, *Ich gehe; du gehst; er/sie/es geht; wir gehen; Sie gehen/ihr geht; sie gehen*

Die negierende und interrogative Form sind die gleichen wie für andere Verben: **Je ne vais pas à Rennes ce soir**, *Ich gehe heute Abend nicht nach Rennes*; **Est-ce qu'ils vont au Mont Saint Michel ?**, *Gehen sie zum Mont Saint Michel?*. Das Verb wird auch als Hilfsverb benutzt, wie wir später sehen werden.

• **vouloir**: **je veux; tu veux; il/elle veut; nous voulons; vous voulez;** ils/elles veulent, *ich will; du willst; er/sie/es will; wir wollen; Sie wollen/ihr wollt; sie wollen*

Obwohl **est-ce que** dazu genutzt werden kann, eine Frage mit **vouloir** (**est-ce que vous voulez… ?**) zu stellen, ist die umgekehrte Form sehr geläufig, selbst in zwangloser Sprache: **Veux-tu le nom du restaurant ?**, *Willst du den Namen des Restaurants?*.

• **pouvoir**: **je peux; tu peux; il/elle peut; nous pouvons; vous pouvez; ils/elles peuvent**, *ich kann*, *du kannst*, etc.

Jedes Verb, das **pouvoir** folgt, steht im Infinitiv: **Est-ce que vous pouvez me donner un conseil ?**, *Können Sie mir einen Rat geben?*; **Nous pouvons partir ce soir**, *Wir können heute Abend aufbrechen*; **Désolé, je ne peux pas vous aider**, *Tut mir leid, ich kann Ihnen nicht helfen.*

PERSONALPRONOMEN *LE, LA, LES* VOR DEM VERB

Beachten Sie den Unterschied der Syntax zwischen Französisch und Deutsch:
Il veut le faire, *Er möchte es tun*.
Je ne la connais pas, *Ich kenne sie nicht*.
Où sont les vélos? – Nous les avons, *Wo sind die Fahrräder? – Wir haben sie*.
Das Pronomen kommt immer vor dem Verb. Merken Sie sich auch, dass es keine Neutrum-Substantive im Französischen gibt, sodass **le** und **la** *er, sie* UND *es* bedeuten kann, je nach Genus des Nomen, auf das referiert wird.

VOKABULAR

aller *gehen, fahren, laufen*
comprendre *verstehen*
connaître *kennen*
donner *geben*
partir *weg-/losgehen, -fahren, -fliegen, aufbrechen*
passer *verbringen (Zeit)*
pouvoir *können*
prendre *nehmen*
regarder *anschauen, (an-)sehen*
vouloir *wollen, möchten*

une adresse *eine Adresse*
l'aide *die Hilfe*
un(e) ami(e) *ein/e FreundIn*
un hôtel *ein Hotel*
une idée *eine Idee*
un car *ein (Reise-, Fern-)Bus*
une carte *eine (Land-)Karte, ein (Stadt-)Plan*
une chambre *ein Zimmer*
le cidre *der Cidre, der Apfelwein*
un conseil *ein Rat(-schlag)*
une crêpe *ein Crêpe, ein Pfannkuchen*
une famille *eine Familie*

un guide *ein/e (Reise-)FührerIn*
une nuit *eine Nacht*
une question *eine Frage*
une région *eine Region*
un restaurant *ein Restaurant*
la viande *das Fleisch*
une voiture *ein Auto*

autre/d'autre(s) *andere/r/s*
beaucoup (de) *viel/e/s*
chez *bei (... zuhause)*
quelque *etwa(s), ein paar (Plu. quelques)*

Bien sûr *Natürlich*
En effet *Tatsächlich, In der Tat*
Merci pour tout *Danke für alles*
Pas de problème *Kein Problem*
S'il vous plaît *Bitte*
Tenez ! *Hier!*

ÜBUNGEN

1. KONJUGIEREN SIE DAS VERB IN DEN KLAMMERN
a. Nous .... (*pouvoir*) aller à Rennes en car.
b. Je .... (*aller*) chez mon ami Georges ce soir.
c. Jean-Pierre et Amélie .... (*vouloir*) venir avec nous.
d. Elle .... (*pouvoir*) nous donner l'adresse d'un bon restaurant.
e. Ils .... (*vouloir*) des crêpes et du cidre.

2. WANDELN SIE JEDEN SATZ MITHILFE DER ZWEITEN UND DRITTEN FRAGEFORM IN EINE FRAGE UM (SIEHE GRAMMATIK)
a. Il est de Nice.
b. Elles connaissent bien la région.
c. Vous prenez le bus pour aller au Mont Saint Michel.
d. Nous sommes en retard.
e. Ils font de la bonne viande dans ce restaurant.

3. SETZEN SIE NUN DIE AFFIRMATIVEN SÄTZE IN DIE VERNEINUNG
a. …………… /b. …………… /c. …………… /d. …………… /e. …………… .

4. SETZEN SIE DAS WORT IN DEN KLAMMERN IN DIE KORREKTE FORM
a. À .... (*quel*) chambre d'hôte êtes-vous ?
b. .... (*Quel*) est l'adresse de la sœur de Philippe ?
c. .... (*Quel*) restaurants sont ouverts le week-end ?
d. .... (*Quel*) émissions aimez-vous à la télévision ?
e. Nous avons .... (*de*) café, ... (*de*) viande et .... (*de*) crêpes

5. ÜBERSETZEN SIE DIESE SÄTZE AUF FRANZÖSISCH
a. Sind Sie/Bist du aus Nizza (mit **est-ce que**)? – Nein, ich bin aus Paris.
b. Das Hotel ist zwei Kilometer von der Schule entfernt.
c. Nehmen Sie diese Karte. – Vielen Dank für Ihre Hilfe.
d. Können Sie/Kannst du mir einen Rat geben (3. Frageform)? – Natürlich.
e. Wir haben nicht viel Zeit. – Sie können heute Abend mit dem Bus losfahren.

4.
DAS ZUHAUSE UND DIE FAMILIE

LA MAISON ET LA FAMILLE

ZIELE

- ÜBER FAMILIEN-VERHÄLTNISSE REDEN
- DIE AUFTEILUNG DES ZUHAUSES PRÄSENTIEREN
- NACH ORTEN FRAGEN

KENNTNISSE

- PRÄSENS VON *-ER* VERBEN
- STELLUNG VON ADJEKTIVEN
- POSSESSIVPRONOMEN
- VERBFORM DER UNMITTELBAREN ZUKUNFT

ZU HAUSE

(Im Haus von Margaux in Boulogne-sur-Mer)

– Diesen Abend essen mein Bruder Olivier und seine Freundin Alice bei uns, mit ihren Kindern. Sie haben ein Mädchen und einen Jungen. Sie kommen *(abendessen)* jeden Mittwoch *(all die Mittwoche)* zum Abendessen und wir gehen einmal im Monat zu ihnen.

– Haben Sie Schwestern, Margaux?

– Ich habe zwei *(davon)*. Die älteste, Mégane, ist in Deutschland. Meine andere Schwester heißt *(nennt sich)* Ariane und sie wohnt in Straßburg. Das ist ziemlich *(genug)* weit weg, aber wir sprechen uns regelmäßig per Telefon oder Nachricht. Auch meine Eltern wohnen im Elsass: meine Mutter ist Buchhalterin und mein Vater ist der Bürgermeister *(von)* ihres Dorfes.

– Was kochen Sie heute Abend?

– Ich mache *(bereite zu)* einen Tomatensalat, einen Schweinebraten und einen Schokoladenkuchen. Alice liebt *(die)* Desserts, aber sie mag keine *(nicht die)* frischen Früchte.

– Kann ich Ihnen helfen *(etwas zu machen)*?

– Sie können den Tisch decken, wenn Sie möchten.

– Wo ist das Esszimmer?

– Heute *(Diesen)* Abend werden wir im Wohnzimmer essen. Holen Sie *(Gehen Sie suchen)* das Besteck in der Küche. Die Gabeln, die Messer und die Löffel sind in den Schubladen neben dem Kühlschrank und die Teller und Gläser sind in dem roten Schrank.

– Ich finde die Gläser nicht. Wo sind sie?

– In dem Fall sind sie immer noch in der Spülmaschine, hinter der Tür.

– So: alles ist fertig *(bereit)*.

(Später)

– Aber wo sind Olivier und Alice? Es ist schon halb neun. Ich habe großen *(sehr)* Hunger und Sie auch, nehme ich an.

– Ich hoffe, dass sie nicht verloren sind. Oder vielleicht ist Olivier immer noch im Büro?

– Ich werde ihn anrufen. Reichen Sie mir bitte mein Handy. Warten Sie kurz *(eine Minute)*. Ich bin dumm! Heute ist *(sind wir)* Dienstag, nicht Mittwoch…

À LA MAISON

(Chez Margaux, à Boulogne-sur-Mer)

— Ce soir, mon frère Olivier et son amie Alice mangent chez nous, avec leurs enfants. Ils ont une fille et un garçon. Ils viennent dîner tous les mercredis et nous allons chez eux une fois par mois.

— Avez-vous des sœurs, Margaux ?

— Oui, j'en ai deux. L'aînée, Mégane, est en Allemagne. Mon autre sœur s'appelle Ariane et elle habite à Strasbourg. C'est assez loin, mais nous nous parlons régulièrement par téléphone ou messagerie. Mes parents aussi habitent en Alsace : ma mère est comptable et mon père est le maire de leur village.

— Qu'est-ce que vous cuisinez ce soir ?

— Je prépare une salade de tomates, un rôti de porc et un gâteau au chocolat : Alice adore les desserts mais elle n'aime pas les fruits frais.

— Est-ce que je peux vous aider à faire quelque chose ?

— Vous pouvez mettre la table si vous voulez.

— Où est la salle à manger ?

— Ce soir nous allons manger dans le salon. Allez chercher les couverts à la cuisine. Les fourchettes, les couteaux et les cuillères sont dans les tiroirs à côté du frigo, et les assiettes et les verres sont dans le placard rouge.

— Je ne trouve pas les verres. Où sont-ils ?

— Dans ce cas, ils sont toujours dans le lave-vaisselle, derrière la porte.

— Voilà : tout est prêt.

— Merci pour votre aide.

(Plus tard)

— Mais où sont Olivier et Alice ? Il est déjà huit heures et demie. J'ai très faim, et vous aussi je suppose.

— J'espère qu'ils ne sont pas perdus. Ou peut-être qu'Olivier est toujours au bureau ?

— Je vais l'appeler. Passez-moi mon portable s'il vous plait. Attendez une minute. Je suis bête ! Aujourd'hui nous sommes mardi, pas mercredi…

■ DEN DIALOG VERSTEHEN
FORMULIERUNGEN UND REDEWENDUNGEN

→ **La famille**, *die Familie* umfasst normalerweise **la mère**, *die Mutter* und **le père**, *der Vater*, sowie ein oder mehrere Kinder, **un enfant/des enfants**: **le fils**, *der Sohn* (beachten Sie die Aussprache: [fiess]) und **la fille**, *die Tochter* (siehe Modul 2). Andere Mitglieder können **le frère**, *der Bruder* und **la sœur**, *die Schwester* (siehe Aussprache-Sektion zu Beginn dieses Kurses); **l'oncle**, d*er Onkel*; **la tante**, *die Tante* und **le cousin/la cousine**, *der/die Cousin/e* sein.

→ Wochentage: **lundi**, *Montag*; **mardi**, *Dienstag*; **mercredi**, *Mittwoch*; **jeudi**, *Donnerstag*; **vendredi**, *Freitag*; **samedi**, *Samstag*; **dimanche**, *Sonntag*
Alle sieben Nomen sind maskulin und *Wochenende* heißt fast wie im Englischen **week-end** (manchmal auch ohne Bindestrich geschrieben).

→ **eux**, *sie, ihnen* ist ein unverbundenes Personalpronomen. Merken Sie sich vorerst nur **chez nous**, *bei uns* und **chez eux**, *bei ihnen*. Wir gehen später mehr ins Detail.

→ **avoir faim/soif**, *Hunger/Durst haben* wird fast wie im Deutschen mit **avoir** + Nomen gebildet. Jedoch gibt es kein geläufiges Äquivalent zu *hungrig/durstig sein*.

→ Wie **de** (Modul 3) hat auch die Präposition **à** verschiedenste Bedeutungen: *an* (**Je suis à la Sorbonne**, *Ich bin an der Sorbonne*), *in* (**Elle travaille à Strasbourg**, *Sie arbeitet in Straßburg*) und auch *nach*, wenn es mit einem Bewegungsverb benutzt wird: **Nous allons à Rennes**, *Wir fahren nach Rennes*.

→ **maire, mère, mer**: wie jede Sprache hat die französische viele Homophone (Wörter mit derselben Aussprache, aber unterschiedlicher Schreibweise). Hier sind drei: **le maire**, *der Bürgermeister*, **la mère**, *die Mutter* und **la mer**, *das Meer*.

→ **un couvert**, das Partizip des Verbs **couvrir**, *bedecken* bedeutet *Gedeck, Besteck*. Es besteht aus **un couteau**, *ein Messer* (unregelmäßiger Plural: **couteaux**); **une fourchette**, *eine Gabel*; **une cuillère** (oder **cuiller**), *ein Löffel* und **une serviette**, *eine Serviette*. Manchmal gibt es auch **une cuillère à café**, *ein Teelöffel* (wörtl. *Kaffeelöffel*); **le sel**, *das Salz*; **le poivre**, *der Pfeffer* und **la moutarde**, *der Senf*.

→ **toujours** übersetzt sich mit *immer* (wenn die Aktion kontinuierlich geschieht) oder *immer noch* (wenn sie weitergeht): **Jean est toujours en retard**, *John ist immer zu spät*; **Les verres sont toujours dans le lave-vaisselle**, *Die Gläser sind immer noch in der Spülmaschine*.

→ **bête** bedeutet als Adjektiv *dumm* bis *blöd*, je nach Kontext und sprechender Person.

KULTURELLER HINWEIS

Die regionale Identität ist in Frankreich sehr ausgeprägt – jede Region hat ihren eigenen Charakter. Man identifiziert sich z.B. mit **un Breton**, *ein Bretone*; **un Auvergnat** (Bewohner der **Auvergne**) oder **un Provençal**, *ein Provenzale*.
Alsace, *Elsass* in Ostfrankreich ist ein typisches Beispiel. Es ist Teil der Region **le Grand Est** („der große Osten"); im Westen ist es umgrenzt von den Vogesen (**les Vosges**) und im Osten vom Rhein (**le Rhin**). Das Elsass hat starke kulturelle Beziehungen zu seinem direkten Nachbarn Deutschland. Hinsichtlich Architektur, Kultur, Religion (Protestantismus) und Essen unterscheidet sich die Region vom Rest Frankreichs. Es hat zudem seine eigene germanische Sprache (**l'alsacien**, *Elsässisch*), die neben Französisch auf den Autobahn- und Straßenschildern steht und noch von einigen Elsässern (**Alsaciens**) gesprochen wird.

GRAMMATIK
VERBEN, DIE AUF *-ER* ENDEN

Es gibt drei Arten von Verben, die anhand ihrer Endungen klassifiziert werden können. Die erste und größte Kategorie besteht aus den regelmäßigen Verben auf **-er** endend. In diesem Kapitel haben wir 15 der häufigsten gesehen. Das Präsens wird wie folgt gebildet:

je trouve	*ich finde*	**nous trouvons**	*wir finden*
tu trouves	*du findest*	**vous trouvez**	*Sie finden/ihr findet*
il/elle trouve	*er/sie/es findet*	**ils/elles trouvent**	*sie finden*

Die negierenden Formen sind:
je ne trouve pas; tu ne trouves pas; il/elle ne trouve pas; nous ne trouvons pas; vous ne trouvez pas; ils/elles ne trouvent pas, *ich finde nicht*, etc.

Und die Frageformen mit **est-ce que** sind:
Est-ce que je trouve; tu trouves; il/elle trouve; nous trouvons; vous trouvez; ils/elles trouvent ?, *Finde ich; findest du*, etc.?

Es gibt nur ein unregelmäßiges Verb in dieser Gruppe (**aller**, *gehen*, siehe Modul 3), aber in manchen Fällen können sich die Verbstämme ändern. Da diese Ausnahmen keine Auswirkungen auf die Aussprache haben, werden wir sie später sehen.

STELLUNG VON ADJEKTIVEN

Adjektive, die Farben, Formen, Nationalitäten, etc. beschreiben, stehen direkt nach dem Nomen: **le placard rouge**, *der rote Schrank*; **des fruits frais**, *frische Früchte*; **une profession difficile**, *ein schwieriger Beruf*.
Allerdings stehen ein paar geläufige Adjektive vor dem Nomen: **un petit verre**, *ein kleines Glas*; **une belle ville**, *eine schöne Stadt*; **un bon restaurant**, *ein gutes Restaurant*. Wir geben in den folgenden Kapiteln mehr Beispiele.

POSSESSIVPRONOMEN

Wir sind bereits einigen davon in früheren Modulen begegnet. Nun ist es Zeit, die Possessivpronomen auswendig zu lernen:

mon/ma/mes	*mein/e/r/s*	**notre/nos**	*unser/e/r/s*
ton/ta/tes	*dein/e/r/s*	**votre/vos**	*Ihr/e/r/s, eure/euer/s*
son/sa/ses	*sein/e/r/s, ihr/e/r/s*	**leur/leurs**	*ihr/e/r/s*

• Sie stehen vor dem beschriebenen Nomen, angeglichen auf Genus und Numerus: **Voici ma femme, mon frère et mes parents**, *Hier ist meine Frau, mein Bruder und meine Eltern.* Anders als im Deutschen kongruieren sie jedoch nicht mit dem „Besitzer" des Nomens: **Ses enfants habitent en Bretagne mais sa sœur est en Alsace**, *Seine/Ihre Kinder leben in der Bretagne, aber seine/ihre Schwester ist im Elsass.* Die beiden Pronomen **ses** und **sa** kongruieren mit ihren Nomen (also maskulin Plural und feminin Singular), aber nicht mit dem/r Besitzenden, sodass er/sie männlich oder weiblich sein kann. Daran muss man sich anfangs gewöhnen, aber bald wird es selbstverständlich – vorausgesetzt, Sie lernen die Genera der Nomen.
• Wenn ein feminines Singular-Nomen (oder Adjektiv) mit einem Vokal beginnt, nimmt man das maskuline Possessivpronomen, um die Aussprache zu erleichtern: **son assiette**, *sein/ihr Teller*; **ton aide**, *deine Hilfe*; **mon autre sœur**, *meine andere Schwester*. Diese Regel wendet sich nur auf drei Singular-Formen an: **mon**, **ton**, **son**.

ALLER, UM DIE UNMITTELBARE ZUKUNFT AUSZUDRÜCKEN

Ungleich zum Deutschen, benutzt das Französische **aller**, *gehen* und nicht *werden*, um das Futur zu bilden und im Französischen bezieht sich diese Zeitform nur auf die unmittelbare Zukunft (eine weitere Zukunftsform sehen wir später).
Nous allons manger à huit heures, *Wir werden um acht Uhr essen.*
Je vais appeler ma sœur, *Ich werde meine Schwester anrufen.*

VOKABULAR

adorer *lieben, verehren*
aider *helfen*
aimer *lieben, mögen*
appeler *anrufen*
avoir faim *Hunger haben*
avoir soif *Durst haben*
chercher *suchen*
cuisiner *kochen*
dîner *zu Abend essen*
habiter *wohnen*
manger *essen*
mettre *setzen, stellen, legen*
mettre la table *den Tisch decken*
parler *sprechen, reden*
passer *reichen* (im Sinne von *geben*; wenn zeitlich gemeint: *verbringen*)
peut-être *vielleicht* (aus der 3. Ps. Sg. von **pouvoir** geformt, Modul 3)
préparer *zu-/vorbereiten*
supposer *annehmen, vermuten*
trouver *finden*

à côté de *neben*
bête *dumm, blöd, doof*
déjà *schon*
derrière *hinter*
frais *frisch*
perdu *verloren*
régulièrement *regelmäßig*
rôti *Braten*

l'aîné(e) (Nomen) *der Älteste*
l'Allemagne *Deutschland*
le porc *das Schwein(efleisch)* (finales **-c** und das Plural-**s** sind lautlos)
un (téléphone) portable *ein Handy* (auch **un mobile**)
un bureau *ein Büro, ein Schreibtisch*
un(e) comptable *ein/e BuchhalterIn*
un couteau (Pl. **couteaux**) *ein Messer*
un couvert *ein Gedeck, Besteck*
une cuillère *ein Löffel* (manchmal **une cuiller**)
une cuisine *eine Küche*
un dessert *ein Dessert, ein Nachtisch*
une fourchette *eine Gabel*
un frère *ein Bruder*
un frigo *ein Kühlschrank* (Abkürzung von **un réfrigérateur**)
un gâteau *ein Kuchen*
un lave-vaisselle *eine Spülmaschine*
un maire *ein/e BürgermeisterIn* (für Mann und Frau verwendet)
une mère *eine Mutter*
une messagerie *eine Mailbox, ein Nachrichtendienst*
un mois *ein Monat*
un père *ein Vater*
une porte *eine Tür*
une salle *ein Raum, ein Saal*
une salle à manger *ein Esszimmer*
un salon *ein Wohnzimmer*
un tiroir *eine Schublade*
une sœur *eine Schwester*
une tomate *eine Tomate*

Attendez une minute *Warten Sie kurz*
Dans ce cas *In d(ies)em Fall*
Merci pour votre aide *Danke für Ihre Hilfe*
Voilà *Hier, So*

⬢ ÜBUNGEN

1. KONJUGIEREN SIE DIESE VERBEN INS AFFIRMATIVE

a. Jean et sa femme .... (*habiter*) à Strasbourg.

b. Nous .... (*chercher*) la salle de conférence.

c. Qu'est-ce que tu .... (*préparer*) pour le dîner de ce soir ?

d. Vous .... (*cuisiner*) vraiment très bien, madame !

e. Je .... (*manger*) tout, et ma femme .... (*aime*) beaucoup les desserts.

2. SETZEN SIE DIESE VERBEN IN DIE NEGIERENDE FORM

a. Je trouve les verres dans le placard. →

b. Le lave-vaisselle est derrière la porte. →

c. Ma sœur et son fils habitent en Alsace. →

d. Nous aidons mon frère au bureau. →

e. Vous parlez très bien le français. →

3. WÄHLEN SIE DAS KORREKTE POSSESSIVPRONOMEN

a. (*Notre - Nos*) enfants sont en Alsace avec (*mon - ma - mes*) père.

b. Appelez (*son - sa - ses*) frère : il est très sympa.

c. Passe-moi (*ton - ta - tes*) assiette, s'il te plaît.

d. J'adore (*votre - vos*) gâteaux, ils sont vraiment bons.

e. (*Leur - Leurs*) amis sont à Rennes, où (*leur - leurs*) fils est professeur.

4. ÜBERSETZEN SIE DIESE SÄTZE AUF FRANZÖSISCH

06

a. Die Messer, die Gabeln und die Löffel sind immer noch in der Spülmaschine. →

b. Meine Schwester arbeitet an der Sorbonne in Paris, aber sie geht nach Rennes. →

c. Ich habe Hunger und ich habe Durst. – Ich auch! →

d. Holen Sie die Teller im Schrank im Wohnzimmer. →

e. Kann ich Ihnen helfen etwas zu machen? – Nein danke. Alles ist fertig. →

> Sie werden sehen, dass wir Ihr Vokabular von Modul zu Modul aufbauen, anstatt Ihnen eine lange Liste aller Wörter zu geben, die man zum Sprechen über ein bestimmtes Thema braucht. So lernt man eine Sprache auf natürliche Weise!

5.
WO IST…?
OÙ EST… ?

ZIELE

- EINFACHE FRAGEN STELLEN
- INFORMATIONEN ÜBER DEN JOB GEBEN

KENNTNISSE

- DIREKTE OBJEKTPRONOMEN
- FRAGEN MIT *COMBIEN DE*
- *N'EST-CE PAS ?*
- *IL Y A* UND *OU/OÙ*

VIEL *(DINGE)* ZU TUN

(Auf (in) *der Straße)*

– Entschuldigen Sie *(mich)*, können Sie mir helfen? Wissen Sie, wo das Orsay Museum ist?

– Ja, es ist gegenüber des Louvre und in der Nähe der Nationalversammlung. Sie können dort zu Fuß hingehen, aber es ist ein bisschen weit. Es ist besser die Metro zu nehmen.

– Nein, ich *(bevorzuge)* laufe [lieber]. Es ist schönes Wetter *(Es macht schön)*, ausnahmsweise *(für einmal)*!

– In Ordnung. Biegen *(nehmen)* Sie links [ab] und gehen Sie bis zur Kirche an der Ecke der Bonaparte Straße. Biegen Sie nach rechts ab und gehen Sie für *(während)* fünf- bis sechshundert Meter geradeaus weiter. Überqueren Sie dann die Kreuzung, aber nehmen Sie nicht die erste Straße links…

– Gut. … wo ist die Metrostation?

(Im Café)

– Deine Freunde mögen *(die)* Moderne Kunst, nicht [wahr]? Es gibt eine Ausstellung in der Galerie 15-20, aber nur für zwei Tage. Morgen öffnet sie nicht vor zehn Uhr und schließt mittags *(für das Mittagessen)* zwischen zwölf und vierzehn Uhr. Dann öffnet sie *(im)* nachmittags wieder für drei oder vier Stunden.

– Wie viel kosten die Tickets?

– Es gibt mehrere Möglichkeiten: wenn du sie vor Ort kaufst, kosten sie 22 Euro, aber du kannst sie online für 17 kaufen. Es gibt sogar ermäßigte Tarife für junge Menschen von 18 bis 25 Jahren.

– Wie viel kostet *(ist)* das?

– Ich kenne den Preis nicht.

– Und weißt du, ob man per Smartphone bezahlen kann?

– Ich bin nicht sicher, aber ich nehme [es] an *(dass ja)*. Auf jeden Fall ist die Ausstellung sehr interessant: jeder *(die ganze Welt)* spricht davon und ich habe große Lust dorthin zu gehen.

– Uns interessiert es auch *(Wir auch, das interessiert uns)*.

– Also, wie viele Tickets kaufe ich?

07 DES CHOSES À FAIRE

(Dans la rue)

— Excusez-moi, pouvez-vous m'aider ? Savez-vous où est le musée d'Orsay ?

— Oui, il est en face du Louvre et près de l'Assemblée nationale. Vous pouvez y aller à pied, mais c'est un peu loin. Il vaut mieux prendre le métro.

— Non, je préfère marcher. Il fait beau, pour une fois !

— D'accord. Prenez à gauche ici et allez jusqu'à l'église à l'angle de la rue Bonaparte. Tournez à droite et continuez tout droit pendant cinq ou six cents mètres. Ensuite, traversez le carrefour mais ne prenez pas la première rue à gauche…

— Bon…. où est la station de métro ?

(Au café)

— Tes amis aiment l'art moderne, n'est-ce pas ? Il y a une exposition à la Galerie Quinze-Vingt mais pendant deux jours seulement. Demain elle n'ouvre pas avant dix heures et ferme pour le déjeuner entre midi et deux heures. Puis, elle ouvre à nouveau pendant trois ou quatre heures dans l'après-midi.

— Combien coûtent les billets ?

— Il y a plusieurs possibilités : si tu les achètes sur place, ils coûtent vingt-deux euros mais tu peux les acheter en ligne pour dix-sept. Il y a même des tarifs réduits pour les jeunes de dix-huit à vingt-cinq ans.

— C'est combien ?

— Je ne connais pas le prix.

— Et est-ce que tu sais si on peut payer par smartphone ?

— Je ne suis pas sûr, mais je suppose que oui. En tout cas, l'expo est très intéressante : tout le monde en parle et j'ai très envie d'y aller.

— Nous aussi, ça nous intéresse.

— Alors, j'achète combien de billets ?

■ DEN DIALOG VERSTEHEN
FORMULIERUNGEN UND REDEWENDUNGEN

→ Für Wegbeschreibungen benutzt man **aller**, *gehen* und **tourner**, *abbiegen* (und **prendre**, *nehmen*); mit der Präposition **à** für **gauche**, *links* und **droite**, *rechts*: **Tournez à gauche et ensuite à droite**, *Biegen Sie links ab und dann (nach) rechts*. Weitere nützliche Ausdrücke sind **jusqu'à**, *bis (zu)* (**Allez jusqu'à l'église**, *Gehen Sie bis zur Kirche*); **en face de**, *gegenüber*; **près de**, *in der Nähe* und **tout droit**, *geradeaus* (verwechseln Sie nicht **droit** und **droite**): **Continuez tout droit: le musée est en face de l'école, sur votre droite**, *Gehen Sie weiter geradeaus: das Museum ist gegenüber der Schule, zu Ihrer Rechten*.

→ **une station**, *eine Station, eine Haltestelle*, wird für **le métro** (kurz für **le métropolitain**), das U-Bahn-System in Paris und anderen großen Städten wie Lyon und Marseille genutzt. Das Nomen **le métro** kann sowohl auf das Netz (**le métro parisien**, *die Pariser Metro*) als auch auf eine bestimmte Station referieren: **le métro Jourdain**, *die Jourdain Metrostation*. Eine Station auf einem oberirdischen Schienennetz heißt **une gare**, *ein Bahnhof*. (Beachten Sie den Ausdruck **arrêt de bus**, *Bushaltestelle*.)

→ **beau** bedeutet *schön*, etc. Der Ausdruck **il fait beau** beschreibt schönes Wetter: **Il fait beau aujourd'hui**, *Heute ist schönes Wetter* oder ugs. *Schönes Wetter heute*.

→ **peu** ist ein nützliches Wort. Als Nomen (**un peu**, gefolgt von **de**) bedeutet es *ein wenig, ein bisschen*: **Avez-vous un peu de temps ?**, *Haben Sie ein wenig Zeit?*; **Parlez-vous français ? – Un peu**, *Sprechen Sie Französisch? – Ein bisschen*. **Peu** ist auch ein Adverb (und daher ohne Artikel): **J'ai peu de temps ce matin**, *Ich habe wenig Zeit heute Morgen*; **Elle mange très peu**, *Sie isst sehr wenig*.

→ **tout le monde**, *jede/r/s, alle/s* (wörtl. *all die Welt*) wird mit einem Singular-Verb benutzt: **Tout le monde a faim**, *Jeder hat Hunger/Alle haben Hunger*.

→ Kardinalzahlen von eins bis siebzig:

1 un/une	11 onze	21 vingt et un	40 quarante
2 deux	12 douze	22 vingt-deux	50 cinquante
3 trois	13 treize	23 vingt-trois	60 soixante
4 quatre	14 quatorze	24 vingt-quatre	70 soixante-dix
5 cinq	15 quinze	25 vingt-cinq	
6 six	16 seize	26 vingt-six	
7 sept	17 dix-sept	27 vingt-sept	
8 huit	18 dix-huit	28 vingt-huit	
9 neuf	19 dix-neuf	29 vingt-neuf	
10 dix	20 vingt	30 trente	

– Erinnern Sie sich, dass **un** für maskuline und **une** für feminine Nomen genutzt wird.
– Ziffern über 20 ergeben sich mit dem Zehner-Element (20, 30, 40, etc.) per Bindestrich, verbunden mit den Ziffern 1 bis 9. Die einzigen Ausnahmen sind 21, 31, 41, 51 und 61, die mit **et**, *und* und ohne Bindestrich gebildet sind (**vingt et un, trente et un**, etc.).
– Die Nummern von 71 bis 99 sind etwas komplizierter, daher schauen wir sie uns in einem späteren Modul an.
– Praxis ist der Schlüssel zum Erlernen der Zahlen. Versuchen Sie schnell durch dieses Buch zu blättern und die Seitenzahlen laut auszusprechen. Gehen Sie von vorne nach hinten, dann von hinten nach vorne.

KULTURELLER HINWEIS

Paris (Ausspr. [parie]) ist Frankreichs Hauptstadt. Die Stadt selbst, **la ville de Paris**, ist recht klein im Vergleich zu London oder New York: insgesamt gibt es in den 20 *Vierteln/ Bezirken*, **arrondissements** (wörtl.: *Abrundungen*) 2,3 Mio Einwohner. Aber der *Pariser Großraum*, **la Métropole du Grand Paris**, ist das Zuhause von etwa 7 Mio. Menschen. Unter den vielen Attraktionen hat Paris einige der größten Museen, insbesondere **le musée du Louvre**, das **La Joconde** (*"Mona Lisa"*), **la Vénus de Milo** und viele weitere erstklassige Kunstwerke beherbergt. Ein aktuelleres, aber gleichermaßen populäres Museum ist **le musée d'Orsay**; ein umgebauter Bahnhof des 19. Jahrhunderts, indem sich die feinste (post-)impressionistische Kunst der Welt befindet. (Das Nomen **un musée**, *ein Museum*, beschreibt auch eine öffentliche Kunstausstellung; **une galerie** ist eine private Galerie oder ein Raum in einer öffentlichen Galerie.) **L'Assemblée nationale**, *die Nationalversammlung*, ist die 1. Kammer des französischen Parlaments, auf der linken Seite des Seine-Flusses gelegen.

 ## GRAMMATIK
DIREKTE OBJEKTPRONOMEN

Direkte Objekte sind Menschen oder Dinge, die eine Aktion „erhalten" (z.B. *Sag mir deinen Namen*). Ein direktes Pronomen kann ein Nomen ersetzen und somit Wiederholung vermeiden, wenn die Identität des „Empfängers" klar ist. Wenn Sie also jemanden fragen **Pouvez-vous m'aider?**, *Können Sie mir helfen?*, ist es offensichtlich, dass Sie die nach Hilfe fragende Person sind. Hier sind alle direkten Objektpronomen:

me (m' vor einem Vokal)	*mich/mir*	**nous**	*uns*
te (t' vor einem Vokal)	*dich/dir*	**vous**	*Sie/Ihnen, euch*
le (l' vor einem Vokal)	*ihn/es/ihm*	**les**	*sie/ihnen*
la (l' vor einem Vokal)	*sie/es/ihr*		

Anders als im Deutschen, kommt das Pronomen generell vor das Verb:
Je le connais, *Ich kenne ihn/es*.
Nous ne la comprenons pas, *Wir verstehen sie/es nicht*.
Pouvez-vous nous aider ?, *Können Sie/Könnt ihr uns helfen?*
Où est-ce que tu les achètes ?, *Wo kaufst du sie?*
Die einzige leichte Komplikation tritt auf, wenn das dem Pronomen folgende Verb mit einem Vokal beginnt, da dann der finale Vokal von **me/te/le/la** getilgt wird. Zum Beispiel könnte das direkte Objekt der Frage **Pouvez-vous l'aider ?** ein maskulines oder feminines Nomen sein (*Kannst du ihm/ihr helfen?*). In den meisten Fällen macht das jedoch der Kontext klar. Wir sehen später, wie sich diese Zweideutigkeit vermeiden lässt.

FRAGEN BILDEN MIT *COMBIEN (DE)*

Das Adverb **combien**, als erstes in Modul 1 gesehen, bedeutet *wie viel/wie sehr*. Es wird normalerweise an Frageanfang oder -ende gesetzt: **Combien voulez-vous ?**, *Wie viel möchten Sie?* oder **Tu veux combien ?**, *Wie viel willst du?*. Wenn **combien** von einem direkten Objekt gefolgt wird, brauchen wir die Präposition **de** (**d'** vor einem Vokal): **Combien de verres sont dans le placard ?**, *Wie viele Gläser sind im Schrank?*. Wenn man ein Verb benutzt, kommt es direkt nach **combien**: **Combien coûtent les billets ?**, *Wie viel kosten die Tickets?*, aber wenn das Demonstrativpronomen **ça** verwendet wird, steht das Verb dahinter: **Combien ça coûte ?**, *Wie viel kostet das?*. (Sie werden auch **Ça fait combien ?** hören, was das gleiche bedeutet, aber sehr idiomatisch ist.)

DAS FRAGEANHÄNGSEL *N'EST-CE PAS ?*

N'est-ce pas ist eine Umkehrung von **ce n'est pas**, *es ist nicht*. Es ist unveränderlich und lässt sich mit *nicht wahr?, stimmt's?, oder?* übersetzen: **Elle parle anglais, n'est-ce pas ?**, *Sie spricht Englisch, oder?*; **Ton frère est professeur, n'est-ce pas ?**, *Dein Bruder ist Lehrer, nicht wahr?*. Im alltäglichen Französisch steht **n'est-ce pas** immer am Ende der Frage und wird mit einer ansteigenden Intonation ausgesprochen. Es gibt noch andere, formellere Wege **n'est-ce pas** zu benutzen, aber wir werden sie hier nicht behandeln.

▲ KONJUGATION
SAVOIR

Ein weiteres wichtiges – und unregelmäßiges – Verb ist **savoir**, *wissen*:

je sais	*ich weiß*	nous savons	*wir wissen*
tu sais	*du weißt*	vous savez	*Sie wissen/ihr wisst*
il/elle sait	*er/sie/es weiß*	ils/elles savent	*sie wissen*

Die negierende Form ist regelmäßig: **Je ne sais pas**, *Ich weiß nicht*; **Nous ne savons pas**, *Wir wissen nicht*, etc. Bei Fragen wird oft die dritte Frageform verwendet: **Savez-vous où je peux trouver un restaurant ?**, *Wissen Sie, wo ich ein Restaurant finden kann?*. Sie können aber natürlich auch die anderen beiden Formen nehmen: **Vous savez où… ? / Est-ce que vous savez… ?**)
Neben **savoir** gibt es noch **connaître** (siehe Modul 3), *kennen*, was ähnlich verwendet wird. Im Großen und Ganzen wendet man ersteres für Dinge und zweiteres für Menschen an, wobei sie sich teilweise auch überlappen können:
– **Je sais que le métro Saint Michel n'est pas loin**, *Ich weiß, dass die Saint-Michel-Metro nicht weit ist.*
– **Il ne connaît pas mon père**, *Er kennt meinen Vater nicht.*

IL Y A

Dies ist ein sehr geläufiger und nützlicher Ausdruck (wörtl. *es dort hat*) und bedeutet *es gibt, es sind*. Es wird normalerweise von einem Nomen, einer Nummer oder einem indefiniten Pronomen gefolgt: **Il y a trente élèves dans la classe**, *Es sind 30 SchülerInnen in der Klasse*; **Il y a une exposition intéressante au musée d'Orsay**, *Es gibt eine interessante Ausstellung im Orsay Museum*. Die Negation lautet **il n'y a pas**: **Il n'y a pas de verres dans le placard**, *Es sind keine Gläser im Schrank*. Der einfachste Weg eine Frage zu formen ist mit **est-ce que**, wo das finale **e** von **que** getilgt wird: **Est-ce qu'il y a une station de métro près d'ici ?**, *Gibt es eine Metrostation hier in der Nähe?*. Wir schauen uns später eine weitere Bedeutung von **il y a** an.

OU UND OÙ

Verwechseln Sie diese gleich ausgesprochenen Wörter nicht. **Ou**, ohne Accent auf dem **u**, bedeutet *oder*: **quel hôtel ou quelle chambre d'hôte**, *welches Hotel oder welches Gastzimmer*, wohingegen **où**, mit einem Accent, *wo* bedeutet: **Où est votre voiture ?**, *Wo ist Ihr Auto?*.

⬢ ÜBUNGEN

1. ERSETZEN SIE DAS SUBJEKTPRONOMEN MIT DEM ENTSPRECHENDEN DIREKTEN OBJEKTPRONOMEN

a. Pouvez-vous (*je*) aider ? →

b. Nous ne (*ils*) connaissons pas. →

c. Est-ce que Marie aime son travail ? – Elle (*le*) adore ! →

d. Est-ce que tu (*elle*) achètes, cette carte ? →

e. Je (*tu*) attends au musée d'Orsay. →

2. KONJUGIEREN SIE DIESE VERBEN INS BEJAHENDE ODER VERNEINENDE, WIE ANGEGEBEN

a. Nous (*savoir*, negierend) si Jean vient ce soir. →

b. (*Continuer*, affirmativ) tout droit puis (*tourner*, affirmativ) à gauche. →

c. Ils (*aller*, affirmativ) à pied, mais c'est très loin. →

d. Les billets pour l'expo (*coûter*, affirmativ) vingt euros. →

e. Est-ce tu (*savoir*, affirmativ) si la galerie ouvre à deux heures ? – Non, je (*savoir*, negierend). →

3. SETZEN SIE DAS FEHLENDE WORT EIN

a. Prenez la première rue _ _ droite. L'église est à l'_ _ _ _ _ de la rue Jacob.

b. Vos amis aiment l'art moderne, n'est- _ _ _ _ _ _ _. ?

c. _ _ _ _ le monde aime l'art moderne.

d. _ _ _ _ _ _ _ coûtent les billets ? – Ils coutent vingt euros.

e. Le musée est un peu loin. Il vaut _ _ _ _ _ prendre le métro.

🔊 4. ÜBERSETZEN SIE DIESE NUMMERN, SPRECHEN SIE SIE DANN LAUT AUS
07

a. 15 _ _ _ _ _

b. 22 _ _ _ _ _ _ _ _

c. 45 _ _ _ _ _ _ _ _

d. 33 _ _ _ _ _ _ _ _

e. 70 _ _ _ _ _ _

f. 61 _ _ _ _ _ _ _ _ _

g. 12 _ _ _

h. 21 _ _ _ _ _ _ _ _

i. 17 _ _ _ _ _

5. Wo ist...?

VOKABULAR

acheter *kaufen*
avoir envie *Lust haben*
continuer *weitergehen, -machen*
coûter *kosten*
fermer *schließen*
intéresser *interessieren*
marcher *laufen, gehen*
ouvrir *öffnen*
payer *bezahlen*
préférer *favorisieren, bevorzugen*
supposer *annehmen, vermuten*
tourner *drehen, abbiegen*
traverser *überqueren*
voir *sehen*

un angle *eine Ecke*
un arrêt (de bus) *eine Bushaltestelle*
l'Assemblée nationale *die Nationalversammlung (1. Kammer des französischen Parlaments)*
un billet *ein Ticket, Karte, Schein (Zug, Eintritt, Lotterie, etc.)*
un carrefour *eine Kreuzung*
le déjeuner *das Mittagessen*
une église *eine Kirche*
une exposition (ugs.: **une expo**) *eine Ausstellung*
un jour *ein Tag*
un mètre *ein Meter*
le métro *das Metrosystem (Paris, Lyon, Marseille); Metrostation*
un musée *ein Museum, eine Kunstgalerie*
un pied *ein Fuß*
un prix *ein Preis*
une station *eine Station, eine Haltestelle (Metro, etc.)*
un tarif *ein Tarif, eine Gebühr*
un tarif réduit *ein ermäßigter Tarif*

après *nach*
avant *vor (zeitlich)*
cent *hundert*
combien *wie viel, wie sehr*
demain *morgen*
droite *rechts*
gauche *links*
en ligne *online*
en face de *gegenüber*
jusqu'à *bis (zu)*
loin *weit*
midi *Mittag, 12 Uhr*
l'après-midi *der Nachmittag*
pendant *während, für (Zeitperiode)*
près de *in der Nähe von, bei*
puis *dann*
seulement *nur*
tout droit *geradeaus*
beau *schön, hübsch, gutaussehend*
intéressant *interessant*
sûr *sicher, gewiss*
y *dort, da, dorthin, dahin*

il vaut mieux *es ist besser zu + Verb*
il fait beau *es ist schönes Wetter*
pour une fois *einmal, ausnahmsweise*
sur place *vor Ort*
tout le monde *jeder, alle, alle Welt*

5. ÜBERSETZEN SIE DIESE SÄTZE AUF FRANZÖSISCH

a. Er versteht sie nicht. Kannst du ihm helfen? →
b. Ich mag diese Tomaten. Wo kaufst du sie? →
c. Wie viel kosten die Tickets? – Sie kosten siebenundzwanzig Euro. →
d. Wissen Sie*, wo ich ein Restaurant finden kann? →
e. Es ist besser die Metro zu nehmen. Das Orsay Museum ist ziemlich weit. →

* 2 Frageformen möglich

Um Ihnen zu helfen, Ihr Vokabular zu erweitern, haben wir einige Verben ausgewählt, die den deutschen oder englischen Gegenstücken ähneln (**continuer**, **coûter**, **payer**, etc.), von denen Ihnen noch mehr begegnen werden. Aber wir werden sehen, dass viele sich ähnelnde Wörter unterschiedliche Bedeutungen haben. Das nennt man **faux-amis** (*Falsche Freunde*).

Zudem werden wir auch **le franglais** kennenlernen - das Äquivalent zum *Denglisch*, wo es einige gleiche Scheinanglizismen gibt. Es gibt allerdings auch viele ursprünglich englische Wörter, die das französische „richtig" übernommen hat: **le smartphone** und **le week-end**.

Wir werden diese Themen später genauer behandeln.

6.
WIE VIEL UHR IST ES?

QUELLE HEURE EST-IL ?

ZIELE	KENNTNISSE
• NACH DER UHRZEIT FRAGEN UND SAGEN, WIE SPÄT ES IST • DINGE AUF EINEM MENÜ AUSWÄHLEN • AUSWAHLMÖGLICHKEITEN ERKLÄREN	• DIE UNPERSÖNLICHE FORM VON VERBEN BENUTZEN • BETONTE PERSONAL-PRONOMEN • ZWEITE KONJUGATION: VERBEN AUF *-IR* ENDEND

LASS UNS ZU MITTAG ESSEN!

– Wie viel Uhr *(welche Zeit)* ist es jetzt, Anne-Marie?

– Ich glaube *(denke)*, dass es fast ein Uhr ist. In der Tat, es ist zehn vor eins *(ein Uhr minus zehn)*.

– Ich sterbe vor *(von)* Hunger! Lass uns etwas essen gehen *(Gehen wir etwas essen)*.

– Ich habe einen Termin mit einem Kunden gegen viertel nach zwei *(zwei Uhr und viertel)* oder halb drei *(zwei Uhr und halb)*, also haben wir *(die)* Zeit, schnell gemeinsam etwas zu Mittag zu essen, wenn du willst.

– Gerne *(mit Vergnügen)*. Kennst du einen Ort in der Gegend *(im Viertel)*?

– Lass mich nachdenken. Ja, es gibt ein gutes Bistro vor dem Bahnhof. Zudem ist es nicht teuer. Komm mit mir.

– Lass uns sofort losgehen *(dorthin gehen)*!

(Im Bistro)

– Ein Tisch für zwei? Hier entlang bitte. Hier [ist] die Karte und dort das Tagesmenü, an der Wand, mit kalten und warmen Gerichten.

– Was nimmst du *(wirst du auswählen)*, Michel?

– Ich versuche nicht zu viel zu essen, da ich nicht zunehmen will. Deshalb *(Das ist warum)* nehme ich im Restaurant immer eher *(einen)* Fisch oder einen Salat statt Fleisch und zuhause *(bei mir)* versuche ich meinen Teller nicht vollzumachen. Aber ich schaffe es nicht immer!

– Machst du Witze *(Scherzt du)*? Du *(, du)* brauchst nicht abzunehmen! Ich schon *(doch)*.

(Später)

– Isst du nicht auf *(Beendest du dein Gericht nicht)*? Es wird kalt *(abkühlen)*.

– Nein, ich habe zu viel gegessen... aber ich habe Lust auf eine Karamellcreme, um das Essen zu beenden.

– Gute Idee. Ich auch. Dieses Restaurant ist ausgezeichnet; ich werde eine Bewertung *(Meinung)* im Internet dalassen... und ich komme übermorgen zum Mittag essen [hierhin] zurück!

DÉJEUNONS !

— Quelle heure est-il maintenant, Anne-Marie ?

— Je pense qu'il est presque une heure. En effet, il est une heure moins dix.

— Je meurs de faim ! Allons manger quelque chose.

— J'ai un rendez-vous avec un client vers deux heures et quart ou deux heures et demie donc on a le temps de déjeuner rapidement ensemble, si tu veux.

— Avec plaisir. Est-ce que tu connais un endroit dans le quartier ?

— Laisse-moi réfléchir. Oui, il y a un bon bistrot devant la gare. En plus, il n'est pas cher. Viens avec moi.

— Allons-y tout de suite !

(Au bistrot)

— Une table pour deux ? Par ici s'il vous plaît. Voici la carte, et voilà le menu du jour, au mur, avec des plats chauds et froids.

— Qu'est-ce tu vas choisir, Michel ?

— J'essaie de ne pas trop manger car je ne veux pas grossir. C'est pourquoi, au restaurant, je choisis toujours un poisson ou une salade plutôt que de la viande, et, chez moi, j'essaie de ne pas remplir mon assiette. Mais je ne réussis pas toujours !

— Tu plaisantes ? Toi, tu n'as pas besoin de maigrir ! Moi, si.

(Plus tard)

— Tu ne finis pas ton plat ? Il va refroidir.

— Non, j'ai trop mangé… mais j'ai envie d'une crème caramel pour finir le repas.

— Bonne idée. Moi aussi. Ce restaurant est excellent ; je vais laisser un avis sur Internet … et je reviens déjeuner après-demain !

DEN DIALOG VERSTEHEN
FORMULIERUNGEN UND REDEWENDUNGEN

→ **une heure**, *eine Stunde/ein Uhr*, aber mit dem definiten Artikel bedeutet **l'heure** *die Uhrzeit*: **Quelle heure est-il ?**, *Wie viel Uhr ist es?* (oder umgangssprachlicher **Il est quelle heure ?**). Die Antwort beginnt mit **Il est…**, *Es ist.…* Wenn man die Uhrzeit nennt, wird **heure(s)** nach der vollen Stunde verwendet, wie *Uhr*: **Il est cinq heures**, *Es ist fünf Uhr*. Jedoch wird **heure(s)** nie ausgelassen (*Es ist fünf*). Wenn die Uhrzeit nach der vollen Stunde liegt, fügt man einfach die Minuten hinzu: **Il est huit heures vingt**, *Es ist acht Uhr zwanzig*; **Il est trois heures cinquante**, *Es ist drei Uhr fünfzig*.

Man kann aber auch die Minutenanzahl mit **moins**, *minus, weniger* angeben. 15:50 kann auch mit **Il est quatre heures moins dix**, *Es ist zehn vor vier („4 Uhr minus 10")* angegeben werden. Für viertel und halbe Stunden sagt man **et quart** (*viertel nach*), **et demie** (*halb* + nächste volle Stunde) **und moins le quart** (*viertel vor*). **Il est dix heures et quart**, *Es ist viertel nach zehn*; **Il est neuf heures et demie**, *Es ist halb zehn („9 Uhr und halb")*; **Il est deux heures moins le quart**, *Es ist viertel vor zwei („2 Uhr minus das Viertel")*.

Auch im Französischen kann z.B. **dix heures**, *zehn Uhr* morgens oder abends sein, daher kann es hilfreich sein mit **du matin, de l'après-midi**, oder **du soir** zu spezifizieren: **Il est huit heures du matin**, *08:00*, **Il est quatre heures de l'après-midi**, *16:00*, **Il est onze heures du soir**, *23:00*.

→ **mourir**, *sterben* ist ein unregelmäßiges Verb. Das Präsens wird geläufig in der Redewendung **Je meurs de faim**, *Ich sterbe vor Hunger* verwendet.

→ **un quartier**, *ein Viertel* wird wie im Deutschen auch für die Gegend benutzt. Der Begriff **de quartier** bedeutet *lokal, Nachbarschaft*: **un bar de quartier**, *eine Bar des Viertels*.

→ **un besoin** bedeutet *ein Bedarf*, also heißt **avoir besoin** *brauchen* (wörtl. *Bedarf haben*). Wie **avoir envie**, *Lust haben* werden die beiden Wörter immer zusammen verwendet, zusammen mit **de** gefolgt von einem direkten Objekt: **Nous avons besoin de vos conseils**, *Wir brauchen Ihre/Eure Ratschläge*.

→ **car** ist Bindewort, das *da, weil* bedeutet. Es ist Synonym für **parce que** und wird oft in längeren Sätzen benutzt. Verwechseln Sie es nicht mit **un car**, *ein (Fern-)Bus* (Modul 3)!

→ **plaisanter** bedeutet *scherzen, Spaß machen*. Der Ausruf **Tu plaisantes !** (oder gehobener, **Vous plaisantez !**) entspricht *Du machst Witze/Das ist nicht dein Ernst!*.

→ **après**, *nach* wird in vielen Komposita benutzt, wie beispielsweise **l'après-midi**, *der Nachmittag*; **l'après-rasage**, *das Rasierwasser, Aftershave* oder **après-vente**, *Kundendienst* (wörtl. *nach Kauf*). **Après-demain** bedeutet *übermorgen* (wörtl. *nach morgen*): **Il revient après-demain**, *Er kommt übermorgen zurück*.

KULTURELLER HINWEIS

Essen und Kulinarik waren schon immer wichtige Bestandteile der französischen Kultur. Alltagskonversationen drehen sich oft um Essen und Trinken und jede Region hat ihre eigenen Spezialitäten (z.B. Meeresfrüchte in der Bretagne, Pastis im Süden, Flammkuchen im Elsass). Die einfachste Art von Restaurant – abgesehen von **les cafés**, die meist belegte Baguettes, Salate und Snacks servieren – ist **un bistrot** (beachten Sie das finale **-t**). Traditionell gibt es in **bistrots** einfache und günstige Gerichte. In den letzten Jahren haben junge Köche jedoch eine Bewegung gestartet: **la bistronomie** (eine Zusammensetzung von **le bistrot** und **la gastronomie**, *Kochkunst*), die originelle Kochkunst in schnörkellosen Umgebungen impliziert.

 GRAMMATIK
DIE UNPERSÖNLICHE FORM *ON*

Das unpersönliche Pronomen **on** entspricht dem deutschen *man* (**On peut payer par smartphone,** *Man kann per Smartphone bezahlen*), aber es wird sehr viel häufiger benutzt, da man es in zwangloser Sprache statt **nous** einsetzen kann: **Nous avons le temps de déjeuner ensemble → On a le temps de déjeuner ensemble**, *Wir haben (die) Zeit, zusammen Mittag zu essen*. Obwohl diese Art von Struktur umgangssprachlich ist, ist sie sehr nützlich und im alltäglichen Französisch komplett akzeptiert. **On** kann auch **quelqu'un**, *jemanden*, oder andere indefinite Subjekte wie *sie* (d.h. Menschen im Allgemeinen) ersetzen: **On dit que son film est très intéressant**, *Man sagt/ Sie sagen, dass sein Film sehr interessant ist*.

VOICI UND *VOILÀ*

Diese beiden Präpositionen werden oft benutzt, um die Position von etwas oder jemandem im Bezug zum Sprecher anzugeben. **Voici** bezieht sich auf ein nahes Objekt (es ist eine Zusammensetzung von **vois**, *siehe* und **ici**, *hier*), während **voilà** etwas weiter Entferntes bezeichnet (**vois** + **là-bas**, *dort (drüben)*): **Voici votre table, et voilà le menu**, *Hier [ist] Ihr Tisch und dort die Speisekarte*. In der Praxis überlappen die beiden teilweise (**Me voilà !**, *Hier bin ich!*), aber merken Sie sich für jetzt nur die grundlegende Unterscheidung: **voici** = *hier*, **voilà** = *da, dort*.

BETONTE PERSONALPRONOMEN

Die grundsätzlichen betonten Personalpronomen sind (im Deutschen je nach Kasus): **moi**, *ich/mich/mir*; **toi**, *du/dich/dir*; **lui**, *er/ihm*; **elle**, *sie/ihr*; **nous**, *wir/uns*; **vous**, *Sie/Ihnen, ihr/euch*; **eux**, *sie/ihnen* (maskulin); **elles**, *sie/ihnen* (feminin).

Sie werden auf verschiedene Art benutzt, vor allem zur Betonung – wie der Name schon sagt. Die einfachste Form ist die Konstruktion **Moi aussi**, *Ich auch*, gesehen im Modul 1. Daher: **Elle est en retard. – Lui aussi**, *Sie ist zu spät. – Er auch*; **Vous êtes sur Twitter ? Nous aussi !**, *Ihr seid auf Twitter? Wir auch!*

Eine weitere geläufige Anwendung der betonten Personalpronomen ist der Imperativ. Wir werden uns zunächst auf die erste Person konzentrieren: **Attendez-moi**, *Warten Sie auf mich*; **Passez-moi le téléphone s'il vous plaît**, *Geben Sie mir bitte das Telefon*. Diese Pronomen werden auch benutzt, wenn man Personen oder Dinge vergleicht und kontrastiert. Beispielsweise kann **Tu n'as pas besoin de maigrir**, *Du brauchst nicht abzunehmen* mehr betont werden, indem man das Pronomen hinzufügt: **Toi, tu n'as pas besoin de maigrir mais elle, si**, *Du, du brauchst nicht abzunehmen, aber sie schon*.

▲ KONJUGATION

ZWEITE KONJUGATION: VERBEN AUF -*IR* ENDEND

Verben mit der Infinitiv-Endung **-ir** bilden die zweite Gruppe der regelmäßigen Verben. Hier sind die grundlegenden Formen von **choisir**, *(aus)wählen*:

je choisis	ich wähle	nous choisissons	wir wählen
tu choisis	du wählst	vous choisissez	Sie wählen/ihr wählt
il/elle choisit	er/sie/es wählt	ils/elles choisissent	sie wählen

Hören Sie genau auf den Unterschied zwischen den einzelnen und doppelten „s": **choisissez**, [schuasisse:].

Die verneinenden Formen sind:
je ne choisis pas; tu ne choisis pas; il/elle ne choisit pas; nous ne choisissons pas; vous ne choisissez pas; ils/elles ne choisissent pas, *ich wähle nicht*, etc.

Die Frageformen mit **est-ce que** sind:
Est-ce que je choisis; tu choisis; il/elle choisit; nous choisissons; vous choisissez; ils/elles choisissent ?, *Wähle ich?*, etc.

Bedenken Sie, dass die **nous**- und **vous**-Formen eine zusätzliche Silbe haben (**choisissons**, **choisissez**) und, dass die finalen Konsonanten lautlos sind.

Ein paar auf **-ir** endende Verben sind eigentlich nicht Teil dieser Gruppe; sie gehören zu der dritten und letzten Gruppe (siehe Modul 12), da sie unregelmäßig sind. Eines der wichtigsten ist **venir**, *kommen*: **je viens; tu viens; il/elle vient; nous venons; vous venez; ils/elles viennent**, *ich komme*, etc.

VOKABULAR

avoir besoin *brauchen, benötigen*
connaitre *kennen*
choisir *(aus-)wählen*
déjeuner *zu Mittag essen*
essayer *versuchen, probieren*
finir *beenden, abschließen*
grossir *zunehmen*
laisser *(ver-)lassen*
maigrir *abnehmen*
mourir *sterben*
penser *denken, glauben*
plaisanter *scherzen, Spaß machen*
réfléchir *nachdenken, überlegen*
refroidir *erkalten, abkühlen, kalt werden* (siehe unten, **froid**)
remplir *auf-, aus-, nach-, befüllen*
réussir *es schaffen, Erfolg haben*
revenir *zurückkommen* (gebildet aus **re-** und **venir**)
venir *kommen*

un avis *eine Meinung*
une carte *eine (Speise-)Karte*
un client/une cliente *ein/e KundIn*
une crème *eine Creme*
une crème (au) caramel *eine Karamellcreme, -rahm, -pudding*
une gare *ein Bahnhof*
Internet *das Internet* (kein definiter Artikel, immer großgeschrieben)
un menu *ein Menü, eine Speisekarte*
un mur *eine Wand*
un plat *ein Gericht (Mahlzeit)*
un poisson *ein Fisch*
un quartier *ein Viertel, ein Ortsteil*
un rendez-vous *ein Termin*

après-demain *übermorgen*
cher/chère *teuer*
froid(e) *kalt* (siehe oben, **refroidir**)
rapidement *schnell, zügig*
car *da, weil*
devant *vor (räumlich)*
ensemble *zusammen, gemeinsam*
maintenant *jetzt*
plutôt que *eher/lieber als, anstatt zu*
presque *fast*
tout de suite *sofort, direkt, gleich*
vers *gegen, in Richtung*
voici *hier* (bezeichnet ein Objekt nah zum/r Sprechenden)
voilà *da, dort* (bezeichnet ein Objekt ferner vom/von der Sprechenden)

Par ici *Hier entlang, hierher*
Avec plaisir *Gerne, Mit Vergnügen, Gern geschehen, Bitteschön*

Die Uhrzeit zu sagen, ist ein Reflex. Der beste Weg diese unmittelbare Antwort in einer Fremdsprache zu geben, ist regelmäßig auf die Uhr zu schauen und die Uhrzeit laut aufzusagen. Einfach, aber effektiv!

ÜBUNGEN

1. KONJUGIEREN SIE DIE VERBEN IN DEN KLAMMERN

a. Elle (*maigrir* : _____) mais son mari (*grossir* : _____) – il mange trop.

b. Steve essaie de parler correctement le français mais il ne (*réussir* : _____) pas toujours.

c. Vous (*choisir* : _____) toujours une crème caramel pour le dessert. – Mais toi aussi !

d. C'est un nouveau quartier que nous (*découvrir* : _____) ensemble.

e. Finissez votre plat : il va (*refroidir* : _____).

2. SETZEN SIE DIE VERBEN IN NEGIERENDE ODER INTERROGATIVE(*EST-CE QUE*) FORM

a. Je (*remplir*, negierend) mon assiette car je ne veux pas grossir. →

b. Vous (*finir*, interrogativ) votre dessert ? J'ai très faim ! →

c. Le problème avec Anne-Marie et Michel est qu'ils (*réfléchir*, negierend). →

d. Nous (*choisir*, negierend) nos amis. Ils viennent vers nous. →

e. Ils (*revenir*, interrogativ) demain ? →

3. *QUELLE HEURE EST-IL ?* SCHREIBEN SIE DIESE ZEITEN AUS
08

a. 11:45
b. 06:10
c. 03:15
d. 09:40
e. 08:30
f. 04:25
g. 01:35
h. 02:50
i. 09:05

4. ÜBERSETZEN SIE DIESE SÄTZE AUF FRANZÖSISCH
08

a. Hier ist Ihr Tisch und da ist das Menü, an der Wand. →

b. Was werden Sie wählen? – Lassen Sie mich überlegen. →

c. Wir* haben nicht die Zeit zusammen Mittag zu essen. Ich habe einen Termin. →

d. Kennen sie einen guten Ort in der Gegend? →

e. Lass uns sofort losgehen. – Nein, lass uns übermorgen zurückkommen. →

* 2 Möglichkeiten

7.
EIN TERMIN
UN RENDEZ-VOUS

ZIELE	KENNTNISSE

- IHR WISSEN VERTIEFEN
- DIE ZEIT MIT DER 24-STUNDEN-UHR AUSDRÜCKEN
- LERNEN, ZU BUCHSTABIEREN

- EINE VERPFLICHTUNG AUSDRÜCKEN
- EINE ZEITPERIODE DEFINIEREN
- DINGE UND HANDLUNGEN BESCHREIBEN

SIE SIND FRÜH DRAN.

– Ich habe [einen] Termin bei *(mit)* Herrn Desprat um 15 Uhr.

– Okay. Wie lautet *(ist)* Ihr Name?

– Ich heiße Juvigny, Romain Juvigny.

– Können Sie das bitte buchstabieren?

– Natürlich: J-U-V-I-G-N-Y

– *(Aber)* Sie sind zu früh: es ist 14 Uhr 30. Setzen Sie sich dort ins Wartezimmer. Ich werde Herrn Desprat benachrichtigen. Es gibt eine Kaffeemaschine vor dem Aufzug und Tassen [sind] auf dem Tisch daneben. *(Sie haben)* Zucker und Löffel sind in einer der Schubladen unter dem Tisch. Bedienen Sie sich. Es ist umsonst.

– Besten Dank. Sie sind sehr nett. … Ähm, entschuldigen Sie *(mich)*: ich glaube die Maschine funktioniert nicht.

– Sie müssen Sie anmachen. Drücken Sie auf den grünen Knopf, unten rechts.

(Später)

– *(Fräulein:)* Ich warte seit einer dreiviertel Stunde. Ich muss spätestens um 16 Uhr gehen, weil ich [noch] einen anderen Termin habe.

– Ich bedaure, aber Herr Desprat ist sehr beschäftigt im Moment. Er telefoniert *(ist)* gerade *(am Telefon)* mit einem Kollegen in Belgien und er muss eine dringende Akte vor 15 Uhr 45 abschließen. Können Sie noch zehn Minuten warten? Ich weiß, dass er große *(sehr)* Lust hat Sie kennenzulernen.

– Gut, in Ordnung. Etwa zehn Minuten, aber nicht länger *(mehr)*. Auf jeden Fall ist Ihr Chef zu spät.

– Oh nein *(der Herr)*, es ist seine Uhr, die nicht pünktlich ist.

09 VOUS ÊTES EN AVANCE.

– J'ai rendez-vous avec Monsieur Desprat à quinze heures.

– D'accord. Quel est votre nom ?

– Je m'appelle Juvigny, Romain Juvigny.

– Pouvez-vous l'épeler s'il vous plaît ?

– Bien sûr : J-U-V-I-G-N-Y

– Mais vous êtes en avance : il est quatorze heures trente. Asseyez-vous dans la salle d'attente là-bas. Je vais prévenir Monsieur Desprat. Il y a une machine à café devant l'ascenseur et des tasses sur la table à côté. Vous avez du sucre et des cuillères dans un des tiroirs sous le bureau. Servez-vous. C'est gratuit.

– Merci bien. Vous êtes très gentille. … Euh, excusez-moi : je pense que la machine ne marche pas.

– Vous devez l'allumer. Appuyez sur le bouton vert, en bas à droite.

(Plus tard)

– Mademoiselle : j'attends depuis trois quarts d'heure. Je dois partir à seize heures au plus tard car j'ai un autre rendez-vous.

– Je regrette, mais Monsieur Desprat est très occupé en ce moment. Il est actuellement au téléphone avec un collègue en Belgique et il doit terminer un dossier urgent avant quinze heures quarante-cinq. Pouvez-vous attendre encore dix minutes ? Je sais qu'il a très envie de vous rencontrer.

– Bon, d'accord. Une dizaine de minutes, mais pas plus. En tout cas, votre patron est en retard.

– Ah non, monsieur, c'est sa montre qui n'est pas à l'heure.

DEN DIALOG VERSTEHEN
FORMULIERUNGEN UND REDEWENDUNGEN

→ Hier sind die 26 Buchstaben des Alphabets*:

A	a	J	jie/schie	S	ess
B	be	K	ka	T	te
C	sse	L	el	U	ü
D	de	M	em	V	we
E	ö	N	en	W	duble-we
F	ef	O	o	X	iks
G	je/sche	P	pe	Y	ie gräk
H	asch	Q	kü	Z	sed
I	ie	R	er		

– Achten Sie in diesem Modul besonders auf den **u**-Klang, der sich vom deutschen je nach Umgebung unterscheiden kann. Er entspricht teilweise unserem [ü] wie in **sur**, *auf, über*, oder unserem [u] wie in **sous** [ssu].
– Achten Sie darauf, nicht die Buchstaben **g** [je] und **j** [jie] zu verwechseln; beide werden anfänglich wie das „J" in *Journal* ausgesprochen.
– **w** und **k** sind hauptsächlich in Lehnwörtern zu finden. Ersteres wird wie im Englischen als Halbvokal ausgesprochen (**un week-end**, **le web**), aber selten auch wie unser „w" (**un wagon**). Letzterer trägt die gleiche Aussprache wie im Deutschen.

→ **allumer** heißt *anzünden* (eine Zigarette, etc.), aber auch *anmachen*: **Allumez la lumière avant d'entrer dans la chambre**, *Mach das Licht an, bevor du ins Zimmer gehst*. *Lichtschalter* heißt **un interrupteur** (verwandt mit dem Verb **interrompre**, *unterbrechen*, da er den elektrischen Stromfluss unterbricht).

→ **marcher**, *gehen, laufen* (siehe Modul 5) kann wie im Deutschen auch im Sinne von *funktionieren* fungieren: **Comment marche cette machine ?**, *Wie funktioniert diese Maschine?*. In umgangssprachlichem Französisch ist **Ça marche !** oft die bejahende Antwort auf eine Anfrage oder eine Empfehlung: **Je veux partir demain matin. – Ça marche !**, *Ich möchte morgen früh losfahren. – Okay!/Geht in Ordnung!*

→ Die 24-Stunden-Uhr wird nicht nur in formellen Kontexten wie Fahr- und Zeitplänen, Öffnungszeiten, o. ä. verwendet, sondern auch, wenn man mit FreundInnen oder KollegInnen über Termine, Pläne oder alltägliche Events spricht. Sie ist simpel zu benutzen: man gibt einfach die Zeit an, von 1 bis 24, gefolgt von **heure(s)**, dann die Minutenanzahl: **neuf heures dix** = *neun Uhr zehn*; **vingt-deux heures quaran-**

---
* Siehe Einführung für Informationen zur Aussprache

te-cinq = *22 Uhr 45*, etc. Also fast wie im Deutschen! Man muss also nicht **du matin**, **de l'après-midi** oder **du soir** anhängen.

Beachten Sie, dass **midi**, *Mittag, 12 Uhr* also auch **douze heures** heißt und **vingt-quatre heures** somit auch **minuit**, *Mitternacht, 0 Uhr, 24 Uhr* heißt.

Sie können dieses System mit der Uhr auf Ihrem Smartphone, die ja vermutlich bereits auf die 24-Stunden-Uhr eingestellt ist, ganz einfach praktisch üben!

→ **dizaine**, *ungefähr zehn, etwa zehn*. Das Suffix **-aine** kann zu Vielfachen von zehn und auch an fünfzehn hinzugefügt werden, um eine grobe Zahl anzugeben: **Il faut attendre une vingtaine de minutes**, *Man muss etwa 20 Minuten warten*; **Il y a une trentaine d'élèves dans la classe**, *Es sind etwa 30 SchülerInnen in der Klasse*. Zuletzt, wenn Sie über Zeit sprechen, kann **une quinzaine** etwa zwei Wochen bedeuten.

KULTURELLER HINWEIS

Wie viele westliche Länder, wird Frankreich mehr und mehr zu einer 24-Stunden-Ökonomie. Große Städte wie Paris und Lyon ähneln bezüglich der „Zeitarmut" London oder New York. Dennoch kann das Tempo in kleineren Städten entspannter sein, wo viele Läden mittags für eine oder mehr Stunden schließen.

Aus Unternehmensperspektive haben sich die Dinge in den letzten Jahrzehnten stark geändert. Offiziell ist die *Arbeitswoche*, **la semaine de travail** noch bei 35 Stunden (gekürzt von 39 Stunden zur Jahrhundertwende), wenngleich Firmen immer mehr Flexibilität haben, um längere Arbeitsperioden auszuhandeln. Der offizielle Urlaubsanspruch beträgt immer noch fünf Wochen.

Pünktlich, **à l'heure** zu sein ist für berufliche Termine sehr wichtig, aber im privaten Umfeld gibt es einen größeren Spielraum.

Diese teils größeren, teils kleineren kulturellen Unterschiede zu entdecken, ist eine der Freuden beim Erlernen einer Fremdsprache.

GRAMMATIK
DEPUIS

Depuis (wörtl. *von dann*) heißt *seit, seitdem, für* (zeitlich), *von…an/ab/aus*. Unabhängig davon, ob es sich auf ein bestimmtes Datum oder eine Zeitperiode bezieht. Es wird mit dem Präsens angewandt, wenn die beschriebene Handlung in der Vergangenheit begonnen hat und bis ins Präsens andauert: **Mon oncle habite à Rouen depuis 2005**, *Mein Onkel wohnt seit 2005 in Rouen*; **Il travaille comme informaticien depuis dix ans**, *Er arbeitet seit 10 Jahren als Informatiker*. Erneut eine Ähnlichkeit zum Deutschen! Es gibt eine andere Regel für die Negation, die wir sehen, wenn wir das Tempus der Vergangenheit lernen.

MEHR PRÄPOSITIONEN UND ADVERBIEN

In diesem Modul haben wir **sous**, *unter* gelernt: **Les boutons sont sous le bureau**, *Die Knöpfe sind unter dem Schreibtisch*. Lassen Sie uns alle bisher gelernten Präpositionen nochmal durchgehen:

à	an, in, zu, nach, um, bis	par	durch, mit
avant	vor (zeitlich)	pendant	während
après	nach	pour	für
chez	bei (jmdm. zuhause)	près de	in der Nähe
depuis	seit	sous	unter
derrière	hinter	dans	in
devant	vor (räumlich)	sur	auf
en	in, im, auf	vers	gegen, in Richtung
jusqu'au/à la	bis (zum, zur)		

Zwei weitere nützliche Wörter sind die Adverbien **là-bas**, *dort(hin), da drüben* und **en bas**, *unten, abwärts, hinunter*:
Où est la salle d'attente ? –Là-bas, près de l'ascenseur, *Wo ist das Wartezimmer? – Da drüben, in der Nähe vom Aufzug*;
Le bouton est en bas, *Der Knopf ist unten*.

▲ KONJUGATION
DEVOIR

Ein weiteres nützliches – und unregelmäßiges – Verb ist **devoir**, *müssen, sollen*. Hier ist die Präsens-Form:

je dois	ich muss	**nous devons**	wir müssen
tu dois	du musst	**vous devez**	Sie müssen/ihr müsst
il/elle doit	er/sie/es muss	**ils/elles doivent**	sie müssen

Die verneinenden Formen sind:

je ne dois pas	ich muss nicht	**nous ne devons pas**	wir müssen nicht
tu ne dois pas	du musst nicht	**vous ne devez pas**	Sie müssen/ihr müsst nicht
il/elle ne doit pas	er/sie/es muss nicht	**ils/elles ne doivent pas**	sie müssen nicht

Und die Frageformen, gebildet mit **est-ce que**, sind:

Est-ce que je dois…?	Muss ich…?	Est-ce que nous devons…?	Müssen wir…?
Est-ce que tu dois…?	Musst du…?	Est-ce que vous devez…?	Müssen Sie/müsst ihr…?
Est-ce qu'il/elle doit…?	Muss er/sie/es…?	Est-ce qu'ils/elles doivent…?	Müssen sie…?

Wie zwei weitere wichtige unregelmäßige Verben (**pouvoir**, *können, dürfen* und **vouloir**, *wollen, mögen*), kann **devoir** von einem Infinitiv ohne Präposition gefolgt werden:
Tu dois partir dans une heure, *Du musst in einer Stunde losgehen*.
Vous ne devez pas sortir après vingt-trois heures, *Ihr sollt nicht nach 23 Uhr rausgehen*.
Est-ce que je dois appuyer sur ce bouton?, *Muss ich auf diesen Knopf drücken?*

Es gibt noch weitere Bedeutungsvariationen – zum Beispiel kann **devoir** eine Annahme oder Wahrscheinlichkeit implizieren – aber wir werden sie später sehen.

ÜBUNGEN

1. KONJUGIEREN SIE DAS VERB *DEVOIR* IM PRÄSENS

a. Nous …………… partir dans une heure au plus tard.
b. Je …………… finir ce dossier avant de rencontrer le client.
c. Désolé, mais tu …………… attendre encore une dizaine de minutes.
d. Vous …………… appuyer sur le bouton pour allumer la machine.
e. Ils …………… parler avec un collègue avant de répondre.

2. SETZEN SIE *DEVOIR* MIT *EST-CE QUE* IN DIE NEGIERENDE ODER INTERROGATIVE FORM

a. Tu *(negierend)* arriver en avance pour le rendez-vous. →
b. Je *(interrogativ)* allumer la machine ? →
c. Vous *(negierend)* manger trop de viande si vous ne voulez pas grossir. →
d. Tu *(interrogativ)* acheter les billets en ligne ? →

3. WÄHLEN SIE DIE KORREKTE PRÄPOSITION

a. La machine est (*unter*) la table. →
b. Attendez-nous (*vor*) la galerie. →
c. La salle d'attente est (*hinter*) l'ascenseur. →
d. Est-ce que je dois marcher (*bis zum*) carrefour ? →
e. Je l'attends (*seit*) une heure et demie. →
f. Marie travaille comme informaticienne (*seit*) quinze ans. →

4. ÜBERSETZEN SIE DIESE SÄTZE AUF FRANZÖSISCH

a. Können Sie bitte Ihren Namen buchstabieren? – R.O.M.A.I.N. T.A.R.D.Y →
b. Machen Sie das Licht an, bevor Sie in die Küche gehen. →
c. Es sind etwa 30 Personen vor dem Museum. →
d. Wir müssen spätestens um 17:00* gehen. →
e. Herr Desprat hat Lust Sie zu treffen. – Er ist sehr nett, aber ich muss los. →

* Nutzen Sie beide Möglichkeiten der Zeitangabe

● VOKABULAR

appuyer *drücken*, *betätigen*
arriver *ankommen*
épeler *buchstabieren*
être occupé(e) *beschäftigt sein (maskulin/feminin)*
marcher *gehen, laufen, funktionieren (Maschine, etc.)*
prévenir *benachrichtigen, (vor-) warnen*
regretter *bedauern, bereuen*
rencontrer *treffen, begegnen*
s'asseoir *sich (hin-)setzen*
servir *bedienen, servieren*
terminer *beenden*, *abschließen, fertigstellen*

à côté (de) *neben*
à droite *(nach) rechts*
à l'heure *pünktlich*
avant *vor* (zeitlich)
depuis *seit(dem)*
devant *vor* (räumlich)
en avance *(zu) früh*
en bas *unten*
gratuit *gratis*
là-bas *dort(hin), da drüben* (Achtung: Accent grave auf dem **à**)
sous *unter*

la Belgique *Belgien*
un bouton *ein Knopf, eine Taste (Maschine, Kleidung, etc.)*
un(e) collègue *ein/e KollegIn*
une dizaine *etwa zehn, ungefähr zehn*
un dossier *eine Akte, Unterlagen, ein Order*
une machine à café *eine Kaffeemaschine*
une montre *eine Uhr*
un(e) patron(ne) *ein/e ChefIn, ein/e Vorgesetzte/r*

Asseyez-vous *Setzen Sie sich/Setzt euch*
au plus tard *spätestens*
Je regrette… *Ich bedaure…*
Servez-vous *Bedienen Sie sich/ Bedient euch*

Regelmäßiges Wiederholen ist essentiell, wenn Sie mit dem Lernen einer Sprache anfangen. Zögern Sie nicht, zu einem früheren Modul zurückzukehren, wenn Sie etwas vergessen haben oder sich unsicher sind.

II

SICH

UNTERHALTEN

8.
DIESES WOCHENENDE
CE WEEK-END

ZIELE

- ÜBER VORHABEN SPRECHEN
- ÜBER DAS WETTER DISKUTIEREN
- ZAHLEN AB 70 LERNEN

KENNTNISSE

- WEITERE NEGIERENDE FORMEN
- VERBEN AUF *-OIR* ENDEND
- ÄNDERUNG DER TEILUNGSARTIKEL

WIE GEHT ES DIR SO?

– Setz dich, Suzie. Diese Stühle sind sehr gemütlich. Willst du eine Zigarette?

– Nein danke, ich rauche nicht mehr.

– Dann nimm einen Kaffee.

– Ich trinke keinen Kaffee nach dem Mittagessen: sonst kann ich nicht einschlafen *(das hindert mich am schlafen)*.

– Echt *(Ist das richtig)*? Willst du vielleicht einen Tee?

– Ich nehme auch keinen Tee. Ich mag den Geschmack nicht. Ich möchte nichts, danke.

– Du bist wirklich anstrengend! Sag *(mir)*, wie geht es dir so *(was wirst du)* im Moment?

– Ich bin diese Woche sehr beschäftigt, wie immer. Heute *(diesen)* Nachmittag habe ich einen Sportkurs; deshalb *(es ist deshalb, dass ich)* trage ich diese Turnschuhe. Und dieses Wochenende muss ich unbedingt runter in den Süden fahren, um meine Großeltern zu besuchen *(sehen)*. Mein Großvater ist *(hat)* über *(mehr als)* 75 Jahre [alt] und meine Großmutter ist fast 82 *(Jahre)*. Sie reisen nicht mehr und sie kommen sowieso nie nach Paris und sie haben *(empfangen)* nicht viele Gäste *(Besucher)*. Also versuche ich sie wenigstens zwei oder drei mal im Jahr zu besuchen. Aber das ist nicht einfach, weil sie auf dem Land leben und es keine Direktzüge gibt. Ich muss *(bin verpflichtet)* ein Auto am Bahnhof in *(von)* Nizza zu leihen und über 95 km zu fahren *(machen)*. Aber ich kann sie nicht enttäuschen.

– Wie ist das Wetter *(welches Wetter macht es)* dort im Moment? Regen? Wolken?

– Überhaupt nicht! Es ist *(der)* Sommer und es ist *(macht)* schön und warm, mit viel Sonne. Es regnet nie im Midi/in Südfrankeich – oder sehr selten.

10 — QU'EST-CE QUE TU DEVIENS ?

– Assieds-toi, Suzie. Ces chaises sont très confortables. Veux-tu une cigarette ?

– Non merci, je ne fume plus.

– Alors prends un café.

– Je ne bois pas de café après le déjeuner : ça m'empêche de dormir.

– C'est vrai ? Tu veux un thé, peut-être ?

– Je ne prends pas de thé non plus. Je n'aime pas le goût. Je ne veux rien, merci.

– Tu es vraiment pénible ! Dis-mois, qu'est-ce que tu deviens en ce moment ?

– Je suis très occupée cette semaine, comme d'habitude. Cet après-midi, j'ai un cours de sport ; c'est pour ça que je porte ces baskets. Et ce week-end je dois absolument descendre dans le sud pour voir mes grands-parents. Mon grand-père a plus de soixante-quinze ans, et ma grand-mère a presque quatre-vingt-deux ans. Ils ne voyagent plus et, de toute façon, ils ne viennent jamais à Paris et ils ne reçoivent pas beaucoup de visiteurs. Alors j'essaie de les voir au moins deux ou trois fois par an. Mais ce n'est pas facile parce qu'ils habitent à la campagne et il n'y a plus de trains directs. Je suis obligée de louer une voiture à la gare de Nice et faire plus de quatre-vingt-quinze kilomètres. Mais je ne peux pas les décevoir.

– Quel temps fait-il là-bas en ce moment ? De la pluie ? Des nuages ?

– Pas du tout ! C'est l'été et il fait beau et chaud, avec beaucoup de soleil. Il ne pleut jamais dans le Midi – ou très rarement.

DEN DIALOG VERSTEHEN
FORMULIERUNGEN UND REDEWENDUNGEN

→ Im Modul 5 haben wir die Zahlen von 1 bis 69 gelernt. Heute werden wir daran anschließen und uns die Zahlen 70 bis 99 anschauen. Dafür benötigen Sie ein wenig Mathematik: 70 wird als „60 plus 10" behandelt = **soixante-dix**, sodass die weiteren Zahlen 60 + 11 (**soixante et onze**), 60 +12 (**soixante-douze**), etc. sind:

70	soixante-dix	75	soixante-quinze
71	soixante et onze	76	soixante-seize
72	soixante-douze	77	soixante-dix-sept
73	soixante-treize	78	soixante-dix-huit
74	soixante-quatorze	79	soixante-dix-neuf

Achtzig sind „vier Zwanziger" oder **quatre-vingts**:

80	quatre-vingts	85	quatre-vingt-cinq
81	quatre-vingt-un	86	quatre-vingt-six
82	quatre-vingt-deux	87	quatre-vingt-sept
83	quatre-vingt-trois	88	quatre-vingt-huit
84	quatre-vingt-quatre	89	quatre-vingt-neuf

Wenn wir 90 erreichen, greifen wir auf beide dieser Systeme zurück:

90	quatre-vingt-dix	95	quatre-vingt-quinze
91	quatre-vingt-onze	96	quatre-vingt-seize
92	quatre-vingt-douze	97	quatre-vingt-dix-sept
93	quatre-vingt-treize	98	quatre-vingt-dix-huit
94	quatre-vingt-quatorze	99	quatre-vingt-dix-neuf

100 ist **cent** – und wir fangen von vorne an (**cent-un**, **cent-deux**, etc.).

Belgien und die Schweiz haben leicht unterschiedliche – und wohl logischere – Systeme. Beide nutzen **septante** für 70 (daher **septante et un** für 71, etc.) und **nonante** für 90 (**nonante et un**, etc.). Dazu nutzt die Schweiz oft **huitante** für 80. Aber selbst wenn Sie das französische Zählsystem in Belgien anwenden, wird man Sie höchstwahrscheinlich verstehen.

Das Benutzen von Bindestrichen und dem finalen **-s** an **vingt** ist recht komplex, also sollten Sie sich fürs Erste auf das Erlernen der Ziffern konzentrieren und sie laut aussprechen, wenn Sie ihnen begegnen.

Im Französischen sagt man **zéro** für 0. Ein Grund, warum das Lernen des Nummernsystems wichtig ist: Telefonnummern werden in Paaren gelesen, geschrieben und ausgesprochen. Also ist z.b. 17 nicht „eins sieben", sondern **dix-sept**. Wir sehen das später detaillierter.

→ **le temps**, *das Wetter* ist in vielen Sprachen ein Konversationsthema und Französisch ist da keine Ausnahme. Wir haben bereits gesehen, dass das Verb **faire** anstatt *sein* benutzt wird (**Il fait beau**, *Es ist schön(es Wetter)*, Modul 5).
Hier sind ein paar gängige Phrasen: **Quel temps fait-il ?**, *Wie ist das Wetter?* (**est-ce que** statt der Inversion zu benutzen, würde den Satz zu lang machen); **Il fait mauvais**, *Es ist schlechtes Wetter*; **Il fait chaud/froid**, *Es ist warm/kalt*; **Il pleut**, *Es regnet*.
Um den Wettertyp zu beschreiben, werden Nomen statt Adjektive wie im Deutschen benutzt und **il y a**: **Il y a du soleil/du vent/de la pluie/des nuages**, etc. *Es ist sonnig, windig, regnerisch, wolkig*, etc. (wörtl. *Es gibt Sonne*, etc.).
Erinnern Sie sich, dass **le temps** sowohl *das Wetter* als auch *die Zeit* bedeutet, aber der Kontext macht die Bedeutung klar. Zuletzt möchten Sie vielleicht *die Wettervorhersage* nachschauen. Der offizielle Begriff ist **le bulletin météorologique**, aber fast alle benutzen die abgekürzte Form **la météo**: **Quelle est la météo pour demain ?**, *Wie ist der Wetterbericht für morgen?*.

→ **devenir** bedeutet *werden* und wird wie **venir** (Modul 5) konjugiert: **« Réseau » devient « réseaux » au pluriel**, *„Réseau" (Netzwerk) wird „réseaux" im Plural*. Aber der idiomatische Ausdruck **Qu'est-ce que vous devenez/tu deviens ?** (wörtl. *Was werden Sie/werdet ihr/wirst du?*) lässt sich mit *Wie geht es dir so?, Was treibst/machst du so?* vergleichen: **Qu'est-ce que tu deviens, mon ami ? – Je travaille à Marseille**, *Was treibst du so, mein Freund? – Ich arbeite in Marseille*.

→ **non plus** bedeutet *(auch) nicht (mehr)*: **Je n'aime pas le café, et je ne bois pas de thé non plus**, *Ich mag keinen Kaffee und ich trinke auch keinen Tee*. **Non plus** kann auch mit betonten Personalpronomen verwendet werden: **Je n'aime pas le thé. – Moi non plus**, *Ich mag Tee nicht. – Ich auch nicht*. In diesem Fall ist es die verneinende Form von **Moi aussi**.

KULTURELLER HINWEIS

Das Nomen **midi** heißt wie wir wissen *Mittag*. Aber **le Midi** bezieht sich auf das südliche Frankreich und umfasst die mediterrane Küste von der italienischen bis zur spanischen Küste und deren Hinterland. Es finden sich dort glamouröse Küstenorte wie Nizza und Cannes, aber auch spektakulär schöne Bergregionen (**les Alpes de Haute Provence**), die Olivenhaine und Lavendelfelder von **la Provence** und auch die sonnige Prärie von **le Languedoc**.

Kulturell ist **le Midi** eine Mischung aus französischen, italienischen und katalanischen Einflüssen. Das Tor zu der südlichen Region ist traditionell die römisch gegründete Stadt von **Valence**, daher die Redewendung **À Valence le Midi commence**, *Der Midi beginnt in Valence*, wobei andere Städte der Region auch Anspruch auf diesen Titel erheben!

Die Nord-Süd-Teilung in Frankreich – manchmal humoristisch als Butter/Olivenöl-Teilung bezeichnet – ist eine historische Gegebenheit, die sich in einer uralten sprachlichen Trennung widerspiegelt: Menschen, die in Nordfrankreich gelebt haben, haben ursprünglich gallo-romanisch gesprochen, während diejenigen im Süden ein romanisch inspiriertes Lateinisch sprachen. Die Unterschiede wurden in den zwei Wörtern für „ja" verkörpert: **oïl** im Norden, **oc** im Süden – daher **Languedoc** (*Sprache von Oc*).

Aber warum **le Midi** statt **le sud**? Das Wort kommt vom Lateinischen für Mittag, wenn die Sonne an ihrem Höhepunkt steht und, von der nördlichen Halbkugel gesehen, im Süden erscheint.* Im modernen Französisch bezieht sich **le sud** generell auf die südliche Hälfte des Landes, während **le Midi** eine spezifische Region ist.

*Eine der vielen Bahnhöfe in Belgiens Hauptstadt ist **la Gare du Midi**, auf Deutsch als *Bahnhof Brüssel-Süd* bekannt.

GRAMMATIK
WEITERE NEGIERENDE FORMEN

Wir wissen, wie man Verben mit **ne… pas** negiert. Man kann **pas** mit einem von vielen Adverbien ersetzen, um die Bedeutung des Satzes zu ändern. Aber anders als im Deutschen benutzt man immer die doppelte Negation:

– **ne… plus**, *nicht mehr*:
Je ne l'aime plus, *Ich liebe ihn/sie/es nicht mehr*.
Ils n'habitent plus à cette adresse, *Sie wohnen nicht mehr unter dieser Adresse*.
– **ne… jamais**, *nie(mals)*:
Tu ne me téléphones jamais ! *Du rufst mich nie an!*
Je ne vais jamais au travail en voiture, *Ich fahre nie mit dem Auto zur Arbeit*.
– **ne… rien**, *nichts*:
Qu'est ce qu'il veut, ton frère ? – Il ne veut rien, *Was will dein Bruder? – Er will nichts*.
Le chinois est trop difficile ! Je ne comprends rien, *Chinesisch ist zu schwierig! Ich verstehe nichts*.

Es gibt noch mehrere weitere Konstruktionen mit **ne** und einem Adverb, aber diese drei sind die häufigsten.

DEMONSTRATIVPRONOMEN

Diese Pronomen werden benutzt, um etwas oder jemanden hervorzuheben (oder zu „demonstrieren"). Sie kongruieren mit Numerus und in den meisten Fällen mit Genus. Sie lauten **ce** (maskulin Singular), **cette** (feminin Singular) und **ces** (maskulin und feminin Plural). Hinzu kommt, dass, wenn ein maskulines Singular-Nomen mit einem Vokal oder **h-** beginnt, **ce** zu **cet** wird (und genau wie **cette** klingt).
Cette chaise n'est pas très confortable, *Dieser Stuhl ist nicht sehr gemütlich.*
Qu'est-ce que tu fais ce week-end?, *Was machst du dieses Wochenende?*
Ces cours sont très intéressants, *Diese Kurse sind sehr interessant.*
Ce magasin est fermé cet après-midi, *Dieses Geschäft ist heute (diesen) Nachmittag geschlossen.*
(Seien Sie vorsichtig, nicht **cette/cet** mit **c'est** zu verwechseln!)

DU ODER *DE*? TEILUNGSARTIKEL ÄNDERN SICH

Definite Artikel ändern sich nicht, wenn ein Satz in die Verneinung gesetzt wird. Zum Beispiel wird **J'aime le café**, *Ich mag (den) Kaffee* zu **Je n'aime pas le café**. Aber wenn wir einen der Teilungsartikel (**du**, **de la**, **d'** oder **des**) benutzen, um eine indefinite Quantität auszudrücken, verändert sich dieser in einem verneinenden Satz zu **de** (anstatt **du** und **de la**) oder **d'** (statt **de l'**):
Il achète du pain → Il n'achète pas de pain, *Er kauft Brot → Er kauft kein Brot.*
Je bois de l'eau → Je ne bois pas d'eau, *Ich trinke Wasser → Ich trinke kein Wasser.*
Erinnern Sie sich: wenn keine Menge ausgedrückt wird, benutzt man in negierenden Sätzen **de/d'**.

KONGRUENZ DES PARTIZIPS

Wir wissen, dass Adjektive auf das Genus des Nomens, mit dem sie assoziiert sind, angeglichen werden. Die gleiche Regel gilt für Partizip-Adjektive. Beispielsweise sagt ein Mann, der beschäftigt oder zu etwas verpflichtet ist, **Je suis occupé** und **Je suis obligé**, wohingegen eine Frau sagt, **Je suis occupée** und **Je suis obligée**. In diesem Fall gibt es keinen Unterschied in der Aussprache. Wir werden bald noch mehr über Kongruenz lernen, wenn wir zur Vergangenheitsform kommen.

▲ KONJUGATION
VERBEN AUF -*OIR* ENDEND

Sie gehören zur dritten Gruppe, die hauptsächlich aus unregelmäßigen Verben besteht und in drei Untergruppen aufgeteilt ist, dessen Endungen **-oir**, **-ir** und **-re** sind.
Die **-oir**-Untergruppe umfasst einige der häufigsten französischen Verben, von denen wir bereits vier kennen: **avoir** (Modul 1), **vouloir** und **pouvoir** (Modul 3), **savoir** (Modul 5) und **devoir** (Modul 7).
Ein weiteres wichtiges und stark benutztes Verb dieser Untergruppe ist **voir**, *sehen*:

je vois	*ich sehe*	nous voyons	*wir sehen*
tu vois	*du siehst*	vous voyez	*Sie sehen/ihr seht*
il/elle voit	*er/sie/es sieht*	ils/elles voient	*sie sehen*

Die Negation wird wie üblich mit **ne… pas** gebildet und die Frageform mit **est-ce que** oder durch Inversion: **Je ne vois pas**; **Est-ce que tu vois…/Vois-tu ?**

Einige wenige Verben auf **-cevoir** endend – darunter **recevoir**, *bekommen* und **décevoir**, *enttäuschen* – folgen dem gleichen Muster:

je reçois	*ich bekomme*	nous recevons	*wir bekommen*
tu reçois	*du bekommst*	vous recevez	*Sie bekommen/ihr bekommt*
il/elle reçoit	*er/sie/es bekommt*	ils/elles reçoivent	*sie bekommen*

(Beachten Sie, wie das **v** des Wortstammes für die ersten Personen wegfällt, aber für **nous**, **vous** und **ils/elles** zurückkehrt.)

Abschließend ist **pleuvoir**, *regnen* auch unregelmäßig, aber es ist ein unpersönliches Verb (d.h. es wird nur im Infinitiv und in der dritten Person benutzt): **Il va pleuvoir demain**, *Es wird morgen regnen*; **Il ne pleut pas aujourd'hui**, *Es regnet heute nicht*.

▲ ÜBUNGEN
1. KONJUGIEREN SIE DIESE VERBEN IN DIE KORREKTE FORM

a. Nous (*recevoir*, negierend: …………………..) beaucoup de visiteurs en été.

b. Est-ce que vous (*voir* …………………...) ce que je veux dire ?

c. Est-ce qu'il (*pleuvoir*…………………….) à Nantes, Barbara ?

d. Mes grands-parents (*vouloir*, negierend: …………………...) venir me voir dans le Midi.

e. Tu me (*décevoir*…………………….) beaucoup !

VOKABULAR

boire *trinken*
dormir *schlafen*
décevoir *enttäuschen*
descendre *herunter-, hinuntergehen, aussteigen*
devenir *werden*
empêcher *verhindern, abhalten*
fumer *rauchen*
pleuvoir *regnen*
louer *mieten, vermieten*
recevoir *bekommen, erhalten*
voyager *reisen* (siehe **agence de voyages**, Modul 2)

la campagne *das Land*, die Provinz, ländliches Gebiet
une grande-mère *eine Großmutter*
un grand-parent *ein Großelternteil*
un grand-père *ein Großvater*
le Midi *Südfrankreich, der Midi*
un nuage *ein Wolke*
la pluie *der Regen*
un train *ein Zug*
un(e) visiteur/visiteuse *ein/e BesucherIn*

absolument *absolut, unbedingt, vollkommen*
comme d'habitude *wie gewohnt, wie üblich, wie immer*
confortable *gemütlich*
de toute façon *auf jeden Fall, wie auch immer, sowieso*
non plus *auch nicht*
pénible *anstrengend*
rarement *selten*

Assieds-toi *Setz dich (hin)*
Je suis très occupé(e) *Ich bin sehr beschäftigt*
Quel temps fait-il ? *Wie ist das Wetter?*
Qu'est-ce que tu deviens ? *Was treibst/machst du so? Wie geht es dir so?*

2. ÜBERSETZEN SIE DIESE SÄTZE MIT *NE… JAMAIS*, *NE…PLUS* ODER *NE…RIEN*

a. Ich mag sie (3. Ps. Pl.) nicht mehr. →

b. Wir fahren nie mit dem Auto zur Arbeit. →

c. Du verstehst nichts. →

d. Meine Großeltern kommen nie nach Paris. →

e. Ich rauche nicht mehr. →

3. SCHREIBEN SIE DIESE ZIFFERN AUS*, LESEN SIE SIE DANN LAUT VOR

a. 77......................................

b. 89 ....

c. 93 ....

d. 74 ....

e. 80 ....

f. 71 ....

g. 92 ....

h. 78 ....

i. 85 ....

j. 91 ....

k. 99 ....

l. 88 ....

* Benutzen Sie das französische System

4. ÜBERSETZEN SIE DIESE SÄTZE AUF FRANZÖSISCH

a. Simon ist sehr beschäftigt im Moment. – Wie immer! →

b. Wie ist das Wetter in Marseille diese Woche? – Es ist schön und sehr heiß. →

c. Ich trinke nachmittags keinen Kaffee. – Ich auch nicht. Es hält mich vom Schlafen ab. →

d. Es gibt keine Direktzüge mehr. – Echt? →

e. Wie geht es dir so? – Ich muss dieses Wochenende ein Auto mieten und runter in den Midi fahren. →

Vergessen Sie nicht, regelmäßig durch das Buch zu blättern und die Seitenzahlen laut vorzulesen!

9. URLAUB

LES VACANCES

ZIELE	KENNTNISSE
- NACH MÖGLICHKEITEN FRAGEN - PRÄFERENZEN AUSDRÜCKEN - DATEN ANGEBEN (TAGE, MONATE)	- FRAGEWÖRTER - KONJUNKTIV (ERSTE KENNTNISSE) - KONGRUENZ VON ADJEKTIVEN

IM REISEBÜRO

– Kann ich Ihnen Auskunft geben *(Sie informieren)*?

– Ich würde [gerne] [in den] Urlaub fahren *(nehmen)*, weil ich sehr müde bin.

– Wann möchten Sie abreisen? Und was möchten Sie [gerne] machen?

–Ich habe keine bestimmten Pläne *(präzisen Projekte)*. Haben Sie Empfehlungen?

– Es gibt [eine] große *(viel)* Auswahl: Skifahren in den Alpen, Strand an der Côte d'Azur, eine Kreuzfahrt… werfen Sie einen Blick *(Auge)* in diesen Katalog. Wann haben Sie Zeit *(sind Sie frei)*, in welchem Zeitraum?

– Ich würde gerne in *(während)* der ersten Maihälfte wegfahren.

– Warum im Mai? Warum nicht im Juni oder Juli?

– Weil es viele Brückentage im Mai gibt und ich davon profitieren möchte!

– In Ordnung *(Gehört)*. Aber wissen Sie, es ist teurer. Wie möchten Sie wegfahren? Mit dem *(Im)* Zug? Mit dem Flugzeug?

– Mit dem Zug, wenn *(es)* möglich *(ist)*. Ich habe Flugangst. An was denken Sie?

– Ich habe einen Aufenthalt auf Korsika im Hotel Bonaparte in Calvi, Flug und Unterkunft inbegriffen, mit ein paar Exkursionen. Es ist ein sehr schöner Ort. Aber *(es)* stimmt, Sie möchten nicht fliegen *(das Flugzeug nehmen)*. Ansonsten könnten Sie eine Woche in einem kleinen Badeort verbringen.

– Wie viel kostet das? Ich hoffe es ist nicht zu teuer?

– Nein, nur 400 Euro, Anreise inbegriffen.

– Sie haben Recht: das ist billig. Und wie sind die Daten?

– Vom Montag, [den] 20. bis Freitag, [den] 24. Mai. Passt Ihnen das?

– Das passt mir perfekt. Ich bin sehr glücklich. Ich werde meine Koffer packen *(machen)*.

11 — À L'AGENCE DE VOYAGES

– Est-ce que je peux vous renseigner ?

– Je voudrais prendre des vacances parce que je suis très fatiguée.

– Quand voudriez-vous partir ? Et que voudriez-vous faire ?

– Je n'ai pas de projets précis. Avez-vous des suggestions ?

– Il y a beaucoup de choix : du ski dans les Alpes, de la plage sur la Côte d'Azur, une croisière… jetez un œil à ce catalogue. Quand êtes-vous libre, à quelle période ?

– J'aimerais beaucoup partir pendant la première quinzaine de mai.

– Pourquoi en mai ? Pourquoi pas en juin ou juillet ?

– Parce qu'il y a beaucoup de ponts en mai et je voudrais en profiter !

– Entendu. Mais vous savez, c'est plus cher. Vous voulez partir comment ? En train ? En avion ?

– En train si c'est possible. J'ai peur de l'avion. À quoi pensez-vous ?

– J'ai un séjour en Corse à l'hôtel Bonaparte à Calvi, vol et hébergement compris, avec quelques excursions. C'est un très bel endroit. Mais c'est vrai, vous ne voulez pas prendre l'avion. Sinon, vous pourriez passer une semaine dans une petite station balnéaire.

– Combien ça coûte ? J'espère que ce n'est pas trop cher ?

– Non, seulement quatre cents euros, voyage compris.

– Vous avez raison : c'est bon marché. Et quelles sont les dates ?

– Du lundi vingt au vendredi vingt-quatre mai. Ça vous va ?

– Ça me va parfaitement. Je suis très heureuse. Je vais faire mes valises !

■ DEN DIALOG VERSTEHEN
FORMULIERUNGEN UND REDEWENDUNGEN

→ Monate des Jahres: trotz des finalen **s**, ist **un mois** (Pl. **les mois**), *ein Monat* Singular (**moi** bedeutet *ich, mir, mich*).

janvier	Januar	juillet	Juli
février	Februar	août	August
mars	März	septembre	September
avril	April	novembre	Oktober
mai	Mai	octobre	November
juin	Juni	décembre	Dezember

Die französischen Monate haben teils die gleichen Wurzeln wie die deutschen Entsprechungen, sodass sie recht einfach zu merken sind. Das Adjektiv *monatlich* heißt **mensuel(le)**.

→ **renseigner**, *informieren, Auskunft geben* teilt die gleiche Wurzel wie **enseigner**, *unterrichten* (Modul 2): **Pouvez-vous me renseigner s'il vous plaît ?**, *Können Sie mir bitte Auskunft geben?*. In einem öffentlichen Gebäude bezeichnet das Schild **RENSEIGNEMENTS** den Informationsschalter. Sie werden diesem Verb vielleicht auch begegnen, wenn Sie ein Dokument mit persönlichen Informationen ausfüllen: **Renseignez cette fiche, s'il vous plaît**, *Füllen Sie bitte diesen Zettel aus*.

→ **libre** heißt *frei* im Sinne von „nicht beschäftigt". Sie können einen Taxifahrer fragen **Êtes-vous libre ?**, *Sind Sie frei?*. Der Hinweis **Entrée libre** an einer Ladenfront steht für *Freier Eintritt*.

→ **entendu** ist das Partizip Perfekt von **entendre**, *hören*. Man kann es verwenden, um zu bestätigen, dass Sie jemandes Aussage gehört haben und zustimmen: **Nous partons à dix heures. – Entendu**. *Wir gehen um 10 Uhr los. – Verstanden*. Gleichermaßen ist **compris** das Partizip Perfekt von **comprendre**, *verstehen*. Es wird als Adjektiv für *inbegriffen, einschließlich* benutzt, vor allem für Speisekarten (**Service compris**, *Bedienung inbegriffen*) und Pauschalangebote (**Tout compris**, *alles inklusive*).

→ **un œil**, *ein Auge* (Ausspr. [ahn_öj]) ist im Plural unregelmäßig: **les yeux** [le:sjö]. Der Ausdruck **jeter un œil** (oder auch **un coup d'œil**) entspricht *ein Auge/ein Blick werfen*. Die einzigen anderen geläufigen Nomen mit unregelmäßigem Plural sind **mesdames**, **mesdemoiselles** und **messieurs** (*Damen, Fräulein, Herren*). Das ist logisch, da das Singular Possessivpronomen der Wörter, **mon-** und **ma-**, zu **mes-** im Plural wird. (Die drei Wörter werden oft am Beginn einer Rede benutzt, wie *Meine Damen und Herren*).

→ **bon marché** (wörtl. *guter Markt*) ist ein Adjektiv, das *preiswert, billig, günstig* bedeutet: **Ce magasin de sport est vraiment bon marché**, *Dieses Sportgeschäft ist wirklich preiswert*. Alternativ kann man **cher**, *teuer* ins Negative setzen: **Ce magasin n'est pas cher**.

→ **Ça vous va ?** (oder **Ça te va ?**) ist ein gewöhnlicher Weg zu fragen, ob etwas passend oder adäquat ist: **L'hôtel coûte cent-cinquante euros la nuit. Ça te va ?**, *Das Hotel kostet 150€ pro Nacht. Passt dir das/Ist das okay für dich?*. Als Antwort sagt man **oui** oder **non**, oder auch das Personalpronomen: **Ça me va/Ça nous va**.

KULTURELLER HINWEIS

Les vacances, *die Ferien, der Urlaub* sind ein wichtiger Bestandteil des französischen Lebens. Unter der aktuellen Gesetzgebung haben Vollzeit-Arbeitende Anspruch auf fünf Wochen bezahlten Urlaub (der offizielle Begriff ist **les congés payés**). Zusammen mit den offiziellen Feiertagen, **les jours fériés** (1. November, 15. August), **les fêtes de fin d'année** (*Jahresabschlussfeiern*), **la Fête du travail** (*Tag der Arbeit*, 1. Mai), **la Fête Nationale** (*Nationalfeiertag*, 14. Juli) und einem halben Dutzend weiterer Feiertage macht das Frankreich zu einem der großzügigsten Länder, was Urlaubsanspruch betrifft. In Bezug auf das Vokabular bedeutet **les vacances** (generell im Plural) *die Ferien, der Urlaub*; **un congé** ist *eine Beurlaubung, ein freier Tag* und **une fête** ist *ein Feiertag, ein Fest*. (Zuzüglich wünschen sich manche Katholiken immer noch **Bonne fête** an deren Namenstag.)

Eine Eigenheit, die man auch in Deutschland kennt, ist **le pont**, *der Brückentag* (wörtl. *die Brücke*): wenn ein gesetzlicher Feiertag z.B. auf einen Dienstag oder Donnerstag fällt, nehmen sich viele Menschen einen weiteren Tag frei, um ein langes Wochenende zu haben. (Wenn der Feiertag auf einen Mittwoch fällt, nehmen manche zwei Tage Urlaub und machen aus **un pont** ein **un viaduc**, *Viadukt!*). Trotz all dieser Entspannung und des Feierns hat Frankreich eine der höchsten Raten der Arbeitsproduktivität auf der Welt.

GRAMMATIK
FRAGEWÖRTER

Im Deutschen beginnen die Fragewörter mit *w-*. Das französische Äquivalent ist **qu-** oder **co-**. Hier ist eine Bestandsaufnahme dessen, was wir bereits wissen:

- **QU-**
- **qui**, *wer/wen*, wird für Fragen über Personen benutzt: **Qui êtes-vous ?**, *Wer sind Sie?*; **Qui vois-tu ?**, *Wen siehst du?*. In einem zwangloseren Register wird die Frageform mit **est-ce que** benutzt: **Qui est-ce que tu vois ?**. Man kann natürlich auch seine Stimme am Ende der Frage anheben und **qui** anfügen: **Vous êtes qui ?**
- **quand**, *wann* verhält sich wie **qui**: **Quand voulez-vous venir ?**, *Wann möchten Sie kommen?*; **Quand est-ce que tu veux venir ?**, *Wann willst du kommen?*.
- **que**, *was* wird in Fragen über Dinge oder Handlungen benutzt: **Que voulez-vous ?**, *Was wollen Sie?*; **Que vois-tu ?**, *Was siehst du?*. Mit **est-ce que** wird die Frage etwas länger: **Qu'est-ce que vous voulez ?**. (Erinnern Sie sich, dass **que** vor einem Vokal zu **qu'** wird.) Jedoch wird **que** nicht nach einer Präposition benutzt. Wenn wir es also z.B. in einer Frage mit Stimmanhebung nehmen, wird es durch **quoi** ersetzt: **Vous voulez quoi ?**, *Was möchten Sie?*
- **quoi** wird in bestimmten Umständen als initiales Fragewort benutzt: **Quoi de neuf ?**, *Was gibt's Neues?* und **Quoi faire ?**, *Was soll ich/sollen wir machen?*. **Quoi** steht auch in der Zusammensetzung **pourquoi,** *warum* (wörtl. *für + was*): **Pourquoi voulez-vous partir en mai ?**, *Warum möchten Sie im Mai fahren?*.

- **CO-**
- **comment**, *wie* leitet eine Frage ein und kann von allen drei Fragekonstruktionen gefolgt werden: **Comment allez-vous ?**, *Wie geht es Ihnen/euch?*; **Comment est-ce que je peux prendre rendez-vous ?,** *Wie kann ich einen Termin vereinbaren?*; **Comment tu vas ?**, *Wie geht es dir?*.
- **combien** heißt *wie viel*. Wir wissen (Modul 5), dass wir die Inversion **Combien coûtent les billets ?** und auch die **est-ce que**-Form nehmen können: **Combien est-ce que tu peux payer ?**, *Wie viel kannst du zahlen?*. Für die Frageform durch Anheben der Intonation jedoch wird das Adverb ans Ende der Frage gesetzt: **Tu peux payer combien ?**, **Les billets coûtent combien ?**.

Die einzige Ausnahme der Regeln zu **qu-/co-** ist die Konjunktion **où**, *wo*, die dem selben Format wie **que** folgt: **Où habitez-vous ?**, *Wo wohnen Sie?*; **Où est que vous habitez ?**, **Tu habites où ?**. (Denken Sie daran, dass **où** das einzige französische Wort mit einem Accent grave auf dem **u** ist.)

MEHR ÜBER ADJEKTIVE

Wir wissen, dass Adjektive generell nach dem Nomen kommen, das sie beschreiben und immer in Numerus und Genus übereinstimmen. Es gibt jedoch Ausnahmen, die wir teils bereits gelernt haben. Hier ein Überblick über die Grundregeln:

• Bildung
Per Konvention geben Wörterbücher und Vokabellisten die maskuline Form der Adjektive an. Um das Femininum zu bilden, addiert man meist ein finales -e (**grand** → **grande**). Wenn das Maskulinum auf einem Vokal endet (**joli**, *hübsch*), wird die feminine Form (**jolie**) identisch ausgesprochen. Aber wenn es mit einem lautlosen Konsonanten endet, wird dieser Konsonant ausgesprochen, wenn das **e** addiert wird (**petite**).

• Unregelmäßige Adjektive
Hier sind ein paar unregelmäßige Formen (d.h. das maskuline Singular ändert seine Endung im Femininum):
– Der finale Konsonant wird gedoppelt:
-en und **-on**: ancien → ancienne (*antik, ehemalig*); **bon** → **bonne** (*gut*). (Dieselbe Regel wird auf **-an** angewandt, aber es gibt wenige solcher Adjektiv.)
-el, **-eil** und **-il**: naturel → naturelle (*natürlich*); **pareil** → **pareille** (*gleich*); **gentil** → **gentille** (*nett*)
– **-f** und **-x** ändern sich jeweils zu **-ve** und **-se** (oder **-sse**): neuf → neuve (*neu*); heureux → heureuse (*glücklich*); **faux** → **fausse** (*falsch*).
– **-er** wird zu **-ère**: dernier → dernière (*letzte/r/s*)
– **-et** ändert sich zu **-ète**: complet → complète (*voll, ausgebucht*)
Es gibt noch mehr solcher Ausnahmefälle, die wir im Laufe des Buches sehen werden.

• Plurale
Die meisten Plurale werden durch Addieren eines (stummen) **-s** ans Singular gebildet. Wenn der Singular allerdings bereits auf ein **-s** oder ein **-x** endet, wird nichts geändert: **un projet précis** → **des projets précis**; **un homme heureux** → **des hommes heureux**.

• Position
Die meisten Adjektive werden direkt nach dem Nomen platziert, das sie beschreiben (**un projet précis**, **une chaise confortable**, **un rendez-vous important**, etc.). Wenn ein Grad-Adverb wie **très**, *sehr*, im Satz steht, wird es vor das Adjektiv gesetzt: **un rendez-vous très important**). Jedoch werden einige sehr frequentierte Adjektive (darunter **petit**, **grand**, **beau**) vor das Nomen positioniert. Wir schauen uns diese Ausnahmen im Modul 15 an.

▲ KONJUGATION
DER KONJUNKTIV

Er ist wichtig, da er zum Ausdruck von Höflichkeit, besonders beim Stellen von Fragen (*Könnten Sie mir sagen...?*) oder von Präferenzen (*Ich möchte gerne...*) benutzt wird. Wie wir bereits gesehen haben, sind die beiden wichtigsten Verben dafür **vouloir**, *wollen*, und **pouvoir**, *können*.

• **Vouloir**: Affirmativ

je voudrais	ich möchte	nous voudrions	wir möchten
tu voudrais	du möchtest	vous voudriez	Sie möchten/ihr möchtet
il/elle voudrait	er/sie/es möchte	ils/elles voudraient	sie möchten

• Negativ:
je ne voudrais pas, *ich möchte nicht*, etc.

• Interrogativ mit **est-ce que...** :
Est-ce que je voudrais ... ?, *Möchte ich...?*, etc.

• **Pouvoir**: Affirmativ:

je pourrais	ich könnte	nous pourrions	wir könnten
tu pourrais	du könntest	vous pourriez	Sie könnten/ihr könntet
il/elle pourrait	er/sie/es könnte	ils/elles pourraient	sie könnten

• Negativ:
je ne pourrais pas, *ich könnte nicht*, etc.

• Interrogativ mit **est-ce que...** :
Est-ce que je pourrais ... ?, *Könnte ich ...?*, etc.

Hier sind ein paar einfache, aber praktische Sätze:
Nous voudrions une table pour deux s'il vous plait, *Wir möchten einen Tisch für 2 bitte.*
Je ne voudrais pas vous déranger, *Ich möchte Sie nicht stören.*
Est-ce que je pourrais vous poser une question ?, *Könnte ich Ihnen/euch eine Frage stellen?*
Nous ne pourrions pas accepter votre invitation, *Wir könn(t)en Ihre/eure Einladung nicht annehmen.*

(Von jetzt an werden wir Ihnen nur den Indikativ des Verbs in tabellarischer Form angeben, es sei denn es gibt deutliche Unregelmäßigkeiten.)

VOKABULAR

avoir peur (de) *Angst haben (vor)*
avoir raison *Recht haben*
entendre *hören*
faire ses valises *(seinen) Koffer packen*
renseigner *informieren, Auskunft geben*
profiter *profitieren, nutzen*

un avion *ein Flugzeug*
un choix *(Aus-)Wahl(möglichkeit)*
une croisière *eine Kreuzfahrt*
une excursion *eine Exkursion*
l'hébergement *die Unterkunft*
un œil (Pl. **les yeux**) *ein Auge*
une plage *ein Strand*
une période *eine Periode, ein Zeitraum*
un pont *ein Brückentag, eine Brücke*
un projet *ein Projekt, ein Plan*
un séjour *ein Aufenthalt*
le ski *das Skifahren*, **un ski** *ein Ski*
une station balnéaire *ein Badeort*
une suggestion *eine Empfehlung, ein Vorschlag*
une valise *ein Koffer*
un vol *ein Flug*

bon marché *billig, preiswert*
compris *inbegriffen*
heureux *glücklich*
libre *frei, Zeit haben*
mai, etc. siehe Liste der Monate in *Den Dialog verstehen*

Entendu *Verstanden, Okay, Abgemacht, Natürlich*
Ça vous va ? *Passt Ihnen/euch das?*
Ça me va *Das passt mir.*
Combien est-ce que ça coûte ? *Wie viel kostet das?*

Wir haben begonnen, Ihnen formale Regeln für Dinge wie Adjektive und Fragen zu geben, die Sie bereits gelernt haben. Das ist die Assimil-Methodik: Sie zum Lernen bringen, indem Sie Ihr natürliches Assimilationsvermögen nutzen, anstatt einem Regelwerk und Tabellen zu folgen. **Bonne continuation !**

▲ ÜBUNGEN

1. KONJUGIEREN SIE *VOULOIR/POUVOIR* IN DEN KONJUNKTIV

a. Nous (*pouvoir* : …………………….) venir en mai si vous voulez.

b. Tu (*vouloir*, Frage mit *est-ce que*: …………………….) un verre de vin ?

c. Mon collègue (*pouvoir*, negierend: ……………) rencontrer votre client avant demain.

d. Vous (*vouloir*, Frage mit *est-ce que*: …………………) voir la chambre d'hôtel ?

e. Vous (*pouvoir*, Frage mit *est-ce que*: ……………) nous renseigner s'il vous plait ?

2. FORMULIEREN SIE DIESE FRAGEN MITHILFE DER 3. FRAGEFORM (INVERSION) UM

a. Comment est-ce que nous pouvons prendre rendez-vous ?

b. Combien est-ce que tu peux payer ?

c. Où est-ce qu'ils habitent ?

d. Pourquoi est-ce qu'elle veut partir en mai ?

e. Quand est-ce que vous voulez venir ?

3. GLEICHEN SIE DIESE ADJEKTIVE IHREN JEWEILIGEN NOMEN AN

a. des villages _ _ _ _ _ (français)

b. la semaine _ _ _ _ _ _ _ _ _ (dernier)

c. deux amies _ _ _ _ _ _ _ _ _(gentil)

d. une semaine _ _ _ _ _ (complet)

e. une femme _ _ _ _ _ _ _ _ _ _ (seul)

f. des croisières _ _ _ _ _ _ _ (cher)

g. une montre _ _ _ _ _ (neuf)

h. une église _ _ _ _ _ (ancien)

i. des enfants _ _ _ _ _ (heureux)

j. trois mois _ _ _ _ _ (complet)

4. ÜBERSETZEN SIE DIESE SÄTZE AUF FRANZÖSISCH

11

a. Das Hotel ist im Juni, Juli und August ausgebucht und es schließt von November bis März. →

b. An was denken Sie? – Die Brückentage in der zweiten Maihälfte. →

c. Wie können wir einen Termin ausmachen? (mit **est-ce que**) →

d. Sie hat recht, es ist billig: ein Aufenthalt auf Korsika für 500 Euro. →

e. Wie viel kostet es?* – 250 Euro. – Das passt mir. →

* Zwei Möglichkeiten

10.
SICH AUSRUHEN
SE REPOSER

ZIELE	KENNTNISSE

- **EINE REGELMÄSSIGE ROUTINE BESCHREIBEN**
- **EINER BEHAUPTUNG WIDERSPRECHEN**

- **PRONOMINALVERBEN**
- **ADVERBIEN AUS ADJEKTIVEN FORMEN**
- ***ON* ANSTATT *NOUS* BENUTZEN**

LANGWEILST DU DICH?

— Meine Frau ist die ganze Woche [über] auf einer Dienstreise in [der] Schweiz.

— Du langweilst dich bestimmt *(musst dich langweilen)* ganz alleine im Haus!

— Im Gegenteil, ich habe enorm viel Spaß *(amüsiere mich enorm)*. Es ist sehr erholsam, weißt du.

— Wie, ruhst du dich aus? Schläfst du aus *(Machst du den fetten Vormittag)* oder was?

— Im Gegenteil, ich stehe sehr früh auf, gegen halb sieben. Zunächst schaue ich schnell meine Mails und meinen Terminkalender durch. Dann wasche und rasiere ich mich gemächlich, während ich *(das)* Radio höre. Ich ziehe mich schlicht an: ich ziehe eher eine Jeans als einen Anzug an. Danach hetze ich mich nicht. Ich bereite mir ein gutes gesundes Frühstück zu mit Joghurt und Früchten.

— Ich bin neidisch, weil ich selten die Zeit habe, mich wie du auszuruhen. Ich muss mich um meine Kinder kümmern, die immer früh *(zu guter Zeit)* aufwachen, selbst am Wochenende. Am Abend gehe ich selten vor Mitternacht ins Bett und ich bin völlig erschöpft!

— Ich habe großes *(viel)* Glück, ich weiß. Ich beginne den Tag sachte. Ich arbeite ernsthaft bis zur Mittagessens-Zeit, gegen 12 oder halb eins. Ich mache mir etwas Kleines zu essen *(eine Brotzeit, einen Snack)* und checke nochmal meine Mails für eine halbe Stunde. Dann setze ich mich vor den Fernseher und wenn eine interessante Dokumentation oder eine lustige Serie läuft *(gibt)*, schaue ich sie. Das Problem ist, dass ich mich schnell *(leicht)* langweile und manchmal schlafe ich komplett innerhalb von einer viertel Stunde ein. Wenn ich aufwache, ist die Sendung meist zu Ende. Aber gut, ich amüsiere mich.

— Und deine Frau? Was denkst sie über all das? Streitet ihr euch?

— Gewiss nicht. Wir streiten uns nie, vor allem, wenn sie *(abwesend)* weg ist! Wir schreiben *(sprechen)* uns per SMS gegen 22 Uhr und dann gehe ich schlafen. Ich schlafe problemlos *(leicht)* ein, weil meine Tagesabläufe dermaßen erschöpfend sind!

TU T'ENNUIES ?

— Ma femme est en voyage d'affaires en Suisse toute la semaine.

— Tu dois t'ennuyer tout seul à la maison !

— Au contraire, je m'amuse énormément. C'est très reposant, tu sais.

— Comment, tu te reposes ? Tu fais la grasse matinée, ou quoi ?

— Au contraire, je me lève très tôt, aux alentours de six heures et demie. D'abord, je regarde rapidement mes mails et mon agenda. Ensuite, je me lave et me rase tranquillement en écoutant la radio. Je m'habille simplement : je mets un jean plutôt qu'un costume. Après, je ne me dépêche pas. Je me prépare un bon petit déjeuner sain avec du yaourt et des fruits.

— Je suis jalouse parce que j'ai rarement le temps de me reposer comme toi. Je dois m'occuper de mes enfants, qui se réveillent toujours de bonne heure, même le week-end. Le soir, je me couche rarement avant minuit et je suis épuisée !

— J'ai beaucoup de chance, je sais. Je commence la journée doucement. Je travaille sérieusement jusqu'à l'heure de déjeuner, vers midi ou midi et demi. Je me fais un casse-croûte et je vérifie à nouveau mes courriels pendant une demi-heure. Puis je m'assois devant la télé et, s'il y a un documentaire ou une série amusante, je le regarde. Le problème est que je m'ennuie facilement, et parfois je m'endors complètement au bout d'un quart d'heure. Quand je me réveille, l'émission est généralement terminée. Mais, bon, je m'amuse.

— Et ta femme ? Qu'est-ce qu'elle pense de tout ça ? Est-ce que vous vous disputez ?

— Certainement pas. On ne se dispute jamais, surtout quand elle est absente ! On se parle par texto vers vingt-deux heures et ensuite je me couche. Je m'endors facilement parce que mes journées sont tellement épuisantes !

■ DEN DIALOG VERSTEHEN
FORMULIERUNGEN UND REDEWENDUNGEN

→ Das Nomen **la matinée**, *der Morgen, der Vormittag* hat nahezu die gleiche Bedeutung wie **le matin**. Der Unterschied ist, dass letzteres eine präzise Zeitspanne angibt (d.h. Morgen vs. Nachmittag/Abend), während ersteres auf eine Zeitdauer referiert („während des Morgens"). Also sagt man **Le matin, je bois toujours du café**, *Morgens trinke ich immer Kaffee*, aber **Je travaille toute la matinée**, *Ich arbeite den ganzen Morgen über*. Die idiomatische Redewendung **faire la grasse matinée** (wörtl. *den fetten Morgen machen*) bedeutet *ausschlafen, bis in die Puppen schlafen, spät aufstehen*.

Dieselbe Verschiebung von einem maskulinem Nomen zu einem femininen auf -**ée** endend kann man auch in anderen zeitbezogenen Wörtern finden: **le jour → la journée**; **le soir → la soirée**; **l'an → l'année**.

→ Die Interjektion **…ou quoi ?** am Satzende wird auf gleiche Weise auch im Deutschen als *…oder was?*, *…oder wie?* benutzt: **Tu viens, ou quoi ?**, *Kommst du oder was?*. Es ist in beiden Sprachen umgangssprachlich.

→ Das maskuline Plural-Nomen **les alentours** heißt *die Umgebungen* (vom Verb **entourer**, *umgeben*): **Les alentours de Bordeaux sont très jolis**, *Die Umgebung von/Die Gegend um Bordeaux ist sehr schön*. Im weiteren Sinne bedeutet die zeitbezogene Formulierung **aux alentours de** *gegen, um…herum*: **Ma femme arrive aux alentours de vingt heures ce soir**, *Meine Frau kommt heute Abend gegen 20 Uhr*.

→ **une croûte** bedeutet *eine Kruste* (erinnern Sie sich, dass ein Zirkumflex ein fehlendes „s" angibt) und wird in der umgangssprachlichen Redewendung **casser une croûte**, *eine Kleinigkeit essen* (wörtl. *eine Kruste brechen*) benutzt. Das Nomen **un casse-croûte**, die oft im Spezialangebot von Cafés stehen, entspricht *Snack, Häppchen*.

→ **le bout** (das „t" ist lautlos) *das Ende, die Spitze*. Der Ausdruck **au bout de** bedeutet daher *am Ende* (**au bout de la rue**, *am Ende der Straße*) und weitergehend *nach Ablauf, innerhalb von, nach* (**au bout d'une demi-heure**, *nach einer halben Stunde*).

KULTURELLER HINWEIS

Die Medienlandschaft in Frankreich hat sich in den letzten zwei Jahrzehnten stark geändert. Die Hauptquellen für Informationen und Unterhaltung sind heutzutage wohl **les réseaux sociaux** (Sing. **un réseau social**, *ein soziales Netzwerk*) und das Internet (**Internet**, mit großem „I" und ohne definiten Artikel), ganz zu schweigen von **les messageries** (fem.), *Nachrichtenaustausch*. Menschen, die viel Zeit online verbringen, sind als **les internautes** (*Surfer, Cybernaut*, etc.) bekannt. Wie im Deutschen kommen viele auf das bezogene Internet Wörter aus dem Englischen, nicht nur **le web**, sondern auch **un blog**, *ein Blog*; **un community manager**, *ein Community-Manager* und das Verb **tweeter**, *twittern*. Aber ausgedachte Wörter drängen diese teils beiseite (z.B. **un ordinateur** für *ein Computer* oder **naviguer** für *surfen*).

GRAMMATIK
PRONOMINALVERBEN

Ein Verb ist pronominal, wenn es von einem reflexiven Pronomen begleitet wird. Reflexive Verben werden gebildet, indem man das Pronomen **se** vor den Infinitiv hängt – also wie im Deutschen mit *sich*. Es ergeben sich drei Kategorien: reflexiv (Subjekt und Objekt des Verbs sind die gleichen), wechselseitig (das Verb hat zwei Subjekte, die jeweils die Handlung dem anderen „antun") und idiomatisch (das Pronomen bezieht sich weder auf Subjekt, noch Objekt). Sie werden alle wie normale Verben konjugiert und es geht ihnen ein reflexives Pronomen voraus: **me**, *mich, mir*; **te**, *dich, dir*; **se**, *sich*; **nous**, *uns*; **vous**, *sich/euch*; **se**, *sich*.

Das **e** wird ausgelassen, wenn das Verb mit einem Vokal oder **h** beginnt: **s'endormir**, *einschlafen*; **s'habiller**, *sich anziehen*.

Nicht alle unserer reflexiven Verben sind im Französischen auch reflexiv und umgekehrt. Nehmen Sie zum Beispiel **se réveiller**, *aufwachen*:

je me réveille	ich wache auf	nous nous réveillons	wir wachen auf
tu te réveilles	du wachst auf	vous vous réveillez	Sie wachen auf/ ihr wacht auf
il se réveille	er/sie/es wacht auf	ils se réveillent	sie wachen auf

Die negative Form wird mit **ne** vor dem Pronomen und **pas** nach dem Verb gebildet: **il ne se réveille pas**.

Die Frageform folgt demselben Muster wie nicht-reflexive Verben:

(i) **Tu te réveilles ?** (ii) **Est-ce que tu te réveilles ?** (iii) **Te réveilles-tu ?**

Die Inversion ist formell, also konzentrieren wir uns eher auf die ersten beiden Formen.

Wechselseitige Verben werden auf die gleiche Weise gebildet: **Ils se parlent au téléphone**, *Sie telefonieren (sprechen sich am Telefon)*; **Les deux sœurs ne se ressemblent pas**, *Die beiden Schwestern ähneln sich nicht*.

Die dritte Kategorie sind die idiomatischen Verben, die gelernt werden müssen (z.B. **s'amuser**, *Spaß haben*). Allerdings folgen auch sie den gleichen Regeln wie die beiden ersten Kategorien, was Negation und Frageform betrifft.

Viele Verben können sowohl in der regulären als auch pronominalen Form genutzt werden: **Elle se réveille à neuf heures**, Sie wacht um 9 Uhr auf und **Elle réveille ses enfants à neuf heures**, Sie weckt ihre Kinder um 9 Uhr auf. Verifizieren Sie immer, ob ein reflexives Pronomen vorhanden ist und erinnern Sie sich daran, dass nicht alle deutschen reflexiven Verben es auch im Französischen und umgekehrt sind.

ADVERBIEN AUS ADJEKTIVEN FORMEN

Aus Adjektiven Adverbien zu bilden ist ziemlich einfach. Meist wird das Suffix **-ment** an das feminine Singular-Nomen angehängt: **sérieux → sérieuse → sérieusement**; **doux → douce → doucement**; **complet → complète → complètement**.
Wenn das Adjektiv bereits auf **e** endet, addiert man nur das Suffix: **facile → facilement**; **rare → rarement**.
Wenn das Adjektiv jedoch auf **é**, **i** oder **u** endet, wird das Suffix direkt an die maskuline Form gehängt: **absolu → absolument**; **vrai → vraiment**.
Wir werden eine weitere Regel zu dieser Art von Adverb in einem anderen Modul lernen.

ON: DAS FORMLOSE „WIR"

Im alltäglichen gesprochenen Französisch wird die erste Person Plural **nous** oft durch die dritte Person Singular **on** ersetzt, wie wir im Modul 6 gesehen haben. Daher wird z. B. **Nous regardons un film** zu **On regarde un film**. Es gibt keinen Bedeutungsunterschied; **on** + Verb ist lediglich weniger formell als **nous**.
Dieser Ersatz wird oft für reflexive Verben benutzt, vermutlich um die Wiederholung **nous nous** zu meiden: **nous nous parlons → on se parle**; **nous nous aimons → on s'aime**.
Auch wenn Puristen auf das Benutzen von **on** herabsehen, ist es sowohl nützlich als auch gewöhnlich. (Wir werden später sehen, wie **on** als indefinites Pronomen genutzt wird, um eine Passiv-Struktur zu vermeiden.)

DAS PARTIZIP PRÄSENS

Das Partizip Präsens eines Verbs endet auf **-ant** (entspricht -end in deutsch), was am Stamm der ersten Person Plural von **-er**, **-ir** und **-re** Verben hängt: **nous mangeons → mangeant**; **nous finissons → finissant**; **nous vendons → vendant**.
Häufig geht die Präposition **en** voraus – **en mangeant**, *essend, beim Essen, während ich/du/etc. isst* – und es wird häufiger als im Deutschen verwendet.
Die Präsens-Partizipien sind unveränderlich, außer wenn sie als Adjektiv benutzt werden: **amuser → amusant**, **une série amusante**.

VOKABULAR

amuser *erheitern, amüsieren*
s'amuser *Spaß haben, sich amüsieren*
casser *(ab-, durch-)brechen*
se coucher *schlafen gehen, ins Bett gehen*
se dépêcher *sich beeilen*
se disputer *sich streiten*
s'endormir *einschlafen*
s'ennuyer *sich langweilen*
s'habiller *sich anziehen*
se laver *sich waschen*
se lever *aufstehen*
s'occuper (de) *aufpassen (auf), sich kümmern (um), versorgen, betreuen*
se préparer *sich vorbereiten, sich fertig machen*
se raser *sich rasieren*
se reposer *sich ausruhen*
se réveiller *aufwachen*

épuisé(e) *erschöpft*
jaloux/-se *neidisch, eifersüchtig*

doucement *sanft, langsam, leise, behutsam*
énormément *enorm, gewaltig*
épuisant *erschöpfend*
rapidement *schnell, zeitnah*
rarement *selten*
reposant *entspannend* (von **se reposer**)
serieusement *ernsthaft, im Ernst*
simplement *einfach, lediglich*
tranquillement *ruhig, gemächlich*

un calendrier *ein Kalender*
un casse-croûte *ein Snack, ein Häppchen, eine Zwischenmahlzeit*
un costume *ein Anzug, ein Kostüm*
le courrier *die E-Mail*
un documentaire *eine Dokumentation*
une émission *eine Sendung (Fernsehen, Radio)*
une messagerie *eine Mailbox, Nachrichtenübermittlung, -dienst, -austausch*
un petit déjeuner *ein Frühstück („ein kleines Mittagessen")*
un pull *ein Pullover*
une série *eine Serie*
un texto *eine SMS, eine Nachricht*
un voyage d'affaires *eine Dienstreise*
un yaourt *ein Joghurt*

au bout de *am Ende, innerhalb, nach*
au contraire *im Gegenteil*
aux alentours de *gegen, um… herum*
de bonne heure *früh, zeitig („gute Stunde")*

faire la grasse matinée *ausschlafen, spät aufstehen*

▲ ÜBUNGEN

1. KONJUGIEREN SIE DIESE PRONOMINALVERBEN

a. Ils (se réveiller……………) à sept heures, puis ils (se raser……………) et (s'habiller……………) rapidement.

b. Mélanie et son frère (se disputer…….) tout le temps.

c. Je (se lever…………..) avant toi et je (se coucher…………..) après.

d. Nous (se dépêcher…………) parce que nous (s'occuper……….) du petit déjeuner ce matin.

e. J'espère que vous (se reposer………..) et, surtout, que vous (s'amuser…………).

2. SETZEN SIE DIESE SÄTZE IN DIE NEGATION ODER ZWEITE FRAGEFORM

a. Est-ce que tu (se raser………..) avant de t'habiller, ou après ?

b. Nous (se disputer, negierend …………) ; nous parlons très fort, c'est tout !

c. Il n'est pas tard donc vous (se dépêcher, negierend…………..).

d. Est-ce que vous pouvez vous (s'occuper…………..) du petit déjeuner s'il vous plait ?

e. Je suis fatigué parce que je (se coucher, negierend mit jamais……………..) avant minuit.

3. BILDEN SIE DIE ADVERB-FORM AUS DIESEN ADJEKTIVEN

a. Réveillez-le doux →

b. Je peux le faire facile →

c. Je vois la famille très rare →

d. Pouvez-vous le faire vrai ? →

e. Je comprends complet →

4. ÜBERSETZEN SIE AUF FRANZÖSISCH

a. Was denken Sie über all das? – Ich habe enorm viel Spaß.

b. Er langweilt sich leicht und manchmal schläft er vor dem Ende der Sendung ein.

c. Meine Freunde kommen gegen 10 Uhr am Bahnhof an. Sie sind erschöpft.

d. Wir streiten uns nie, weil wir uns selten sprechen.*

e. Sie muss sich um ihre Tochter kümmern, die immer früh aufwacht.

* Benutzen Sie **on**

11.
SHOPPEN

FAIRE DES ACHATS

ZIELE

- ÜBER KLEIDUNG REDEN
- NACH GRÖSSEN FRAGEN
- EMPFEHLEN

KENNTNISSE

- DEMONSTRATIVPRONOMEN
- MEHR ÜBER ADJEKTIVE

ICH HABE NICHTS ANZUZIEHEN.

– Ich hasse shoppen *(Shopping machen)*, aber ich gehe diesen Samstag auf eine Hochzeit und ich habe nichts *(mir)* anzuziehen.

– Was? Du hast nichts zum Anziehen *(Tragen)*? Da muss ich *(Das macht mich)* lachen. Schau in diesen großen Kleiderschrank: er ist voll von Kleidung. Du hast schöne Blusen, große Pullis, schöne Kleider…

– Ja, aber nichts passt *(geht)* mir! Guck [dir] meine alten Röcke an: der hier ist zu kurz, der da ist zu lang. Was meine Schuhe angeht, sind die, die ich habe, alle hässlich und …

– Ok, gehen wir. Zum Glück bin ich dein guter Freund!

(In einem Kleidungsgeschäft)

– Guten Tag, suchen Sie etwas Bestimmtes?

– Ich suche eine hübsche Hose, die zu meiner neuen Leinen-Jacke passt. Die im Schaufenster gefällt mir gut.

– Was ist ihre Größe? 36 denke ich. Ich habe zwei neue Modelle: das hier aus Baumwolle und das dort aus Leinen. Die aus Leinen ist ohne Zweifel weicher.

– Haben Sie andere Farben? Am liebsten helles Gelb?

– Nein, ich habe sie in grau, in blau, in schwarz oder in braun, wie hier. Alles außer gelb!

– Das ist nicht schlimm. Kann ich bitte die dunkelgraue anprobieren?

(Fünf Minuten später)

– Es ist die richtige Größe. Wie viel kostet sie *(Was ist der Preis)*?

– Die aus Baumwolle ist im Angebot: sie kostet *(macht)* 360 Euro. Es ist eine ausgezeichnete Wahl: sie steht Ihnen wirklich gut. Noch einen Wunsch *(Andere Sache)*? Eine Handtasche? Oder vielleicht Schuhe? Ich habe schöne weiße Pumps. Die, die Sie tragen, sind sehr gemütlich, aber diese hier sind eleganter. Welche Schuhgröße haben *(machen)* Sie? Haben Sie 37?

– Nein! Ich habe die Nase voll von Geschäften! Auf Wiedersehen.

13 — JE N'AI RIEN À ME METTRE.

— Je déteste faire du shopping mais je vais à un mariage ce samedi et je n'ai rien à me mettre.

— Quoi ? Tu n'as rien à porter ? Cela me fait rire ! Regarde dans cette grande garde-robe : c'est rempli de vêtements. Tu as de beaux chemisiers, de gros pulls, de belles robes…

— Oui, mais rien ne me va ! Regarde mes vieilles jupes : celle-ci est trop courte, celle-là est trop longue. Quant à mes chaussures, celles que j'ai sont toutes laides, et…

— D'accord, allons-y. Heureusement, je suis ton bon ami !

(Dans un magasin de vêtements)

— Bonjour, vous cherchez quelque chose de particulier ?

— Je cherche un joli pantalon pour aller avec ma nouvelle veste en lin. Celui dans la vitrine me plaît bien.

— Quelle est votre taille ? Du trente-six, je pense. J'ai deux nouveaux modèles : celui-ci en coton et celui-là en laine. Celui en laine est sans doute plus doux.

— Vous l'avez dans d'autres couleurs ? Jaune clair de préférence ?

— Non, je l'ai en gris, en bleu, en noir ou en marron, comme ceci. Tout sauf jaune !

— Ce n'est pas grave. Je peux essayer le gris foncé, s'il vous plaît ?

— Naturellement. Les cabines d'essayage sont près de l'escalier roulant.

(Cinq minutes plus tard)

— Il est à la bonne taille. Quel est le prix ?

— Celui qui est en coton est en promotion : il fait trois cent soixante-dix euros. C'est un excellent choix : il vous va vraiment bien. Autre chose ? Un sac à main ? Ou des chaussures, peut-être ? J'ai de beaux escarpins blancs. Ceux que vous portez sont très confortables, mais ceux-ci sont plus élégants. Quelle pointure faites-vous ? Vous chaussez du trente-sept ?

— Non ! J'en ai ras le bol des magasins ! Au revoir.

■ DEN DIALOG VERSTEHEN
FORMULIERUNGEN UND REDEWENDUNGEN

→ **la taille**, *die Größe* bezieht sich generell auf Dimensionen von Menschen und Objekten: **Quelle est la taille de la Tour Effeil ?**, *Wie groß ist der Eiffelturm?*. Es wird auch für Kleidung verwendet: **Quelle est votre taille ?**, *Welche Größe haben Sie?*. Für Schuhgrößen benutzt man jedoch **la pointure**. Das Verb **faire** wird oft mit beiden Nomen benutzt. Also können Sie anstatt **Quelle est votre taille/pointure ?** auch **Quelle taille/pointure faites-vous ?** gefragt werden. In einem *Schuhladen*, **un magasin de chaussures**, benutzt man das Verb **chausser** in der Phrase **Vous chaussez du combien ?**, *Welche Schuhgröße haben Sie?* (Beachten Sie, dass **la taille** auch *die Taille* bedeutet, also ist **le tour de taille** *der Taillenumfang*.)

→ **porter**, *tragen* steht wie im Deutschen auch für *anhaben*: **Elle porte une jupe bleue et un chemisier gris**, *Sie trägt einen blauen Rock und eine graue Bluse*. Das Verb **mettre** wird auch im Sinne von *anziehen* benutzt: **Mets un manteau, il fait froid**, *Zieh einen Mantel an, es ist kalt*. Beim Kleidungsthema kann **aller**, *gehen* die Bedeutung von *passen, stehen* annehmen, besonders mit einem Adverb wie **bien**, *gut*: **Cette robe te va super bien**, *Dieses Kleid steht dir richtig gut*. Also heißt der Ausdruck **Rien ne me va** *Nichts steht/passt mir*.

→ Zusätzlich zu den Vokabeln im Dialog, werden die folgenden Wörter nützlich sein: **une chemise**, *ein Hemd*; **une chemise de nuit**, *ein Nachthemd*; **un costume**, *ein Anzug*; **une chaussette**, *eine Socke*; **une cravate**, *eine Krawatte*; **un imperméable**, *ein Regenmantel*; **un manteau**, *ein Mantel*; **une robe de chambre**, *ein Bademantel* und **un tailleur**, *ein Hosenanzug* (auch *ein Steinmetz*). Zweibeinige Kleidungsstücke sehen unter anderem wie folgt aus: **un pantalon**, *eine Hose*; **un collant**, *eine Strumpfhose*; **un jean**, *eine Jeans*; **un short**, *eine Shorts, eine kurze Hose*; **un pyjama**, *ein Pyjama, ein Schlafanzug*. Der generelle Begriff für Kleidung/Klamotten/Anziehsachen ist **les vêtements**, was auch im Singular verwendet werden kann: **un vêtement**, *ein Kleidungsstück*.

Einige Wörter sind wie im Deutschen vom Englischen abgeleitet und teils angepasst, wie z.B. **un pull** (oder **un pullover**), *ein Pullover*; **un sweat** (ausgesprochen [swiet]), *ein Sweatshirt* und **un tee-shirt** (oder **teeshirt**), *ein T-shirt*.

→ Wir haben **rouge**, *rot* im Modul 4 gesehen. Weitere geläufige Farben sind **blanc** (fem. **blanche**), *weiß*; **orange**, *orange*; **rose**, *rosa*; **vert** (fem. **verte**), *grün* und **violet** (fem. **violette**), *violett*. Es gibt zwei Wörter für *braun*: **brun** (das mit seinem Nomen kongruiert: **brune, bruns, brunes**) und das unveränderliche **marron** (**les yeux marron**). Letzteres ähnelt eher kastanienbraun, aber der Unterschied zwischen den beiden kann schwierig auszuloten sein, also ist es das einfachste, das Adjektiv zusammen mit seinem Nomen zu lernen.

→ Das Adjektiv **bon**, *gut* bedeutet auch *korrekt*, *richtig*: **Est-ce le bon numéro de téléphone ?**, *Ist das die richtige Telefonnummer?*.

→ **ras le bol** (wörtl. in etwa *bis zum Schüsselrand*) ist ein idiomatischer Ausdruck, meist mit **avoir** benutzt, immer vorausgegangen von der Präposition **en**, der bedeutet, dass die sprechende Person etwas nicht mehr aushält. Das Bild ist ähnlich zu den deutschen Redewendungen *Mir reicht's, Ich habe die Nase voll, etwas satt haben*: **Elle en a ras le bol du shopping**, *Sie hat die Nase voll vom Shoppen*. Erinnern Sie sich, dass einige idiomatische Formulierungen schwierig direkt zu übersetzen sind, da Vieles vom Kontext abhängt. Gewöhnen Sie sich vorerst an Ausdrücke wie diese, da Sie sie hören werden, wenn Sie mit Muttersprachlern sprechen.

KULTURELLER HINWEIS

Kommerz und Shopping haben in Frankreich viel Erfolg. Wie in vielen Ländern, wird der Einzelhandel zwischen **la grande distribution**, *der Großvertrieb* und **le petit commerce**, *der Kleinbetrieb* unterschieden. Der erste Sektor umfasst Verkaufsstellen wie **les grandes surfaces** (fem. „die Großflächen"), eine weitreichende Einzelhandel-Kategorie, die **les hypermarchés** (mask.), *Großmärkte;* **les supermarchés** (mask.), *Supermärkte*; **les centres commerciaux** (mask.), *Shoppingcenter* und **les grands magasins** (mask.), *Warenhäuser* beinhaltet. Die Gewohnheiten der Konsumenten verändern sich jedoch. In großen Städten wie Paris und Lyon hängen BewohnerInnen immer mehr an **les commerces de proximité** (mask.), *Nachbarschaftsläden*. (**Le commerce** bezieht sich auf *Kommerz* oder *Handel* im Allgemeinen, während **un commerce** *ein Laden* oder *ein Unternehmen* meint.) Derweil sprengt Technologie den Massen-Einzelhandel mit dem stetigen Ansteigen von **le commerce électronique** (oft mit dem Lehnwort **l'e-commerce** bezeichnet, ausgesprochen [ie-comärss]), *Online Shopping*.

Während der deutsch- und englischsprachige Raum das Wort *Boutique* verwendet (was auf Französisch einfach *ein kleines Geschäft* bedeutet), hat das Französische das englische Wort **le shopping** übernommen. Allerdings ist die Bedeutung etwas weitgefasster als der reguläre Begriff **faire des achats**, *Einkäufe erledigen*: es beinhaltet wie im Deutschen zudem auch die Idee des Bummelns, Herumschauens. (Ein alternativer Ausdruck ist **faire les magasins**). Die deutsche Bezeichnung *schaufensterbummeln* wird mit **faire du lèche-vitrines** übersetzt, wörtl. *Fenster lecken*! (Französisch sprechende KanadierInnen nutzen das schlichtere **le magasinage**). *Lebensmittel einkaufen* heißt **faire les courses** (siehe Modul 18).

◆ GRAMMATIK
DEMONSTRATIVPRONOMEN

Diese Pronomen werden anstelle eines Nomens genommen, um auf ein Ding oder eine Person zu referieren und es oder sie zu betonen (*diese/r/s, der/die/das, der-/die-/dasjenige*, etc.). Wir haben bereits das häufigste Paar gelernt: **ce** und **ça** (die abgekürzte Form von **cela**, in Alltagskonversationen benutzt).

Beide Pronomen sind unveränderlich und können mit Singular-, Plural-Nomen und allgemeinen Aussagen benutzt werden (z.B. *Dies ist ein schwieriges Thema*).

• **Ce** wird oft mit **être** benutzt (und im Singular zu **c'est** abgekürzt) und bedeutet *es, das*:
C'est une excellente idée, *Das ist eine ausgezeichnete Idee*.
Ce sont mes bons amis, *Das sind meine guten Freunde*.

• **Ça** bedeutet im Allgemeinen *das* oder *diese/r/s* und wird im Alltags-Französisch präferiert zu **cela** verwendet:
Ça nous intéresse, *Das interessiert uns*.
Combien ça coûte ?, *Wie viel kostet das?*

Ça/cela ersetzt in der gesprochenen Sprache zudem das Demonstrativpronomen **ceci**, es sei denn der Sprecher indiziert etwas Nahestehendes, wie im Dialog: **Un manteau bleu, comme ceci**, *Ein blauer Mantel, wie der hier*.

Die anderen Demonstrativpronomen sind:

celui (m. Sing.)	*dieser/s, der/das, der-/dasjenige*	**celle** (f. Sing.)	*diese/s, die/das, die-/dasjenige*
ceux (m. Plu.)	*diese, die, diejenigen*	**celles** (f. Plu.)	*diese, die, diejenigen*

Wie deren deutsche Entsprechungen verhindern sie die Wiederholung eines Nomens im selben Satz:

Regarde ces manteaux : celui que je porte est vieux, et ceux qui sont dans le placard sont laids, *Guck dir diese Mäntel an: der, den ich trage, ist alt und die, die im Schrank sind, sind hässlich*.

Il y a deux types de robes : celle que je porte et celles que je veux porter, *Es gibt zwei Arten von Kleidern: die, die ich trage und diejenigen, die ich tragen will*.

Wenn sie mit **de** benutzt werden, können Demonstrativpronomen einen Besitz angeben, ähnlich zum Genitiv:

Ces chaussures sont celles de mon frère, *Diese Schuhe sind die meines Bruders*.
Mon PC ne marche pas et celui de Romain est cassé, *Mein PC funktioniert nicht und der von Romain ist kaputt*.

Zu guter Letzt werden die betonten Formen **celui-ci**, **celui-là**, **celle-ci**, **celle-là**, **ceux-ci** und **ceux-là** benutzt, wenn man den Standort der referierten Sache angibt:

Quel est le prix des sandales ? – Ceux-ci sont très chers et ceux-là sont extrêmement chers, *Wie viel kosten die Sandalen? – Diese hier sind sehr teuer und die dort sind extrem teuer.* (Das **-ci** ist hier natürlich eine Abkürzung von **ici**, *hier*.)

STELLUNG DER ADJEKTIVE: „SAGA"

Wir haben im Modul 4 gelernt, dass Adjektive, die Farben, Formen, Nationalitäten usw. beschreiben, unmittelbar nach dem beschriebenen Nomen kommen. Aber wir haben auch gesehen, dass manche Adjektive vor ihrem Nomen stehen. Wir können diese sogenannten attributiven Adjektive unter „Saga" zusammenfassen. Mit anderen Worten: ein Adjektiv steht vor dem Nomen, wenn es Schönheit (**beau**, **joli**), Alter (**vieux**, **jeune**), Güte/Freundlichkeit oder das Gegenteil (**bon**, **mauvais**) oder Ausmaß/Größe (**grand**, **petit**) beschreibt. Lernen Sie diesen kleinen Satz, der Ihnen beim Merken hilft:

Lacombe est un beau type, un vieux copain et un bon musicien qui vit dans une jolie maison située dans un petit village en France, *Lacombe ist ein gutaussehender Typ, ein alter Freund und ein guter Musiker, der in einem hübschen Haus, gelegen in einem kleinen Dorf in Frankreich, wohnt.*

Hier ist eine partielle Liste der Saga-Kategorie, zusammen mit den femininen Formen. Die Plurale sind alle regelmäßig:

beau*	belle	*schön/gutaussehend*
bon	bonne	*gut*
excellent	excellente	*ausgezeichnet, exzellent*
gentil	gentille	*nett, freundlich*
grand	grande	*groß*
gros	grosse	*dick, fett*
jeune	jeune	*jung*
joli	jolie	*hübsch, nett*
long	longue	*lang*
mauvais	mauvaise	*schlecht*
meilleur	meilleure	*besser*
nouveau*	nouvelle	*neu*
petit	petite	*klein*
vieux*	vieille	*alt*

* Denken Sie daran, dass Adjektive auf **-eau** endend (**beau**, **nouveau**, etc.) ihren Plural mit einem **-x** statt **-s** bilden (**beaux**, **nouveaux**). Maskuline Singular-Adjektive auf **-x** oder **-s** endend (**gros**, **vieux**) ändern sich nicht im Plural: **des gros pulls**, **des vieux vêtements**.

Drei „Saga"-Adjektive (**beau**, **vieux** und **nouveau**) haben eine unregelmäßige maskuline Form (**bel**, **vieil**, **nouvel**), wenn das beschriebene Singular-Nomen mit einem Vokal beginnt – zur Erleichterung der Aussprache: **un bel endroit**, *ein schöner Ort*; **un vieil ordinateur**, *ein alter Computer*; **un nouvel ami**, *ein neuer Freund*. Verwechseln Sie sie nicht mit den femininen Formen: **belle**, **vieille**, **nouvelle**. (Erinnern Sie sich, dass **h** eine Art Vokal ist; somit sagen wir **un vieil homme**, *ein alter Mann*; **un nouvel hôtel**, etc.)

Zum Schluss: der Plural-Teilartikel **des** (**J'ai des chaussures rouges**, *Ich habe rote Schuhe*) ändert sich zu **de** vor einem attributiven Adjektiv: **Tu as de belles chaussures**, *Du hast schöne Schuhe*.

▲ ÜBUNGEN

1. ERSETZEN SIE DAS DEUTSCHE WORT MIT DEM KORREKTEN POSSESSIVPRONOMEN

a. (*Diese*) manteaux sont beaucoup trop petits pour elle.

b. J'adore les gâteaux au chocolat et (*die*) de ta mère sont délicieux.

c. Quelles chaussures préférez-vous : (*die hier*) ou (*die da*) ?

d. Ma voiture ne marche pas et (*das*) de Romain est au garage.

e. (*Das*) sont des tomates espagnoles, et (*die da*) sont françaises.

2. SETZEN SIE DIE ADJEKTIVE AN DIE RICHTIGE STELLE, VOR ODER HINTER DAS NOMEN

a. **vieux/vieille**: Elle habite dans une maison à la campagne. →

b. **bleu/e**: Je veux acheter une robe pour le mariage. →

c. **joli/e**: Vous avez un pantalon. – Merci ! →

d. **petit/e**: Nora travaille dans un magasin de vêtements à Lyon. →

e. **moderne**: Le Palais de Tokyo à Paris est spécialisé dans l'art. →

f. **gros/grosse**: Vous n'avez besoin que d'un pull. Il ne fait pas froid. →

3. GLEICHEN SIE DIESE ADJEKTIVE AN DAS JEWEILIGE NOMEN AN

a. Un beau manteau → de* _ _ _ _ _ _ manteaux

b. Un vieux village → de _ _ _ _ _ villages

c. Un jeune informaticien → de _ _ _ _ _ informaticiens

d. Une gentille collègue → de _ _ _ _ _ _ _ _ collègue

e. Un mauvais film → de _ _ _ _ _ _ _ films

* Beachten Sie, dass der Teilartikel **de** (nicht **des**) ist, da das Adjektiv vor dem Nomen steht.

● VOKABULAR

aller passen, stehen, gehen
détester hassen
essayer (an-)probieren
plaire gefallen
porter tragen, anhaben
regarder schauen, gucken

une cabine d'essayage eine Umkleidekabine
le coton die Baumwolle
une couleur eine Farbe
un escalier roulant/mécanique, un escalator eine Rolltreppe
une garde-robe ein Kleiderschrank
une jupe ein Rock
la laine die Wolle
le lin das Leinen
un magasin ein Geschäft, ein Laden
un mariage eine Hochzeit
un escarpin ein Pumps
un modèle ein Modell
un pantalon eine Hose
un sac eine Tasche
un sac à main eine Handtasche
une sandale eine Sandale
le shopping das Einkaufen, das Shoppen (siehe Kultureller Hinweis)
la taille die Größe, die Taille
une veste eine Jacke
un vêtement ein Kleidungsstück
une vitrine ein Schaufenster

bleu(e) blau
gris(e) grau
jaune gelb
marron (kastanien-)braun
noir(e) schwarz
clair(e) hell (für Farben)
doux/douce sanft, sacht, weich, angenehm
élégant(e) elegant
foncé(e) dunkel (für Farben)
grave schlimm
laid(e) hässlich
plat(e) flach

en promotion im Angebot
quant à bezüglich, hinsichtlich, ... betreffend

Ce n'est pas grave Es ist nicht schlimm
J'en ai ras le bol ! Ich habe die Nase voll!, Mir reicht's!
Naturellement Natürlich
Rien ne me va Nichts steht/passt mir

4. ÜBERSETZEN SIE AUF FRANZÖSISCH

a. Ich suche einen neuen Mantel. – Welche Größe haben Sie?*

b. Und neue Schuhe. – Welche Schuhgröße haben Sie?*

c. Der hier/die hier ist eine ausgezeichnete Wahl. Er/Sie steht Ihnen sehr gut.**

d. Bist du shoppen/einkaufen?* – Nein, ich bin schaufensterbummeln.

e. Sie möchte eine Hose, eine Jeans, eine Strumpfhose, zwei Nachthemden, einen Hosenanzug und drei Shorts kaufen.

* Zwei Möglichkeiten
** Nehmen Sie auch für die Übersetzung die maskulinen und femininen Pronomen

12. TELEFON-KONVERSATION

CONVERSATION AU TÉLÉPHONE

ZIELE	KENNTNISSE

- DAS TELEFON BENUTZEN
- ANBIETEN UND AKZEPTIEREN
- ENTHUSIASMUS AUSDRÜCKEN

- RELATIVPRONOMEN
- *-RE* VERBEN
- *SAVOIR/CONNAÎTRE*

WIE GEHT ES DEINEM BRUDER?

(Am Telefon)

– Hallo, Michelle? Hörst du mich?

– Ich höre dich sehr schlecht. Sprich bitte lauter.

– Warte: die Verbindung ist schlecht hier. Bleib, wo du bist, ich werde die Treppe runtergehen. Hörst du mich jetzt besser?

– Ah ja, ich höre dich viel besser. Also, wie geht es dir?

– Es geht mir sehr gut. Ich habe aktuell viel Arbeit und ich bin sehr froh. Aber ich bin ein bisschen besorgt über meinen Bruder.

– Den Bruder, den ich kenne, der Arzt? Ich weiß, dass ihr sehr eng seid.

– Nein, der andere, Maxime, der seit fünf Jahren in Hauts-de-France wohnt. Er findet keine Arbeit.

– Was macht er also?

– Nun ja, er liest viel. Er schreibt auch Artikel für die Zeitung und er lernt Fremdsprachen: Chinesisch, Arabisch.

– Es gibt sicher Unternehmen, die Leute suchen, die chinesisch sprechen. Hier, ein Mann, den ich kenne, arbeitet für eine wichtige ausländische Firma. Ich kann ihn kontaktieren, wenn du willst.

– Das wäre genial! Ich werde es meinem Bruder sagen. Warte, bleib dran *(verlass nicht)*, ich habe einen anderen Anruf und ich muss dran gehen *(antworten)* ... Tut mir leid, ich muss auflegen *(ich werde dich lassen)*: das ist der Anruf , den ich seit heute Morgen erwarte. Ich verkaufe mein Auto und es ist ein Käufer, der mich anruft.

– Kein Problem, ich verstehe. Ich rufe dich gleich zurück.

14 — COMMENT VA TON FRÈRE ?

(Au téléphone)

– Allô, Michelle ? Tu m'entends ?

– Je t'entends très mal. Parle plus fort s'il te plaît.

– Attends : le signal est faible ici. Reste où tu es, je vais descendre l'escalier. Est-ce que tu m'entends mieux maintenant ?

– Ah oui, je t'entends beaucoup mieux. Alors, comment vas-tu ?

– Je vais très bien. J'ai plein de boulot actuellement et je suis très content. Mais je suis un peu inquiet pour mon frère.

– Le frère que je connais, le médecin ? Je sais que vous êtes très proches.

– Non, l'autre, Maxime, qui vit dans les Hauts-de-France depuis cinq ans. Il ne trouve pas de travail.

– Qu'est-ce qu'il fait, alors ?

– Eh bien, il lit beaucoup. Il écrit aussi des articles pour le journal et il apprend des langues étrangères : le chinois, l'arabe.

– Il y a sûrement des entreprises qui cherchent des gens qui parlent le chinois. Tiens, un homme que je connais travaille pour une société étrangère importante. Je peux le contacter si tu veux.

– Ça serait génial ! Je vais le dire à mon frère. Attends, ne quitte pas, j'ai un autre appel et je dois répondre… Désolé, je vais te laisser : c'est le coup de fil que j'attends depuis ce matin. Je vends ma voiture et c'est un acheteur qui m'appelle.

– Pas de problème, je comprends. Je te rappelle tout à l'heure.

■ DEN DIALOG VERSTEHEN
FORMULIERUNGEN UND REDEWENDUNGEN

→ **allô** hat die gleiche Bedeutung wie *Hallo*. Aber es wird meist nur benutzt, wenn man ans Telefon geht oder mit jemandem telefoniert: **Allô, est-ce que vous m'entendez ?**, *Hallo, hören Sie mich?* Sie haben die gewöhnlichen Formen der Begrüßung (**Bonjour**, **Salut**, etc.) in Modul 1 gelernt.

→ **plein(e)** heißt *voll*: **L'hôtel est plein**, *Das Hotel ist voll*. Der Ausdruck **plein de** heißt wörtlich *voll von*: **Leur maison est pleine d'enfants**, *Ihr Haus ist voll von Kindern*. Es ist das idiomatische Äquivalent zu *viel*: **J'ai plein d'idées**, *Ich habe viele Ideen*.

→ **boulot** ist das umgangssprachliche Wort für *Arbeit*. Es kann entweder unzählbar sein: **Maxime n'a pas assez de boulot**, *Maxime hat nicht genug Arbeit*, oder zählbar: **Maxime a un nouveau boulot**, *Maxime hat eine neue Arbeit(sstelle)*.

→ **actuellement** bedeutet *aktuell, zur Zeit*: **Actuellement, mon frère vit à Lille**, *Zur Zeit lebt mein Bruder in Lille*. Das Plural-Nomen **les actualités** heißt *die (neuesten) Nachrichten*: **Ce site Internet présente les actualités internationales**, *Diese Internetseite präsentiert die internationalen Nachrichten*.

→ **quitter** bedeutet *verlassen, beenden*: **Marie quitte la maison tous les jours à sept heures**, *Marie verlässt das Haus jeden Tag um 7 Uhr*. Wenn man einen Anruf entgegen nimmt, entspricht **Ne quittez pas/Ne quitte pas** *Bleiben Sie dran/in der Leitung*, etc (wörtl. *Verlassen Sie nicht*).

→ **le fil**, *das Kabel, die Leitung*. Die Redewendung **un coup de fil** (wörtl. *ein Schlag der Leitung*) ist umgangssprachlich **un appel téléphonique**, *ein Telefonanruf*: **Passe-moi un coup de fil**, *Ruf mich an*.

KULTURELLER HINWEIS

Aus einem administrativen Gesichtspunkt umfasst das französische Mutterland (**la France metropolitaine**) das europäische Festland und mehrere benachbarte Inseln, einschließlich Korsika (**la Corse**). Das Land ist in 13 Regionen (**les régions**) aufgeteilt, die in 101 Landkreise (**les départements**) aufgeteilt sind, die wiederum aus **arrondissements**, *Bezirken* (siehe Modul 5), **cantons**, *Kantonen* und **communes**, *Gemeinden* bestehen. Es gibt zudem fünf Übersee-Regionen (**les régions d'Outre-mer**), die sich im Pazifischen Ozean und in der Karibik befinden. Die **départements** des Festlands sind von 01 bis 95 durchnummeriert, gefolgt von einem dreistelligen Code, während die Übersee-Regionen ihre eigenen Codes haben. Jedes **département** – von denen viele den Namen des örtlichen Flusses oder Gebirges tragen – hat einen administrativen Hauptsitz, **une préfecture**, der normalerweise in der größten Stadt ansässig ist, genannt **le chef-lieu**, *Hauptort, Kreisstadt*. Franzosen referieren oft auf das gesamte Land als **la Métropole** und auf das Festland als **l'Héxagone** (*das Hexagon*, die ungefähre geometrische Form des Landes).

◆ GRAMMATIK
RELATIVPRONOMEN *QUI* UND *QUE*

Diese beiden Pronomen können sich auf Menschen oder Dinge beziehen; **qui** als Subjekt eines Satzes und **que** als direktes Objekt. In einem Nebensatz entsprechen sie *der/den/dem/die/das* (und *welche/r/s/n/m*).
L'homme qui travaille pour cette société belge s'appelle Jean Smet, *Der Mann, der für diese belgische Firma arbeitet, heißt Jean Smet.*
Qui kann mit einem unpersönlichen Nomen verwendet werden. Sie werden bemerken, dass **qui** immer von einem Verb gefolgt wird, da es sich auf ein Subjekt bezieht.
Marseille est une ville qui a une longue histoire, *Marseille ist eine Stadt, die eine lange Geschichte hat.*
Es kann auch mit einer Präposition genutzt werden (**à, de**, etc.):
La première personne à qui elle demande un conseil est son mari, *Die erste Person, die sie um Rat fragt, ist ihr Mann.*
Que (was vor einem Vokal zu **qu'** wird) bezieht sich auf ein Objekt:
Marseille est la ville que j'aime le plus, *Marseille ist die Stadt, die ich am meisten mag.*
Michel est l'homme qu'elle aime le plus, *Michel ist der Mann, den sie am meisten liebt.*
Als Objekt des Satzes, wird **que** immer vom Subjekt, bzw. von einem Pronomen gefolgt (**la ville qu'elle aime le plus**).

SAVOIR ODER *CONNAÎTRE*?

Wir haben im Modul 5 gelernt, dass diese beiden Verben jeweils ungefähr *wissen* und *kennen* entsprechen, was wir uns nochmal genauer anschauen. Man benutzt **connaître** für Orte oder Personen und es wird normalerweise von einem Nomen gefolgt:
Ils connaissent bien Paris, *Sie kennen Paris gut.*
Je connais la raison de leur visite, *Ich kenne/weiß den Grund ihres Besuchs.*
Das abgeleitete Nomen ist **la connaissance**, was sowohl abstrakt (*Kenntnis*) oder konkret (*Bekanntschaft*) sein und als Singular und Plural benutzt werden kann.
Mon frère aime bien faire de nouvelles connaissances, *Mein Bruder mag es gerne, neue Bekanntschaften zu machen.*
Je suis impressionné par ta connaissance du français, *Ich bin beeindruckt von deinen[r] Französisch-Kenntnis[sen].*

Savoir bedeutet zu wissen, wie etwas geht oder sich über etwas bewusst zu sein: **Que savez-vous de notre enterprise ?**, *Was wissen Sie über unsere Firma?* **Nous savons que vous êtes inquiet**, *Wir wissen, dass Sie besorgt sind.* Es wird normalerweise von einem Satz oder einem Infinitiv gefolgt und kann manchmal mit *kann* übersetzt werden: **Il sait parler le chinois**, *Er weiß [wie man] Chinesisch spricht* → *Er kann Chinesisch sprechen*. Anders als **la connaissance** ist das abgeleitete Nomen, **le savoir**, immer abstrakt und meint *das (Fach-)Wissen*.

▲ KONJUGATION
VERBEN AUF -*RE* ENDEND

Diese Verben gehören zu der dritten Gruppe, zusammen mit denen auf **-ir** endend (ohne ein Partizip Präsens auf **-issant** endend) und auf **-oir**. Um sie zu konjugieren, lässt man die **-re** Endung weg und ersetzt sie mit den folgenden:

vendre, *verkaufen*

je vends	*ich verkaufe*	nous vendons	*wir verkaufen*
tu vends	*du verkaufst*	vous vendez	*Sie verkaufen/ihr verkauft*
il/elle vend	*er/sie/es verkauft*	ils/elles vendent	*sie verkaufen*

• Negation:
je ne vends pas, *ich verkaufe nicht*, etc.

• Frageform mit **est-ce que...**:
Est-ce que je vends, *Verkaufe ich...?*, etc.
Erinnern Sie sich, dass das finale **s** lautlos ist, sodass die erste, zweite und dritte Person identisch ausgesprochen werden.

Viele dieser **-re**-Verben sind unregelmäßig, darunter auch ein sehr übliches: **dire**, *sagen, erzählen*. Hier ist die Präsens-Form:

je dis	*ich sage*	nous disons	*wir sagen*
tu dis	*du sagst*	vous dites	*Sie sagen/ihr sagt*
il/elle dit	*er/sie/es sagt*	ils/elles disent	*sie sagen*

Ein weiteres **-re**-Verb ist **plaire**, *gefallen*, was wir bereits im Höflichkeits-Ausdruck **s'il vous/te plaît**, *bitte* kennengelernt haben.

Von jetzt an werden wir ein einzelnes Beispiel für jede Verbform geben. Wenn Sie unsicher sind, was die Aussprache der anderen Formen betrifft, schauen Sie im Anhang nach.

VOKABULAR

apprendre *lernen*
contacter *kontaktieren*
écrire *schreiben*
entendre *hören* (siehe Modul 9)
laisser *lassen*
lire *reden*
rappeler *zurückrufen*
rester *(da-)bleiben, verweilen*
vendre *verkaufen*

un(e) acheteur/se *ein/e KäuferIn*
un appel *ein Anruf* (im Allgemeinen auf dem Telefon)
l'arabe *das Arabisch*
un article *ein Artikel*
un/le boulot *ein/der Job, eine/die Arbeit(sstelle)*
le chinois *das Chinesisch*

mieux *besser*
sûrement *sicherlich*
actuellement *zur Zeit, aktuell*
alors *also, dann, nun*
maintenant *jetzt*
plein de *viel*
tout à l'heure *gleich, nachher*

une entreprise *ein Unternehmen*
un escalier *eine Treppe*
les gens *die Leute*
un journal *eine Zeitung*
une langue *eine Sprache* (auch *eine Zunge*)
un(e) médecin *ein/e Arzt/Ärztin*
un sujet *ein Thema, ein Subjekt*

une visite *ein Besuch, eine Besichtigung* (siehe **visiter**, Modul 3)

content *froh, glücklich*
étranger *fremd, ausländisch*
faible *schwach*
fort *stark, laut*
génial *genial, großartig, toll*
important *wichtig, groß*
inquiet *besorgt, in Sorge, beunruhigt*
mal *schlecht*

Allô *Hallo* (nur beim Telefonanruf)
Tiens *Hier, Halt, Schau* (siehe Modul 3)
Ne quitte/quittez pas *Bleib/bleiben Sie/bleibt dran*

▲ ÜBUNGEN

1. KONJUGIEREN SIE DIE VERBEN

a. Quelles langues étrangères (*apprendre* - Inversion: ………..)-vous à l'école ?
b. Si vous (*dire*, negierend: …………….) combien ça coûte, je ne peux pas l'acheter.
c. Ils (*vendre*: ………………..) leur voiture parce qu'elle est vieille.
d. Est-ce tu (*lire*: …………..) le chinois ?
e. Je (*connaitre*: ……………….) ton frère. Je (*savoir*: …………..) où il habite.

2. VERVOLLSTÄNDIGEN SIE DIESE SÄTZE MIT *QUI* ODER *QUE*

a. Il y a beaucoup des gens _ _ _ cherchent du travail dans la région.
b. Ce sont les amis _ _ _ j'attends depuis ce matin.
c. New York est une ville _ _ _ ne dort jamais.
d. Mon fils, _ _ _ a vingt ans, est informaticien à Lille.
e. L'homme _ _ vit à Rennes écrit des livres _ _ _ j'aime beaucoup.

3. NEHMEN SIE JE NACH BEDARF *SAVOIR* ODER *CONNAITRE*

a. Est-ce que tu ………….. Paris ? C'est une ville magnifique.
b. Je ………….. que vous êtes occupé mais j'ai besoin de vous parler.
c. Elle est très intelligente : elle ………….. parler le chinois et l'arabe.
d. Je ………….. que Maxime habite à Lille mais je ne ………….. pas l'adresse.

4. ÜBERSETZEN SIE AUF FRANZÖSISCH

a. Bleiben Sie dran, ich habe einen weiteren Anruf. Tut mir leid, ich muss auflegen.
b. Sprechen Sie bitte lauter. Ich höre Sie nicht.
c. Sie ist ein wenig um ihren Bruder besorgt. – Der Bruder, den ich kenne?
d. Ich kenne eine Firma, die Leute suchen, die Arabisch sprechen.
e. Kein Problem. Er ruft dich später zurück, wenn du willst.

13. ÜBER DEN URLAUB SPRECHEN

PARLER DES VACANCES

ZIELE	KENNTNISSE

- ÜBER DIE VERGANGENHEIT SPRECHEN
- VERGLEICHE MACHEN

- PARTIZIP PERFEKT VON *-ER* VERBEN
- *LE PASSÉ COMPOSÉ*
- VERGLEICHENDE ADJEKTIVE

DIE INSEL DER SCHÖNHEIT

(Der Reiseberater spricht mit Louise)

– Also, das war's? Ihr Urlaub ist vorbei?

– Ja, leider *(unglücklicherweise)*. Es ist hart die Arbeit wieder aufzunehmen, aber wir sind froh wieder zu unserem Haus zurückzukehren.

– Was haben Sie im Endeffekt gemacht?

– Wir haben drei Wochen auf Korsika verbracht.

– Wie war es?

– Sehr schön, aber kompliziert zu planen! Ich habe zwei Monate im Voraus reserviert, weil dort im Mai immer enorm viele Leute sind. Wir haben die ersten zwei Wochen in Ruhe verbracht. Wir haben eine sehr angenehme Wohnung fast am Strand gefunden.

– Sind sie geschwommen?

– Ich bin nicht geschwommen, aber wir sind gesegelt & Fahrrad gefahren. Nach 15 Tagen haben wir für eine Woche ein Motorrad geliehen, um den Rest der Insel zu sehen. Wir haben Ajaccio und das Bonaparte-Haus besichtigt, was ich sehr faszinierend fand, ebenso wie Bastia. Ich habe den Alten Hafen nicht gemocht, aber ich habe den großen Platz in der Mitte der Stadt geliebt. Er ist so schön wie der Platz der Vogesen in Paris.

– Haben Sie die schönen Gärten in der Nähe des Palastes besichtigt?

– Nein, wir haben nicht daran gedacht. Aber für mich ist Bonifacio bei weitem die schönste Stadt. Sie ist kleiner als Bastia und weniger groß als Calvi.

– Alle schätzen diese Stadt, stimmt.

– Das einzige Problem ist, dass alles so teuer ist – teurer als ein Aufenthalt in den Bergen *(auf dem Berg)*.

– Teurer vielleicht, aber interessanter und weniger weit als eine tropische Insel.

– Also kennen Sie die Insel der Schönheit gut?

– Ich? Ich reise nie. Ich habe einmal Paris besichtigt, aber ich habe die Menschenmenge[n] nicht gemocht.

15 L'ÎLE DE BEAUTÉ

(L'agent de voyages discute avec Louise)

– Alors, ça y est ? Vos vacances sont terminées ?

– Oui, malheureusement. C'est dur de reprendre le travail, mais nous sommes contents de retrouver notre maison.

– Qu'est-ce que vous avez fait, finalement ?

– Nous avons passé trois semaines en Corse.

– C'était comment ?

– Très chouette, mais compliqué à organiser ! J'ai réservé deux mois à l'avance parce qu'il y a toujours énormément de monde en mai. Nous avons passé les deux premières semaines au calme. Nous avons trouvé un appartement très agréable presque sur la plage.

– Avez-vous nagé ?

– Je n'ai pas nagé mais nous avons fait de la voile et du vélo. Après quinze jours, nous avons loué une moto pendant une semaine pour voir le reste de l'île. Nous avons visité Ajaccio et la Maison Bonaparte, que j'ai trouvée fascinante, ainsi que Bastia. Je n'ai pas aimé le Vieux-Port mais j'ai adoré la grande place au milieu de la ville. Elle est aussi belle que la Place des Vosges, à Paris.

– Avez-vous visité les beaux jardins, près du palais ?

– Non, nous n'avons pas pensé à cela. Mais, pour moi, la plus belle ville, de loin, est Bonifacio. Elle est plus petite que Bastia et moins grande que Calvi.

– Tout le monde apprécie cette ville, c'est vrai.

– Le seul problème est que tout est si cher – plus cher qu'un séjour à la montagne.

– Plus cher, peut-être, mais plus intéressant et moins loin qu'une île tropicale.

– Donc vous connaissez bien l'Île de Beauté ?

– Moi ? Je ne voyage jamais. J'ai visité une fois Paris mais je n'ai pas aimé la foule.

DEN DIALOG VERSTEHEN
FORMULIERUNGEN UND REDEWENDUNGEN

→ **Ça y est**, wörtl. *das dort ist*, ist ein sehr gewöhnlicher Ausdruck mit vielseitigem Nutzen. Es wird meistens benutzt, wenn eine Handlung beendet wurde: **Ça y est : j'ai terminé le travail !**, *Es ist soweit: ich habe die Arbeit beendet!*. Es wird auch für *Geschafft!* oder *Das war's!* verwendet: **As-tu terminé ? – Oui, ça y est** → *Bist du fertig? – Ja, geschafft*. Sehen Sie dazu auch den Eintrag in der Grammatik-Sektion.

→ **C'est comment ?** oder in der Vergangenheitsform **C'était comment ?** ist wie im Deutschen ein Ausdruck, um zu fragen, wie jemand etwas findet oder wahrnimmt: **C'est comment, Marseille ? – C'est une très belle ville**, *Wie ist [es in] Marseille? – Es ist eine sehr schöne Stadt*; **C'était comment, ce restaurant ?**, *Wie war dieses Restaurant?*.

→ **chouette** ist ein idiomatisches Wort – das Nomen **une chouette** ist *eine Eule!* – das im Grunde *nett*, *schön*, *toll* heißt. Es kann als (unveränderliches) Adjektiv benutzt werden: **C'est une île très chouette**, *Das ist eine sehr schöne Insel*. Und auch als Ausruf: **On va en Corse cette année. – Chouette !** → *Wir fahren dieses Jahr nach Korsika. – Toll!*

→ **loin**, *weit* steht in vielen Ausdrücken, die Deutschsprechenden bekannt vorkommen: **de loin**, *bei weitem* und **aller loin**, *weit bringen/kommen*: **Omar est de loin le meilleur joueur de l'équipe**, *Omar ist bei weitem der beste Spieler in der Mannschaft*; **Nadia est très intelligente : elle va aller loin**, *Nadia ist sehr schlau: sie wird es weit bringen*.

→ **faire**, *machen*, *tun* (siehe Modul 2) wird mit einem Nomen benutzt, um über das Ausüben gewisser Sportarten oder Aktivitäten zu sprechen: **Je fais du ski chaque année en décembre**, *Ich fahre jedes Jahr im Dezember Ski*; **Tu veux faire de la voile ou du vélo ?**, *Willst du segeln oder Fahrrad fahren?*. Weitere Ausdrücke finden Sie beim Vokabular.

→ **le monde** heißt *die Welt*. Aber es wird auch für *Menschen*, *Leute* benutzt: **Il y a beaucoup de monde dans les magasins aujourd'hui**, *Es sind heute viele Leute in den Läden*. (**Tout le monde** heißt *alle*, siehe Modul 5.)

→ **cela**, das Demonstrativpronomen, ist die volle Form von **ça**, zuerst in Modul 5 gesehen. Es ist formeller als die kurze Form, welche in der Alltagssprache genutzt wird: **Nous n'avons pas pensé à cela** → **Nous n'avons pas pensé à ça**.

KULTURELLER HINWEIS

La Corse, *Korsika* ist eine Insel, die 170 km von der französischen Mittelmeerküste entfernt liegt und zwei **départements** umfasst: **Haute-Corse** und **Corse-du-Sud**. Mit ihren atemberaubenden Landschaften, dem bergischen Terrain, den schönen Sandstränden und der üppigen Vegetation ist sie als **l'Île de beauté**, *die Insel der*

Schönheit bekannt. Korsika hat seine eigene Sprache (**le corse**) und eine sehr starke kulturelle Identität, die Einflüsse aus dem ganzen Mittelmeerraum und darüber hinaus beinhaltet. Auch wenn es seit 1768 Teil von Frankreich (und Geburtsort von **Napoléon Bonaparte**) ist, hat Korsika eine sehr starke separatistische Ader, die in seinem Motto zusammengefasst wird: **Souvent conquise, jamais soumise** („*Oft erobert, nie unterworfen*" oder auf korsisch **A spessu conquista mai sottumessa!**).

GRAMMATIK
PARTIZIP PERFEKT VON -*ER* VERBEN

Das Partizip Perfekt wird hauptsächlich zur Bildung zusammengesetzter Verben genutzt, wie beim **passé composé** (siehe unten), aber es kann auch als Adjektiv herhalten.
Bei Verben der ersten Gruppe wird das Partizip Perfekt gebildet, indem einfach die Infinitiv-Endung **-er** mit **-é** ersetzt wird: **voyager** → **voyagé**; **réserver** → **reservé**; **organiser** → **organisé**
Trotz der Änderung klingt es meist wie der Infinitiv.
Als Adjektiv wird das Partizip an sein Nomen angeglichen:
Suzie est très fatiguée, *Suzie ist sehr müde/ausgelaugt* (siehe Modul 9).
Ces réseaux sont compliqués, *Diese Netzwerke sind kompliziert.*

VERGLEICHENDE ADJEKTIVE

Mit **plus**, *mehr* und **moins**, *weniger* bildet man den Komparativ der Superiorität und Inferiorität): **Cette ville est plus/moins grande**, *Diese Stadt ist größer/kleiner („mehr/weniger groß").*
Benutzen Sie **que** (hier *als*) um die Sache einzuführen, zu der Sie den Vergleich machen:
Le livre est plus intéressant que le film, *Das Buch ist interessanter als der Film.*
Für einen Komparativ der Gleichheit, setzt man **aussi** vor das Adjektiv und **que** danach:
Cette ville est aussi grande que Paris, *Diese Stadt ist (genau) so groß wie Paris.*
Die negierenden Formen sind regelmäßig (**n'est pas plus intéressant, n'est pas moins grand, ne sont pas aussi chers**).

RE-: DAS WIEDERHOLUNGS-PRÄFIX

Ähnlich wie im Deutschen *wieder-* (und *zurück-*), kann auf Französisch das Präfix **re-** vor ein Verb gestellt werden, um die Wiederholung einer Handlung oder die Rückkehr zu einem vorherigen Ort oder einer Situation zu vermitteln:
prendre, *nehmen* → **reprendre**, *wieder aufnehmen/beginnen*; **venir**, *kommen* → **revenir**, *wiederkommen, zurückkommen*.

Wenn das Verb mit einem Vokal oder einem lautlosen **h** beginnt, wird im Normalfall ein Accent aigu auf das **e** gesetzt: **écrire**, *schreiben* → **réécrire**, *neu schreiben, umschreiben, jmdm. zurückschreiben*.

Aber schauen Sie immer auf den Kontext: **réserver** heißt einfach *reservieren* und **réduire**, *reduzieren*.

Es gibt ein paar andere leichte Variationen, aber Sie erkennen das System.

▲ KONJUGATION
ÜBER DIE VERGANGENHEIT SPRECHEN: *LE PASSÉ COMPOSÉ*

Das **passé composé** („zusammengesetzte Vergangenheit") entspricht dem deutschen Perfekt und dient dem Sprechen über Handlungen, die in der Vergangenheit stattfanden und nun vollendet sind. Es wird meist mit **avoir** und teils mit **être** (nicht immer entspricht dieses Hilfsverb dem Deutschen) und dem jeweiligen Partizip gebildet.

In diesem Modul schauen wir uns regelmäßige Verben der ersten Gruppe (**-er**) an.

j'ai voyagé	ich bin gereist	nous avons voyagé	wir sind gereist
tu as voyagé	du bist gereist	vous avez voyagé	Sie sind/ihr seid gereist
il/elle a voyagé	er/sie/es ist gereist	ils/elles ont voyagé	sie sind gereist

j'ai n'ai pas voyagé	ich bin nicht gereist	nous n'avons pas voyagé	wir sind nicht gereist
tu n'as pas voyagé	du bist nicht gereist	vous n'avez pas voyagé	Sie sind/ihr seid nicht gereist
il/elle n'a pas voyagé	er/sie/es ist nicht gereist	ils/elles n'ont pas voyagé	sie sind nicht gereist

est-ce que j'ai voyagé…?	bin ich gereist…?	est-ce que nous avons voyagé…?	sind wir gereist…?
est-ce que tu as voyagé…?	bist du gereist…?	est-ce que vous avez voyagé…?	sind Sie/seid ihr gereist…?
est-ce qu'il/elle a voyagé…?	ist er/sie/es gereist…?	est-ce qu'ils/elles ont voyagé…?	sind sie gereist…?

Im Alltags-Französisch benutzt man die erste und zweite Frageform am häufigsten. Bei der dritten, der Inversion, muss man auf die Liaison der dritten Person Singular und Plural achten. Im Plural wird das finale **t** von **ont** ausgesprochen: **ont-elles** [ohntel]. Beim Singular ist es etwas komplizierter, da man den Hiatus (die Lücke) bei

●VOKABULAR

aller loin *weit kommen, [es] weit bringen*
apprécier *(wert-)schätzen, anerkennen*
nager *schwimmen*
organiser *organisieren, planen*
reprendre *wieder aufnehmen/ -greifen, von Neuem beginnen*
réserver *reservieren*
retrouver *wiederfinden*
terminer *beenden, abschließen*

à l'avance *im Voraus* (nicht verwechseln mit **en avance**, *zu früh*, Modul 7)
agréable *angenehm*
au calme *in Ruhe*
au milieu (de) *in der Mitte (von), mitten in*
aussi...que *(genau) so wie...*
chouette *nett, schön, toll*
de loin *bei weitem*

dur *hart*
fascinant *faszinierend*
finalement *schließlich, endlich*
malheureusement *unglücklicher-, bedauerlicherweise, leider*
si *so*

un appartement *eine Wohnung*
la foule *die Menschenmenge*
une île *eine Insel*
un jardin *ein Garten*
une moto *ein Motorrad*
un palais *ein Palast*
le vélo *das Fahrrad(fahren)*
la voile *das Segel(n)*

Ça y est ! *Das war's!, Geschafft! Es ist soweit!*
C'est/C'était comment ? *Wie ist/ war es?*

---

a **il/a elle** vermeiden muss. Deshalb fügt man ein durch Bindestriche getrenntes **-t-** zwischen die beiden Vokale: **a-t-il... ?/a-t-elle... ?**.
A-t-il téléphoné hier ?, *Hat er gestern angerufen?*
Combien de fois a-t-elle appelé ?, *Wie oft hat sie angerufen?*
Der Einfachheit halber sind die erste und zweite interrogative Form daher in nicht-formellem Sprechen und Schreiben der Standard.
Wie schon gezeigt, nimmt das Französische nicht immer das gleiche Hilfsverb wie das Deutsche. Viele alltägliche Verben werden mit **être** gebildet, aber insgesamt wird häufiger **avoir** verwendet. Wir werden mehr dazu in den nächsten Modulen sehen.

▲ ÜBUNGEN

1. SETZEN SIE DIESE VERBEN IN DIE VERGANGENHEITSFORM

a. Nous (*réserver*: …………………..) un appartement en Corse pour les vacances.

b. Je (*nager*, negierend: …………………..) la semaine dernière mais je (*faire*: …………………..) du vélo.

c. Où vous (*passer*: …………………..) vos vacances cette année?*

d. J'espère que vous (*aimer*: …………………..) le Vieux-Port. C'est magnifique.

e. Nous (*trouver*, negierend: …………………..) les jardins du palais.

* 2. und 3. Frageform

2. BILDEN SIE EIN PARTIZIP-ADJEKTIV AUS DIESEN VERBEN (UND GLEICHEN SIE ES AN!)

a. Après les vacances, nous sommes tous (*fatiguer*: …………………..).

b. Elles sont extrêmement (*compliquer*: …………………..), les questions qu'il me pose.

c. Ça y'est, le film est (*terminer*: …………………..).

d. Ces femmes sont (*aimer*: …………………..) dans le monde entier.

e. Le palais de Versailles est un endroit très (*visiter*: …………………..).

3. SETZEN SIE DIESE ADJEKTIVE IN DIE KORREKTE VERGLEICHENDE FORM

a. Le livre est beaucoup (*intéressant*) le film. (Superiorität) →

b. Je pense que Paris est (*grand*) Londres. (Inferiorität). →

c. Le ski est (*cher*) que la voile. (negierend, Superiorität) →

d. Le chinois est (*difficile*) l'arabe. (Gleichheit) →

4. ÜBERSETZEN SIE AUF FRANZÖSISCH

a. Wie war [es in] Bastia? – Es ist eine schöne Stadt aber weniger schön als Calvi.

b. Wir gehen jedes Jahr im Januar Skifahren. Das ist sehr schön.

c. Es sind heute Morgen viele Leute am Strand. – Ja, alle mögen [es zu] schwimmen.

d. Hat der Reiseberater gestern angerufen?* – Nein, bedauerlicherweise nicht.

e. Kennen Sie Korsika gut?** – Nein, ich reise nie. Es ist zu anstrengend.

* 3. Frageform
* 1. und 2. Frageform

14. EINE WOHNUNG FINDEN

TROUVER UN APPARTEMENT

ZIELE	KENNTNISSE
• ÜBER DIE VERGANGENHEIT SPRECHEN • VERGLEICHE MACHEN • EINE STADT BESCHREIBEN	• DAS PERFEKT VON *-IR* VERBEN • FRAGEPRONOMEN • SUPERLATIVE ADJEKTIVE • UNREGELMÄSSIGE KOMPARATIVE UND SUPERLATIVE

WANN KANNST DU UMZIEHEN?

(Élodie spricht mit ihrem Vater)

– Ich habe mein Studium *(meine Studien)* beendet und ich muss jetzt umziehen. Ich habe bereits den Vorort gewählt, in dem *(wo)* ich wohnen möchte.

– Welchen? Ich hoffe, er ist nicht zu weit vom Stadtzentrum entfernt!

– Nein, Papa, es ist weniger als 5 km von dir und Mama [entfernt]. Es ist der ruhigste *(meist ruhige)* und grünste *(der meist grüne)* Ort der ganzen Region.

– All das ist sehr gut, aber hast du eine Unterkunft gefunden?

– Nicht ganz *(alles um gemacht)*. Aber es gibt ein Ding, das mich interessiert. Im Grunde genommen ist es eine riesige, in ein Wohngebäude umgewandelte Garage. Es gibt eine möblierte Einzimmerwohnung im Erdgeschoss und eine Zweizimmerwohnung *(zwei Zimmer)* in der dritten Etage.

– Welche ist die schönste *(die meist angenehme)*?

– Die Wohnung im dritten [Geschoss]: es ist die hellste *(meist helle)* und leiseste *(die [am] wenigsten laute)* der beiden.

– Gibt es Geschäfte oder ein Einkaufszentrum in der Nähe *(den Gegenden)*?

– Ja, es gibt einen kleinen Lebensmittelladen unten im *(vom)* Gebäude, einen nicht zu weit [entfernten] Supermarkt und vor allem eine Bäckerei, die das beste Brot, das beste Baguette und die besten Feingebäcke *(von)* der Stadt macht.

– In der Tat, das ist nicht der schlimmste Ort! Wann kannst du umziehen?

– Genau genommen ist es mir nicht gelungen *(habe ich es noch nicht geschafft)*, den Immobilienmakler per Mail oder [per] Telefon zu erreichen. Aber ich habe sein Online-Formular ausgefüllt und alle obligatorischen Angaben vorgelegt.

– Eine wichtige Frage: hast du über die Frage der Miete nachgedacht? Es ist die teuerste *(meist teure)* Ecke der Stadt und die Wohnungen kosten ein Vermögen *(die Augen des Kopfes)*.

– Pech gehabt. Du zahlst *(Es bist du, der zahlt)*!

16 — TU PEUX DÉMÉNAGER QUAND ?

(Élodie parle avec son père)

— J'ai fini mes études et je dois maintenant déménager. J'ai déjà choisi la banlieue où je veux habiter.

— Laquelle ? Elle n'est pas trop loin du centre-ville, j'espère !

— Non, papa, c'est à moins de cinq kilomètres de chez toi et maman. C'est l'endroit le plus calme et le plus vert de toute la région.

— Tout cela est très bien, mais as-tu trouvé un logement ?

— Pas tout à fait. Mais il y a un truc qui m'intéresse. En fait, c'est un énorme garage converti en immeuble. Il y a un studio meublé au rez-de-chaussée et un deux pièces au troisième étage.

— Lequel est le plus agréable ?

— L'appartement au troisième : c'est le plus clair et le moins bruyant des deux.

— Est-ce qu'il y a des magasins ou un centre commercial dans les environs ?

— Oui, il y a une petite épicerie en bas de l'immeuble, un supermarché pas trop loin, et surtout, une boulangerie qui fait le meilleur pain, la meilleure baguette et les meilleures viennoiseries de la ville.

— En effet, ce ne n'est pas le pire endroit ! Tu peux déménager quand ?

— En fait, je n'ai pas réussi à joindre l'agent immobilier par mail ou par téléphone. Mais j'ai rempli son formulaire en ligne et j'ai fourni tous les renseignements obligatoires.

— Une question importante : as-tu réfléchi à la question du loyer ? C'est le coin le plus cher de la ville, et les appartements coûtent les yeux de la tête.

— Tant pis. C'est toi qui paies !

DEN DIALOG VERSTEHEN
FORMULIERUNGEN UND REDEWENDUNGEN

→ **une banlieue** wird normalerweise mit *ein Vorort, -stadt* übersetzt: **la proche/la grande banlieue** = *innere/äußere Vorstädte*. *Ein/e VorstadtbewohnerIn* ist **un(e) banlieusard(e)**. In letzter Zeit sind jedoch **les banlieues** in Frankreichs großen Städten mit städtischen Unruhen und Problemen gleichgesetzt worden.

→ **un truc** ist ein nützliches Platzhalter-Wort und heißt *ein Ding*, *eine Sache*, *ein Dingsbums*, etc. Obwohl es umgangssprachlich ist, wird **un truc** häufig im gesprochenen Französisch benutzt: **C'est quoi, ce truc ?**, *Was ist das denn für ein Zeug/ein Ding?* Es kann auch **quelque chose** ersetzen: **J'ai un truc à faire demain** → **J'ai quelque chose à faire demain**, *Ich habe morgen eine Sache/etwas zu tun*.

→ **tout à fait** bedeutet *genau, ganz, vollkommen, absolut* (beachten Sie die Liaison: [tutafä]): **Cet homme est tout à fait charmant**, *Dieser Mann ist absolut charmant*; **Je ne suis pas tout à fait prêt**, *Ich bin nicht ganz fertig*. Beide Formen können auch alleine als Antwort auf eine Frage stehen: **Es-tu d'accord ? – Tout à fait./Pas tout à fait**, *Bist du einverstanden? – Absolut./Nicht ganz*.

→ **la viennoiserie** ist ein Sammelbegriff für Frühstücksgebäck, wie **un croissant** und **un pain au chocolat** (eine Art Croissant mit Schokoladen-Stäbchen), die in **une boulangerie**, *eine Bäckerei* verkauft werden. Es kann in der definiten Singular-Form stehen: **Tu veux une viennoiserie ?** (Das Wort kommt von der österreichischen Stadt **Vienne**, *Wien* – Geburtsort des Croissants.) **Une baguette** ist eine französische Brot-Stange; **le pain** bedeutet *Brot* im Allgemeinen, und **un pain** ist *ein Laib Brot*.

→ **le mail** ist das Standard-Wort für *die E-Mail*: **Je vous envoie un mail tout à l'heure**, *Ich schicke Ihnen später eine Mail*. Der „offizielle" Begriff ist **un courriel**, aber die meisten Französisch-Sprechenden (außer in Kanada) nutzen die vom Englischen abgeleitete Form.

→ **Tant pis** ist ein idiomatischer Ausdruck für *Schade, Pech gehabt, Macht nichts, Was soll's* und beinhaltet eine Variante des vergleichenden Adjektivs **pire** (siehe Grammatik-Teil).

→ **coûter les yeux de la tête**, wörtl. *die Augen des Kopfes kosten*, entspricht unserem *ein Vermögen kosten*. Ein ähnliches Idiom ist **coûter un bras**, wörtl. *einen Arm kosten*.

KULTURELLER HINWEIS

Der Immobilienmarkt, **le marché immobilier**, ist immer ein wichtiges Konversationsthema. Die meisten StadtbewohnerInnen in Frankreich leben in *einer Wohnung*, **un appartement**, die sich in **un immeuble**, *einem Wohngebäude* befindet. Die Größe der Immobilie wird meist anhand der Anzahl der Zimmer definiert, z.B. **un appar-**

tement de trois pièces, *eine Dreizimmerwohnung*. In Alltagsunterhaltungen wird das Hauptnomen jedoch oft weggelassen: **J'ai trouvé un petit trois pièces**, *Ich habe eine kleine drei Zimmer [Wohnung] gefunden*. Eine gemietete Unterkunft, die *Möbel*, **les meubles**, enthält, wird als **meublé**, *möbliert* beworben. Der einfachste Weg eine Immobilie zu *mieten*, **louer** oder zu *kaufen*, **acheter** ist über **une agence immobilière**, *eine Immobilienagentur* (**un(e) agent immobiler**, *ein/e MaklerIn*). Eine Vermietung wird als **une location** angegeben und *die Miete* ist **le loyer**. Zu verkaufende Eigentümer werden als **à vendre** angezeigt. Beachten Sie, wie sehr die Kenntnis eines einzelnen Wortes zum Verständnis seiner Ableitungen beiträgt! Zum Beispiel gibt es **mobilier**, *beweglich*; **le mobilier**, *Möbel, Mobiliar* und **un meuble**, *Möbelstück*; das Gegenteil von **mobilier** ist **immobilier**, *Immobilie, Grundbesitz* – was nicht bewegt werden kann. Genau so ist das Verb **louer** die Wurzel von **le loyer**, aber auch **un(e) locataire**, *ein/e MieterIn*; **la location**, *die Vermietung* und dem Adjektiv **locatif/-ve**, *miet-*.

 GRAMMATIK
FRAGEPRONOMEN: *LEQUEL*

Sowohl als Frage- und Relativpronomen benutzt, kombiniert **lequel**, *welche/r/s* den definiten Artikel **le** und das interrogative Adjektiv **quel**. Es wird in Numerus und Genus dem Nomen angepasst, auf das es sich bezieht oder das es ersetzt: **laquelle** (feminin Singular), **lesquels** (maskulin Plural) und **lesquelles** (feminin Plural).
Dieses Modul schaut sich die interrogative Form an, in der das Pronomen genutzt wird, um eine Frage zu stellen, ohne ein Nomen zu wiederholen:
Je vais lire un livre → Lequel ? (= Quel livre ?)
Je veux habiter dans une banlieue → Laquelle ? (= Quelle banlieue ?)
Les cousins arrivent ce soir → Lesquels ? (= Quels cousins ?)
Elle a de bonnes raisons → Lesquelles ? (= Quelles raisons ?)
Mit diesen Fragepronomen kann man auch längere Fragen bilden. In diesem Fall wird meist die invertierte Verbform damit benutzt: **Lequel des deux appartements t'intéresse ?**, *Welche dieser zwei Wohnungen interessiert dich?*; **Il y a plein de viennoiseries : lesquelles voulez-vous ?**, *Es gibt viel Feingebäck: welches möchtet ihr?*
Wir werden später sehen, wie **quel/quelle** in der kombinierten Form mit einem Teilartikel angewandt wird.

SUPERLATIVE ADJEKTIVE

Die Superlativ-Form der Adjektive nutzt **plus** für Superiorität und **moins** für Inferiorität (Modul 11), zusammen mit dem definiten Artikel **le/la/les**:

C'est cher → C'est plus cher → C'est le plus cher,
Es ist teuer → Es ist teurer → Es ist der/das teuerste
Il est dangereux → Il est moins dangereux → Il est le moins dangereux,
Er/es ist gefährlich → Er/es ist weniger gefährlich → Er/es ist am wenigsten gefährlich
Wenn ein Nomen benutzt wird, steht es vor dem Superlativ-Wort:
C'est l'appartement le plus grand de l'immeuble,
Es ist die größte Wohnung des Gebäudes.
Je veux la tablette la moins chère,
Ich möchte das günstigste (das am wenigsten teure) Tablet.

UNREGELMÄSSIGE KOMPARATIVE UND SUPERLATIVE

Wie auf Deutsch (*gut → besser*), sind manche Komparativ- und Superlativ-Adjektive im Französischen unregelmäßig. Die zwei häufigsten sind **bon**, *gut* und **mauvais**, *schlecht, schlimm*. Die maskulinen Singular- und Plural-Formen sind:

bon	gut	meilleur	besser	le(s) meilleurs	die besten
mauvais	schlecht	pire	schlechter	le(s) pire(s)	die schlechtesten

Ce sont les meilleurs croissants de la ville, *Das sind die besten Croissants der Stadt.*
Le temps est pire aujourd'hui, *Das Wetter ist heute schlechter.*
Die femininen Singular- und Plural-Formen sind:

bonne	meilleure	les meilleures
mauvaise	pire	les pires

La faim est la pire chose au monde, *Hunger ist die schlimmste Sache auf der Welt.*
Wenn zwei Dinge oder Gruppen von Dingen verglichen werden, nutzt man **que**:
La bande-dessinée de *Napoléon* est meilleure que le film,
Das Comicbuch von Napoleon ist besser als der Film.
Les résultats de notre équipe sont pires que l'année dernière,
Die Ergebnisse unserer Mannschaft sind schlechter als letztes Jahr.

Ein Wort mit der gleichen Bedeutung wie **mauvais** ist das Adverb **mal**. Es wir nur mit Verben benutzt, die Existenz oder Empfindung ausdrücken (z.B. **être**, *sein*; **devenir**, *werden*; **entendre**, *hören*; **sentir**, *fühlen, riechen*; **sembler**, *(er-)scheinen*):
J'ai très mal aux pieds, *Meine Füße tun sehr weh.*
Zusätzlich zu einem regelmäßigen Komparativ und Superlativ (**plus mal**, **le plus mal**), hat **mal** eine unregelmäßige Form (**pis/le pis**), die in Unterhaltungen nur im Ausdruck **Tant pis**, *Schade, Macht nichts, Dumm gelaufen, Was soll's* benutzt wird.

▲ KONJUGATION
LE PASSÉ COMPOSÉ FÜR *-IR* VERBEN

Um das Perfekt-Tempus von Verben, die auf **-ir** enden, zu bilden, tilgt man das finale **r**, was wir Ihnen am Beispiel von **finir**, *beenden* zeigen:

j'ai fini	ich habe beendet	nous avons fini	wir haben beendet
tu as fini	du hast beendet	vous avez fini	Sie haben/ihr habt beendet
il/elle a fini	er/sie/es hat beendet	ils/elles ont fini	sie haben beendet

j'ai n'ai pas fini	ich habe nicht beendet	nous n'avons pas fini	wir haben nicht beendet
tu n'as pas fini	du hast nicht beendet	vous n'avez pas fini	Sie haben/ihr habt nicht beendet
il/elle n'a pas fini	er/sie/es hat nicht beendet	ils/elles n'ont pas fini	sie haben nicht beendet

est-ce que j'ai fini… ?	habe ich beendet…?	est-ce que nous avons fini… ?	haben wir beendet…?
est-ce que tu as fini… ?	hast du beendet…?	est-ce que vous avez fini… ?	haben Sie/habt ihr beendet…?
est-ce qu'il/'elle a fini… ?	hat er/sie/es beendet…?	est-ce qu'ils/'elles ont fini… ?	haben sie beendet…?

Wie für **-er**-Verben gilt die Regel zur Vermeidung des Hiatus in der dritten Person Singular und Plural der Frageform: **A-t-elle fini ?**, *Hat sie beendet?*; **Ont-ils fini ?**, *Haben sie beendet?* (Erinnern Sie sich, dass die Frageform durch angehobene Intonation und mit **est-ce que** der Standard in Unterhaltung und zwanglosem Schreiben sind.)

▲ ÜBUNGEN

1. SETZEN SIE DIESE VERBEN IN DIE VERGANGENHEITSFORM

a. Nous avons (*fournir*: ……………………..) tous les renseignements nécessaires.

b. Je (*réussir*, negierend: …………………….) à parler avec l'agent immobilier hier.

c. Vous (*remplir*, interrogativ: …………………….) le formulaire de rendez-vous sur notre site ?*

d. Ils (*convertir*: …………………….) la boulangerie en appartements.

* Nehmen Sie die 2. und 3. Frageform.

2. SETZEN SIE DIESE VERBEN IN DIE DRITTE FRAGEFORM

a. Tu as fini de manger. →

b. Ils ont réussi à vendre leur studio →

c. Nous avons réfléchi à votre question. →

d. Elles ont fourni les bonnes réponses à nos questions. →

3. SETZEN SIE DIESE ADJEKTIVE IN DIE KOMPARATIVE ODER SUPERLATIVE FORM

a. Le pain que tu fais est (*bon*, komparativ: ……………..) que la baguette de la boulangerie en bas.

b. C'est l'appartement (*cher*, superlative Superiorität: ……………..) de l'immeuble.

c. Pourquoi est-ce que ses résultats sont (*mauvais*, komparativ: ……………..) que ceux des autres ?

d. Je préfère les tablettes qui sont (*grand*, komparative Inferiorität: ……………..) et (*rapide*, komparative Superiorität: ……………..).

e. C'est vraiment (*mauvais*, Superlativ: ……………..) film de tous les temps !

4. ÜBERSETZEN SIE AUF FRANZÖSISCH

16

a. Die Ergebnisse ihrer (*3. Ps. Pl.*) Mannschaft sind schlechter als letzte Woche.
   – Was soll's.

b. Haben Sie/hast du nächste Woche etwas zu tun, Madeleine?*
   – Ich bin nicht ganz fertig.

c. Die Einzimmerwohnung im Erdgeschoss ist lauter und weniger hell als die Wohnung in der zweiten Etage.

d. All das ist sehr gut, aber haben Sie Ihr Studium beendet?**

e. Es gibt einen Lebensmittelladen und zwei Supermärkte in der Gegend.
   – Du bist nicht weit vom Stadtzentrum [entfernt], hoffe ich?

* Nehmen Sie die 1. Frageform
** Nehmen Sie die 2. und 3. Frageform

VOKABULAR

convertir *umwandeln*
déménager *umziehen (Wohnung, Büro, etc.)*
fournir *liefern, erbringen, leisten*
réfléchir (à) *nachdenken, überlegen*
remplir *(aus-)füllen*
réussir *schaffen, Erfolg haben*

un(e) agent immobilier *ein/e ImmobilienmaklerIn*
une baguette *ein Baguette*
une banlieue *ein Vorort, ein Stadtrand*
une boulangerie *eine Bäckerei*
un deux pièces *eine Zweiraumwohnung*
un centre commercial *ein Shoppingcenter*
le centre-ville *das Stadtzentrum*
le coin *die Ecke, die Gegend*
un garage *eine Garage*
une épicerie *ein Lebensmittelladen*
un étage *eine Etage, ein Geschoss*
les études *Studium*
un formulaire *ein Formular*
un immeuble *ein (Wohn-)Gebäude*
un logement *eine Wohnung*
un loyer *eine Miete*
le mail *die E-Mail, die Mail*
maman *Mama*
le pain *das Brot*
papa *Papa*
une pièce *ein Zimmer, ein Raum*
renseignement(s) *Informationen, Angaben* (siehe **renseigner**, Modul 9)
le rez-de-chaussée *das Erdgeschoss*
un supermarché *ein Supermarkt*
un studio *eine Einzimmerwohnung*
un truc *ein Ding, eine Sache, Zeug*
la viennoiserie *das Feingebäck*

bruyant *laut, geräuschvoll*
calme *ruhig*
clair *klar, hell*
dans les environs *in der Umgebung/Gegend*
meilleur/le meilleur *besser/am besten, der/das Beste*
pire/le pire *schlechter/am schlechtesten, der/das Schlechteste; schlimmer/am schlimmsten, der/das Schlimmste*
vert *grün*

Ça coûte les yeux de la tête *Es kostet ein Vermögen*
Tant pis *Schade, Macht nichts, Dumm gelaufen, Was soll's, Pech gehabt*

III

GESCHICHTEN

ERZÄHLEN

15.
MUSIK HÖREN
ÉCOUTER DE LA MUSIQUE

ZIELE

- ÜBER DIE VERGANGENHEIT SPRECHEN (FORTSETZUNG)
- BESITZTUM ANGEBEN
- BESITZ BESCHREIBEN

KENNTNISSE

- PERFEKT-FORM VON *-RE* VERBEN
- POSSESSIVPRONOMEN
- ORDINALZAHLEN
- STELLUNG VON ADJEKTIVEN

EIN ANGEBER!

(Agathe und Julien sprechen über einen „großen" Künstler)

– Kennst du Laurent Lacombe?

– Und wie! Ich habe seine Karriere seit *(dem)* Beginn verfolgt.

– Er ist wirklich sehr gut *(stark)*: Autor, Musiker, Komponist, Schauspieler: er kann alles *(weiß alles zu machen)*, dieser Typ!

– Sein einziger schwacher Punkt ist sein Mangel an Bescheidenheit. Er hat etwa zehn Bücher geschrieben, [in] mehr als sechs Filmen Regie geführt *(in Szene gesetzt)* und vier oder fünf der größten ausländischen Autoren übersetzt.

– *(Ich,)* Ich kenne ihn durch meine Freundin, die Buchhändlerin ist.

– Ich mag *(die)* Kriminalromane und seine *(die seinen)* sind unter den besten.

– Ich habe sein letztes Buch gelesen: es ist sehr stark, aber ich habe nicht wirklich seine Botschaft verstanden.

– Aber hast du sein Theaterstück gesehen? Das ist nicht sehr lustig. Eigentlich ist es schrecklich traurig.

– Ja ich weiß. Aber das ist ein bisschen normal. Lacombe hat seine Mutter und seinen Vater vor 20 Jahren in einem Autounfall verloren. Aber er hat weiter geschrieben und Platten produziert – er ist auch ein ausgezeichneter Musiker.

– Ja, ich habe erfahren *(gelernt)*, dass er Klavier, Gitarre und afrikanische Instrumente spielt.

– Ich habe mir die Platte angehört, die er mit seiner neuen Band aufgenommen hat. Mist, ich habe den Titel vergessen: wo habe ich mein Tablet hingetan? Ah, da ist es.

– Warte kurz *(einen Augenblick)*: ist es meins oder deins?

– Entschuldige, ich habe deins genommen. Dieses alte Ding hier ist meins *(das meine)*.

– Schauen wir [mal]: ich habe seine Internetseite geöffnet. Seine erste Platte heißt *Moi* und seine zweite ist *Moi-même*. Aber es ist die dritte, die wirklich die beste ist: ihr Titel ist: *Bescheidenheit: der größte Künstler aller Zeiten*.

🔊 17   UN CRÂNEUR !

(Agathe et Julien parlent d'un « grand » artiste)

— Tu connais Laurent Lacombe ?

— Et comment ! J'ai suivi sa carrière depuis le début.

— Il est vraiment très fort : auteur, musicien, compositeur, comédien : il sait tout faire, ce type !

— Son seul point faible, c'est son manque de modestie. Il a écrit une dizaine de bouquins, mis en scène plus de six films et traduit quatre ou cinq des plus grands auteurs étrangers.

— Moi, je l'ai connu par ma copine, qui est libraire.

— J'aime les romans policiers, et les siens sont parmi les meilleurs.

— J'ai lu son dernier livre : c'est très fort mais je n'ai pas vraiment compris son message.

— Mais as-tu vu sa pièce de théâtre ? Ce n'est pas très drôle. En fait, c'est horriblement triste.

— Oui je sais. Mais c'est un peu normal. Lacombe a perdu sa mère et son père dans un accident de voiture il y a vingt ans. Mais il a continué à écrire et à produire des disques – c'est un excellent musicien aussi.

— Oui, j'ai appris qu'il joue du piano, de la guitare et des instruments africains.

— J'ai écouté le disque qu'il a enregistré avec son nouveau groupe. Zut, j'ai oublié le titre : où est-ce que j'ai mis ma tablette ? Ah, la voilà.

— Attends un instant : c'est la mienne ou la tienne ?

— Pardon, j'ai pris la tienne. Ce vieux truc ici est le mien.

— Voyons voir : j'ai ouvert son site internet. Son premier disque s'appelle *Moi* et son deuxième est *Moi-même*. Mais c'est son troisième qui est vraiment le meilleur : son titre est : *Modestie : le plus grand artiste de tous les temps*.

■ DEN DIALOG VERSTEHEN
FORMULIERUNGEN UND REDEWENDUNGEN

→ **premier**, **deuxième**, **troisième**, etc. sind Ordinalzahlen. Zum Großteil werden sie durch das Addieren von **-ième** an die Kardinalzahl geformt (wie -e/r/s auf Deutsch):

un	→	premier/première	1.	six	→	sixième	6.
deux	→	deuxième	2.	sept	→	septième	7.
trois	→	troisième	3.	huit	→	huitième	8.
quatre	→	quatrième	4.	neuf	→	neuvième	9.
cinq	→	cinquième	5.	dix	→	dixième	10.

– Die Hauptausnahme ist **premier**: die einzige Ordinalzahl, die als Adjektiv ihrem Nomen in Numerus und Genus angeglichen wird: **mon premier disque, ma première guitare, mes premiers films, mes premières pièces de théâtre**.
– Es gibt einen Unterschied zwischen **deuxième** und **second**: letzteres referiert auf Eins von Zweien, aber im Alltags-Französisch kann ersteres für beides benutzt werden.
– Es gibt ein paar kleine Änderungen der Schreibweise: das finale **e** von **quatre** wird vor dem Anhängen der Endung getilgt: **quatrième**; das **f** von **neuf** wandelt sich zu **v**: **neuvième** und ein **u** wird an **cinq** gehängt: **cinquième**.
– Für die Ordinalzahlen von 11 aufwärts gilt das gleiche Prinzip (**onzième**, **douzième**, etc.) mit einer Hand voll wichtiger Ausnahmen, insbesondere 21. → **vingt et unième**, 31. **trente et unième**, etc. (nicht **premier**).
– Die Abkürzung von **-ième** ist ein einfaches **e**: 2e, 4e, etc. ($1^{er}/1^{re}$ für 1.). Dieser Ordinal-Buchstabe wird immer hochgestellt.
– Ordinal-Adjektive stehen immer vor dem Nomen: **le premier jour**, der erste Tag; **le troisième homme**, der dritte Mann; etc.

→ Verwechseln Sie nicht **écouter**, zu-/anhören und **entendre**, hören (Modul 9). Sie tragen beide keine Präposition: **Écoutez cette chanson**, Hören Sie sich dieses Lied an; **J'ai entendu beaucoup de choses sur ce chanteur**, Ich habe viel über diesen Sänger gehört.

→ **une librairie**, eine Buchhandlung und **un(e) libraire**, ein/e BuchhändlerIn kommt von **un livre**, ein Buch. Ganz ähnlich zum Deutschen bedeutet **une bibliothèque**, eine Bibliothek und **un(e) bibliothécaire**, ein/e BibliothekarIn.

→ **un(e) comédien(ne)**, bedeutet ein(e) SchauspielerIn – und nicht ein(e) KomikerIn (**un(e) comique**), wie man vielleicht annehmen könnte. Ein Ratschlag: **Faites très attention aux faux amis !**, Passen Sie auf falsche Freunde auf!

→ **fort** meint meistens *stark*: **Le vent est très fort aujourd'hui**, *Der Wind ist heute sehr stark*. Der gleiche Begriff der Stärke kann ausgeweitet werden, um *großartig, kraftvoll, kompetent*, etc. zu bedeuten: **C'est un film très fort**, *Das ist ein sehr kraftvoller Film*. Das Gegenteil ist **faible**, *schwach* und erweitert *knapp, kraftlos, gering*, etc.: **Mon salaire est beaucoup trop faible**, *Mein Gehalt ist viel zu gering*. (Die feminine Form von **fort** ist **forte**, aber **faible** ist sowohl maskulin als auch feminin Singular.)

→ **Voyons voir** (wörtl. *Sehen wir sehen*), *Schauen wir mal, Lass uns/mich gucken* wird genutzt, um anzugeben, dass die sprechende Person nachdenkt oder etwas plant: **Passe-moi le bouquin. – Voyons voir, où est-ce que je l'ai mis ?**, *Gib mir das Buch. – Lass mich schauen, wo habe ich es hingetan?*

KULTURELLER HINWEIS

Frankreich ist sehr stolz auf seinen Beitrag zur **culture**, *Kultur*. Es hat eine spezielle Regierungsabteilung, **le Ministère de la culture**, in 1959 aufgestellt, um ein sehr weites Feld an künstlerischen, kreativen und Kulturgut-verbundenen Aktivitäten zu betreuen. Es inkludiert **le cinéma**, *Kino, Filmbranche*; **la musique**, *Musik*; **l'art**, *Kunst*; **la danse**, *Tanz* und **le théâtre**, *Theater*. Frankreich genießt ein Reichtum an kreativem Talent, darunter **les écrivain(e)s**, *SchriftstellerInnen*; **les musicien(ne)s**, *MusikerInnen*; **les metteurs/metteuses en scène**, *RegisseurInnen*; **les scénaristes**, *DrehbuchautorInnen*; **les chorégraphes**, *ChoreografInnen* und **les plasticien(ne)s**, *bildende KünstlerInnen*. Aber **la culture** ist sehr umfangreich und umfasst auch Rap, Graffiti, Comicbücher und viele weitere Fächer. Eine der symbolischen kulturellen Veranstaltungen ist **la Fête de la musique**, „*die Feier der Musik*": ein 24-stündiges Fest der Musik, am 21. Juni im ganzen Land, von prestigeträchtigen Konzert-Orten bis zu Straßenecken-Bühnen. 1983 eingeführt vom Ministerium, wird es nun in mehr als 100 Ländern weltweit zelebriert. **Le Ministère de la culture** ist auch verantwortlich für den Schutz und den Erhalt der französischen Sprache, indem es das Benutzen anderer Sprachen in Rundfunk, Werbung und anderen Sektoren limitiert und reguliert – vor allem Englisch.

◆ GRAMMATIK
POSSESSIVPRONOMEN: *LE MIEN*, ETC.

Diese Pronomen können Nomen ersetzen, meist um Wiederholungen zu meiden (*meine Freundin → meine*). Sie sehen wie folgt aus:

(+ deklinierte Form)	mask. Singular	fem. Singular	mask. Plural	fem. Plural
mein	le mien	la mienne	les miens	les miennes
dein	le tien	la tienne	les tiens	les tiennes
sein/ihr	le sien	la sienne	les siens	les siennes
unser	le nôtre	la nôtre	les nôtres	les nôtres
Ihr/euer	le vôtre	la vôtre	les vôtres	les vôtres
ihr	le leur	la leur	les leurs	les leurs

Anders als im Deutschen werden sie immer vom definiten Artikel begleitet. Es gibt vier Varianten für jedes der Singular-Pronomen, aber nur drei für die Plural-Form (und **vous**, *Sie*). Beachten Sie, dass **nôtre** und **vôtre** beide mit einem Zirkumflex geschrieben werden, um sie von den possessiven Adjektiven **notre** und **votre** zu unterscheiden. Ein wichtiger Punkt ist, dass Possessivpronomen in Genus und Numerus mit dem Nomen übereinstimmen, das sie beschreiben – nicht mit der Person, die es „besitzt". Wenn also ein Mann oder eine Frau nach dem Aufenthaltsort ihres Tablets (**une tablette**) fragen, würden beide sagen: **Où est la mienne ?**, *Wo ist meins?*. Ebenso in der dritten Person kann **Ce livre est le sien** mit *Dieses Buch ist seins* und *ihres* übersetzt werden.

IL Y A FÜR „VOR" + ZEITANGABE

Wir wissen, dass **il y a** *es gibt/es sind* bedeutet (Modul 5). Wenn es jedoch mit einem Verb in der Vergangenheitsform und einer Zeitangabe benutzt wird, heißt es *vor*. Es kommt vor die Zeitspanne, wie im Deutschen:

J'ai lu Les Misérables il y a vingt ans, *Ich habe Les Misérables vor 20 Jahren gelesen*.

Der Ausdruck kann auch am Satzanfang stehen:

Il y a dix ans, elle a perdu son mari, *Vor zehn Jahren hat sie ihren Mann verloren*.

▲KONJUGATION
LE PASSÉ COMPOSÉ FÜR DIE DRITTE VERB-GRUPPE

Die Verben dieser Gruppe enden auf **-re**, **-ir** oder **-oir** (plus **aller**). Die meisten sind unregelmäßig, aber sie können in Kategorien unterteilt werden, die identischen Mustern folgen, sodass Sie nur eine limitierte Anzahl von Formen lernen müssen. In diesem Modul sehen wir verschiedene Typen von **-re**-Verben im Perfekt, die mit **avoir** und dem Partizip Perfekt gebildet werden.

Regelmäßige Verben der **-re**-Gruppe bilden das Partizip Perfekt, in dem ein **-u** an den Stamm gehängt wird:

attendre	warten	attendu
connaître	kennen	connu
descendre	heruntergehen, aussteigen	descendu
entendre	hören	entendu
perdre	verlieren	perdu
répondre	antworten	répondu

Nous avons attendu plus de trois heures, *Wir haben mehr als 3 Stunden gewartet.*
Avez-vous répondu à la lettre de votre frère ?, *Habt ihr auf den Brief eures Bruders geantwortet?*
Il n'a pas entendu le téléphone, *Er hat das Telefon nicht gehört.*

Unter den unregelmäßigen **-re**-Verben gibt es eine Kategorie, die auf **prendre**, *nehmen* basiert, die ihr Partizip Perfekt durch Addieren von **-is** an den Stamm formen:

prendre	nehmen	pris
apprendre	lernen	appris
comprendre	verstehen	compris

Andere Verben, die **prendre** als Wurzel nehmen, wie **surprendre**, *überraschen* folgen normalerweise diesem Muster – aber verifizieren Sie immer!

Eine weitere Kategorie bildet ihr Partizip Perfekt, indem sie **-re** durch **t** ersetzen:

conduire	fahren (i. S. v. am Steuer sein)	conduit
écrire	schreiben	écrit
traduire	übersetzen	traduit

Das unregelmäßige Verb **mettre** trägt **mis** als Partizip Perfekt. Es ist zugleich Wurzel für mehr als zehn weitere Verben, die dem gleichen Muster folgen. Diese beinhalten u.a. **admettre → admis**, *zugeben*; **permettre → permis**, *erlauben* und **transmettre → transmis**, *vermitteln, senden.*
Wie im Deutschen, kann das Partizip Perfekt als Adjektiv verwendet werden und daher mit dessen Nomen kongruieren: **une chose permise**, *eine erlaubte Sache.*

⬢ ÜBUNGEN

1. SETZEN SIE DIESE VERBEN INS PERFEKT

a. Il (*apprendre*: …................) le piano et la guitare avec un excellent professeur.

b. (*répondre*, interrogativ*, toi: …..........) à sa lettre ? - Oui je *(répondre*: …...........) hier.

c. Je (*lire*, negierend: …...................) son dernier livre.

d. Comment (*connaître*, interrogativ**, vous:….............................) ce musicien ? – Par mon copain, Gilles.

e. Je (*apprendre*: …......................) le texte mais je (*comprendre*, negierend …...............) son message.

* 3. Frageform
** 2. Frageform

2. ERSETZEN SIE DIE UNTERSTRICHENEN WÖRTER MIT EINEM POSSESSIVPRONOMEN

a. Est-ce que je peux prendre cette tablette ? J'ai perdu <u>ma tablette</u>. →

b. Ceci est mon couteau n'est-ce pas ? – Non, c'est <u>mon couteau</u>.→

c. J'ai oublié mes cartes. Est-ce que tu as <u>tes cartes</u> ?→

d. Ce sont mes bouquins ? Non, ce sont <u>nos bouquins</u>.→

e. Je vais prendre ce gâteau. Je n'aime pas <u>leurs gâteaux</u>.→

3. GLEICHEN SIE DIESE ADJEKTIVE AN UND SETZEN SIE SIE AN DIE RICHTIGE STELLE; VOR ODER HINTER DIE NOMEN

a. **vieux(vieille)/bleu(e)** : Michel est un _ _ _ copain _ _ _ qui habite la _ _ _ maison _ _ _ là-bas.→

b. **intelligent(e)/sympathique** : C'est une _ _ _ _ femme _ _ _ _ et elle a un _ _ _ _ mari _ _ _ _.→

c. **mauvais(e)/grand(e)** : J'ai une _ _ _ nouvelle _ _ _ : le _ _ _ _ musicien _ _ _ Hugo Prat est mort.→

d. **petit(e)/rouge** : Les _ _ _ verres _ _ _ sont dans le _ _ _ placard _ _ _ .→

e. **deuxième/meilleur** : *Modestie* est son _ _ _ _ disque _ _ _ _. C'est aussi son _ _ _ _ disque _ _ _ _.→

● VOKABULAR

enregister *aufnehmen*
jouer *spielen*
mettre en scène *Regie führen*
oublier *vergessen*
perdre *verlieren*
produire *produzieren*
suivre *folgen*
traduire *übersetzen*

un(e) auteur(e) *ein/e AutorIn*
un bouquin *ein Buch* (ugs.)
un(e) comédien(nne) *ein/e SchauspielerIn*
un(e) compositeur/-rice *ein/e KomponistIn*
un copain/une copine *ein/e (feste/r) FreundIn*
un disque *eine Platte*
un(e) libraire *ein/e BuchhändlerIn*
une librairie *eine Buchhandlung*
un manque *ein Mangel, ein Fehlen*
la modestie *die Bescheidenheit*
un(e) musicien(nne) *ein/e MusikerIn*
une pièce de théâtre *ein Theaterstück*
un roman (policier) *ein (Kriminal-) Roman*
une tablette *ein Tablet; eine Tablette*
un titre *ein Titel*
un type *ein Typ*

africain(e) *afrikanisch*
étranger *ausländisch*
drôle *lustig, witzig, komisch*
fort *stark, kraftvoll, großartig*
horrible(ment) *schrecklich, furchtbar*
triste *traurig*

Voyons voir *Lass uns/mich schauen, Schauen wir mal*
Zut ! *Mist!, Verdammt!*

4. ÜBERSETZEN SIE AUF FRANZÖSISCH

a. Wo hat er sein Tablet hingetan?* – Hier ist es. – Aber es ist nicht seins; es ist meins.

b. Was hat er dir gesagt?* – Dass er seine Mutter vor 20 Jahren verloren hat.

c. Armand ist Bibliothekar unter (während) der Woche, aber er arbeitet samstags und sonntags in einer Buchhandlung.

d. Und was macht seine Frau? – Sie ist eine ausgezeichnete Schauspielerin.

e. Ich habe sein/ihr erstes Theaterstück letzte Woche gesehen, aber ich habe nicht wirklich die Botschaft verstanden.

* 2. Frageform

Da das Ziel dieses Buches ist, Ihnen Alltags-Französisch beizubringen, fügen wir regelmäßig Formulierungen und Redewendungen ein, die zwar nicht salopp, aber dennoch umgangssprachlich sind. In diesem Modul haben wir z.B. gelernt:
- **un bouquin**, Synonym von **un livre**, *ein Buch*
- **un copain/une copine**, *ein (fester) Freund* oder *eine (feste) Freundin*
- **un type**, *ein Typ*
- **Zut !**, entspricht *Mist!* oder *Verdammt!*

Der Grund für das Einfügen dieser Ausdrücke ist, dass Sie ihnen zwangsläufig begegnen werden, wenn Sie regelmäßig mit MuttersprachlerInnen interagieren, sodass es wichtig ist, sie zu kennen. Allerdings empfehlen wir Ihnen nicht, sie zu benutzen, bevor Sie sich in der Sprache zuhause fühlen!

16.
DIE GESCHICHTE EINES LEBENS

L'HISTOIRE D'UNE VIE

ZIELE
- ÜBER DIE VERGANGENHEIT SPRECHEN (FORTSETZUNG)
- EINEN ABLAUF VON EREIGNISSEN BESCHREIBEN
- JAHRE BESPRECHEN

KENNTNISSE
- PERFEKT MIT *ÊTRE* STATT *AVOIR*
- *TOUT/TOUTE/TOUS/TOUTES*

ER IST WIRKLICH BEGABT!

– Hast du schon *(die Nachricht)* gehört? Paul Vandertramp ist gestern im Alter von 99 Jahren gestorben.

– Vandertramp, der Wissenschaftler? Bist du sicher?

– Absolut. Ich habe es eben *(alles an die Stunde)* auf lesinfos.fr gelesen. Hier [ist] der Artikel: „*(Der)* Doktor Vandertramp ist am 1. März 1925 in Deutschland geboren, mit *(von)* einem deutschen Vater und einer französischen Mutter. Die ganze Familie – drei Mädchen und ein Junge, sowie die *(beiden)* Eltern – ist im [Jahre] 1936 weggegangen. Sie sind an Südamerika vorbeigekommen und sind acht Monate später in Kanada angekommen".

– Und dann?

– „[Als] glänzender Schüler, hat Paul zunächst *(in einer ersten Zeit)* *(das)* Jura studiert. Er ist im Alter von 17 Jahren in die Universität eingetreten und zwei Jahre später mit einem Abschluss in [der] Tasche hinausgekommen. In weniger als fünf Jahren hat er seinen Magister und seinen Doktor erlangt. Er ist daraufhin einer der jüngsten Anwälte des Landes geworden, spezialisiert auf *(in den)* Menschenrechte."

– Er ist wirklich begabt!

– „Er hat sich in eine Französin verliebt *(ist verliebt gefallen)*, eine junge Wissenschaftlerin, [die er] 1956 in Paris kennengelernt hat und an Weihnachten haben sie *(sich)* geheiratet. Sie sind zurück nach Frankreich gekommen und Paul hat seine Karriere komplett geändert. Er ist nicht zur Uni zurückgekehrt, sondern *(aber)* in eine Eliteuniversität *(große Schule)* in Lyon gegangen. Der Doktor und Frau Vandertramp sind zusammen nach Paris *(hoch-)*gegangen, wo sie etwa *(während)* 30 Jahre geblieben sind. Sie haben ohne Unterlass gearbeitet, jeden Tag *(all die Tage)* und jede Woche, zum Erfinden von Medikamenten. *(Der)* Dr. Vandertramp ist plötzlich krank geworden *(gefallen)* und ist kurze Zeit später gestorben."

IL EST VRAIMENT DOUÉ !

— As-tu entendu la nouvelle ? Paul Vandertramp est mort hier à l'âge de quatre-vingt-dix-neuf ans.

— Vandertramp, le scientifique ? Tu es sûre ?

— Tout à fait. Je l'ai lu tout à l'heure sur lesinfos.fr. Voici l'article : « Le docteur Paul Vandertramp est né en Allemagne le 1er mars mil neuf cent vingt-cinq d'un père allemand et une mère française. Toute la famille – trois filles et un garçon ainsi que les deux parents – est partie en mil neuf cent trente-six. Ils sont passés par l'Amérique du sud et sont arrivés huit mois plus tard au Canada ».

— Et ensuite ?

— « Brillant élève, Paul a étudié le droit dans un premier temps. Il est entré à l'université à l'âge de dix-sept ans, et il est sorti deux ans plus tard avec une licence en poche. En moins de cinq ans, il a obtenu sa maîtrise et son doctorat. Il est devenu ensuite un des plus jeunes avocats du pays, spécialisé dans les droits de l'Homme. »

— Il est vraiment doué !

— « Il est tombé amoureux d'une Française, une jeune scientifique rencontrée à Paris en mil neuf cent cinquante-six, et ils se sont mariés à Noël. Ils sont revenus en France, et Paul a changé complètement de carrière. Il n'est pas retourné à la fac mais est allé dans une grande école à Lyon. Le docteur et madame Vandertramp sont montés ensemble à Paris, où ils sont restés pendant une trentaine d'années. Ils ont travaillé sans cesse, tous les jours et toutes les semaines, à inventer des médicaments. Le docteur Vandertramp est tombé malade soudainement et il est mort peu de temps après. »

■ DEN DIALOG VERSTEHEN
FORMULIERUNGEN UND REDEWENDUNGEN

→ **un point** entspricht mit seinen mehreren Bedeutungen dem vielfältigen *Punkt*. Domainnamen werden größtenteils wie im Deutschen ausgesprochen: entweder als einzelne Buchstaben (**.fr** → [pua ef er]) oder, wo möglich, als Silbe (**.com** → [pua kom]). Das @-Symbol wird oft wie das englische *at* ausgesprochen, aber der Begriff der Drucktechnik **arobase** [arobas] (ein feminines Nomen) wird bevorzugt. Also wird z.B. eine E-Mail-Adresse auf **@dmail.com**, endend [arobas diemäil pua kom] ausgesprochen.

→ Das Französische benutzt in Daten die Grundzahlen, also ist z.B. *der 25. Februar* **le vingt-cinq février**. Einfach! Die einzige Ausnahme ist der erste Tag des Monats, für den die maskuline Ordnungszahl **le premier** benutzt wird: **le premier mars**, *der 1. März*, etc.

→ Über Jahreszahlen spricht man mithilfe regulärer Zahlen, also ist 728 **sept cent vingt-huit**, 1066 **mille soixante-six** und 2019 **deux mille dix-neuf** (**mille** wird für Jahre zwischen 1001 und 1999 manchmal **mil** geschrieben; die Aussprache ist identisch). Alternativ kann man für die Jahre von 1100 bis 1999 die vierstellige Nummer in Paare aufteilen, getrennt durch das Wort **cent**, *hundert*: 1536 **quinze cent trente-six**, 1756 **dix-sept cent cinquante-six**, etc. Diese Methode funktioniert offensichtlich nicht für das gegenwärtige Jahrhundert (2022 z.B. ist **deux mille vingt-deux**). Um die Ära v. Chr. oder n. Chr. zu spezifizieren, schreibt man **av. J-C** (**avant Jésus-Christ**, ausgesprochen [schesü kriest]) und **ap. J-C** (**après Jésus-Christ**). Die „neutralen" Formen *vor unserer Zeitrechnung (v. u. Z.)* und *unserer Zeitrechnung* heißen **avant l'ère commune (ACE)** und **de l'ère commune (EC)**, aber sind nicht sehr geläufig. Wenn man auf ein bestimmtes Jahr referiert, z.B. *das Jahr 2026*, benutzt man **l'année**: **l'année 2026**. Aber Jahre, die auf null enden, bezeichnet man als **l'an** (beispielsweise **l'an 2000**).

→ **la loi** bezieht sich auf *das Gesetz*; **le droit** bedeutet *das Recht* oder *Jura*: **J'ai le droit de prendre des vacances**, *Ich habe das Recht Urlaub zu nehmen*. Die geläufige Formulierung **les droits de l'Homme**, *die Menschenrechte* wird mehr und mehr durch einen modernen und akkuraten Begriff ersetzt: **les droits humains**.

→ Viele auf **-e** endende maskuline Nomen haben keine feminine Form in dem Sinne und können „feminisiert" werden, indem einfach der Artikel umgewandelt wird. Das ist vor allem für Berufe der Fall. Also wird z.B. **un détective**, *ein Detektiv*; **un juge**, *ein Richter* und **un scientifique**, *ein Wissenschaftler* zu **une détective**, **une juge** und **une scientifique**, wenn die betreffende Person weiblich ist. Im Französischen strebt man wie im Deutschen nach Einzelform-Wörtern, um beide Geschlechter zu umfassen, aber auch im Französischen ist das keine schnelle und einfache Angelegenheit. Es kann ebenfalls zu einem sehr politischen Thema werden (sollte man **une**

professeur, **une professeure** oder ein völlig anderes Wort sagen?). Das letzte Wort ist hier noch nicht gesprochen, weshalb wir uns in diesem Kurs an die herkömmlichen Regeln halten, jedoch auftretende Ausnahmen hervorheben.

→ Wir haben in Modul 12 gelernt, dass **tout à l'heure** *später, gleich* bedeutet, aber wenn Sie es mit einem Verb in der Vergangenheitsform benutzen, heißt es *eben, vorhin*: **Je te rappelle tout à l'heure**, *Ich rufe dich gleich zurück*; **Elle m'a rappelé tout à l'heure**, *Sie hat mich vorhin angerufen*. Der Kontext macht die Bedeutung ersichtlich.

KULTURELLER HINWEIS

Die meisten *der Studierenden*, **les étudiants**, die in Frankreich ein *Hochschulstudium*, **les études supérieures**, anstreben gehen in *eine Universität*, **une université** (manchmal als **une faculté**, *eine Fakultät* bezeichnet oder in der Alltagssprache **une fac**). Wie in vielen europäischen Ländern, hat das Diplom-System drei Levels: **la licence**, entspricht dem *Bachelorabschluss*; **une maîtrise**, *ein Magister, Master* und **le doctorat**, *das Doktorat, die Promotion*. Der allgemeine Terminus für eine Hochschulqualifikation ist **un diplôme**, *ein Diplom*, was in Ausdrücken wie **Elle est diplômée de Sciences Po**, *Sie hat einen Abschluss in Politikwissenschaften* verwendet werden kann.

Neben den Universitäten gibt es mehrere Elite-Institutionen für höhere Bildung, **les grandes écoles** (wörtl. *große Schulen*, wobei der Begriff schwierig zu übersetzen ist), die Abschlüsse in Wirtschaft- bis Politikwissenschaften anbieten. Eine der renommiertesten **grandes écoles** ist **l'École nationale d'administration**, oder **l'ENA**, deren Absolventen, genannt **les énarques**, in den oberen Rängen der Wirtschaft und Politik zu finden sind. Frankreich hat auch ein staatlich reguliertes System beruflicher Weiter- und Fortbildungen, **la formation professionnelle continue** (vom Verb **former**, *ausbilden*), gefördert von der Zentralregierung, regionalen Ämtern und Unternehmen. Die Wichtigkeit der Bildung im Allgemeinen wird im Sprichwort **Sans éducation, l'enfant est orphelin**, *Ohne Bildung ist das Kind Waise* treffend zusammengefasst.

◆ GRAMMATIK
ALLES ÜBER *TOUT*

Tout und seine Ableitungen gehören zu den am härtesten arbeitenden Wörtern im Französischen, da sie als Adjektive, Adverbien, Pronomen und, in manchen Fällen, Nomen fungieren. Die Grundbedeutung ist *alle/s, jede/r/s, ganz/e/r/s*, und manchmal *sehr*.

Die Adjektiv-Form wird immer in Genus und Numerus mit dem jeweiligen Nomen angeglichen und geht ihm immer voraus. Die vier Formen sind **tout** (maskulin Singular), **toute** (feminin Singular), **tous** (maskulin Plural) und **toutes** (feminin Plural).

Merken Sie sich diesen Satz:
Les amis sont à la maison tous les jours (mask. Plu.) **et toutes les semaines** (fem. Plu.) : **ils mangent tout le pain** (mask. Sing.) **et toute la confiture** (fem. Sing.).

Tout bestimmt nicht nur Nomen, sondern auch possessive und demonstrative Adjektive:
Toute ma famille vit dans le Midi, *Meine ganze Familie wohnt im Midi.*
Tous ces gens sont ici pour nous aider, *All diese Leute sind hier, um uns zu helfen.*
Was die Aussprache betrifft, sind **tout** und **tous** identisch ([tu]), sowie **toute** und **toutes** auch ([tut]).

Als Adverb ist **tout** fast immer unveränderlich:
Allez tout droit et tourner à gauche, *Gehen Sie geradeaus und biegen Sie links ab.*
Wenn es mit einem anderen Adverb benutzt wird, heißt es *sehr*:
Le dimanche matin, elle se réveille tout doucement, *Sonntagmorgens wacht sie sehr/ganz behutsam auf.*
Drei geläufige Ausdrücke, in denen **tout** ein Adverb ist, sind **tout droit**, *geradeaus* (Modul 5), **tout à l'heure**, *später, vorhin* (siehe oben) und **tout à fait**, *absolut* (Modul 14).

Als Pronomen gibt es nur drei Varianten: **tout**, **tous** und **toutes**:
Tout est possible !, *Alles ist möglich!*
Où sont les enfants? – Ils sont tous dans la chambre, *Wo sind die Kinder? – Sie sind alle im Zimmer.*
Elles sont toutes arrivées en retard, *Sie (d.h. Frauen) sind alle zu spät gekommen.*
Bezüglich der Aussprache werden **tout** und **toutes** wie die Adjektiv-Formen ausgesprochen [tu/tut], aber das finale **s** von **tous** ist stimmhaft: [tuss].

Erinnern Sie sich auch an **pas du tout** und **rien du tout**, *überhaupt nicht(s).*
Wir haben in diesem Kurs bisher eine Vielzahl nützlicher Redewendungen mit **tout** gesehen, vor allem **tout le monde**, *alle, jeder* und **en tout cas**, *auf jeden Fall* (Modul 5); **tout de suite**, sofort (Modul 6), **tout le temps**, *die ganze Zeit* (Modul 10) und **tout à l'heure**, *vorhin* (siehe Dialog).

PEU

Verwechseln Sie nicht die Adverbien **un peu** und **peu de** (siehe Modul 5). Ersteres kann nur mit einem unzählbaren Nomen verwendet werden und drückt eine Präsenz aus, während **peu de** (kein Artikel) mit zählbaren und unzählbaren Substantiven stehen kann, aber eine Abwesenheit oder Beschränkung ausdrückt. Vergleichen Sie **J'ai un peu de temps**, *Ich habe ein bisschen Zeit* und **J'ai peu de temps**, *Ich habe wenig Zeit.* **Peu** kann für sich allein hinter einem Verb stehen, um die gleiche Bedeutung zu vermitteln: **Il lit très peu**, *Er liest sehr wenig.*

▲KONJUGATION
LE PASSÉ COMPOSÉ MIT *ÊTRE* ANSTATT *AVOIR* ALS HILFSVERB

Wir wissen, dass die Mehrheit der Verben **avoir** als Hilfsverb nimmt, um das Perfekt zu bilden. Aber eine Gruppe gewöhnlicher Verben benutzt **être**. Mithilfe von DR. & MRS* P. VANDERTRAMP, bzw. deren Initialen, kann man sie sich merken:
Devenir, *werden*; **R**evenir, *zurückkommen*; **M**ourir, *sterben*; **R**etourner, *zurückkehren*; **S**ortir, *hinausgehen*; **P**artir, *weggehen*; **V**enir, *kommen*; **A**rriver, *ankommen*; **N**aître, *geboren werden*; **D**escendre, *heruntergehen*; **E**ntrer, *eintreten*; **R**entrer, *zurückkommen*; **T**omber, *fallen*; **R**ester, *bleiben*; **A**ller, *gehen*; **M**onter, *hinaufgehen*; **P**asser, *vorbeigehen*
Diese 17 Verben drücken alle entweder Bewegung oder eine Änderung des Zustandes aus (vor allem bei **naître** und **mourir**!). Es gibt noch mehr dieser Verben, aber sie werden weniger häufig verwendet.
Im Perfekt werden sie in Numerus und Genus mit dem/den Subjekt(en) angeglichen:
Le docteur est allé à la conférence hier ABER **Le docteur et son collègue sont allés à la conférence hier,** *Der Doktor ist/Der Doktor und sein Kollege sind gestern auf die Konferenz gegangen.*
Paul est tombé amoureux de Marie, mais Marie n'est pas tombée amoureuse de Paul, *Paul hat sich in Marie verliebt, aber Marie hat sich nicht in Paul verliebt.*
Est-ce que les filles sont rentrées ? – Non, elles sont sorties il y a seulement deux heures, *Sind die Mädchen zurückgekommen? – Nein, sie sind erst vor 2 Stunden hinausgegangen.*
Bedenken Sie, dass **vous** Singular und Plural sein kann: **À quelle heure êtes-vous arrivé ?** (mask. Singular) ABER **À quelle heure êtes-vous arrivés ?** (mask. Plural). Die Aussprache bleibt natürlich gleich.
In einem Satz mit einem maskulinen und femininen Plural-Subjekt, nimmt das Partizip Perfekt das maskuline Genus an: **Paul et sa femme sont rentrés hier soir**, *Paul und seine Frau sind gestern zurückgekommen.*
Fünf der 17 Verben haben unregelmäßige Partizipien: **venir** (**venu**) und seine Ableitungen **revenir** (**revenu**) und **devenir** (**devenu**); neben **naître** (**né**) und **mourir** (**mort**).

Ein paar intransitive Verben können auch transitiv benutzt werden, d.h. ein direktes Objekt tragen (oft wie im Deutschen): **Nous avons passé trois jours à Nîmes à Noël**, *Wir haben an Weihnachten 3 Tage in Nîmes verbracht* (transitiv) ABER **Trois bus sont passés sans s'arrêter**, *Drei Busse sind vorbeigefahren ohne zu halten.* Da dieses duale Format recht selten ist, werden Sie sich die betroffenen Verben gut merken können. Und selbst wenn Sie einen Fehler machen, wird man sie verstehen!

---
* Mrs aus dem Englischen für „Frau", bzw. „Fr."

● ÜBUNGEN
1. SETZEN SIE DIESE VERBEN INS PERFEKT

a. J'attends nos filles. Elles (*sortir*: ……………………) tout à l'heure mais elles (*rentrer*, negierend: ……………………) encore.

b. Est-ce que le docteur Bellier (*partir*: ……………………………) ? – Oui, il (*partir*: ……………………) il y a une heure.

c. Les deux sœurs (*naître*: ……………………) en 1901 et elle (*mourir*) en 1999.

d. Nous* (*sortir*: ……………………) à pied ce matin mais nous (*aller*, negierend: ……………………) très loin.

e. Le directeur et sa femme (*arriver*: ……………………) ce matin mais ils (*partir*: ……………………) déjà.

* Maskulin

2. BENUTZEN SIE DIE KORREKTE FORM VON *TOUT*

a. Madame Vandertramp est (*tout*) seule à la maison car son mari est parti (*tout*) à l'heure en voyage d'affaires. →

b. Comme (*tout*) le monde, il se réveille (*tout*) doucement le dimanche matin. →

c. (*tout*) mes cousins et (*tout*) mes cousines habitent au Canada. →

d. Est ce qu'ils viennent te voir (*tout*) les semaines ? – (*tout*) à fait ! →

e. (*tout*) ces gens sont venus pour t'aider. En (*tout*) cas, c'est ce qu'ils m'ont dit. →

3. LESEN SIE DIESE JAHRESZAHLEN LAUT VOR

a. 1984*
b. 827
c. 1832*
d. 2019
e. 1100*

f. 1999*
g. 1555*
h. 1066
i. 1600*
j. 2000

* zwei Möglichkeiten

VOKABULAR

changer *(ver-)ändern*
entrer *eintreten*
étudier *studieren*
inventer *erfinden*
naître *geboren werden**
obtenir *erhalten, bekommen*
mourir *sterben**
monter *auf-, hoch-, einsteigen, hinaufgehen**
passer *vorbeigehen, -kommen**
retourner *zurückgehen, -kehren, umdrehen**
tomber *fallen**
tomber amoureux/-se *sich verlieben*
Konjugiert mit **être als Hilfsverb im Perfekt*

l'Amérique du sud *Südamerika*
une carrière *eine Karriere*
un doctorat *ein Doktorat, PhD*
le droit *das Recht, Jura*
les droits *die Rechte*
une faculté, une fac *eine Fakultät, eine Uni(versität)*
la loi *das Gesetz, das Gebot*
une licence *ein Bachelor*
une maîtrise *ein Magister*
un médicament *ein Medikament, eine Medizin*
Noël *Weihnachten*
une nouvelle *eine Neuigkeit, eine Nachricht*
une poche *eine Tasche*
un professeur *ein Professor* (auch *ein Lehrer*, Modul 2)
un(e) scientifique *ein/e WissenschaftlerIn*
une université *eine Universität*

brillant(e) *brillant, glänzend*
doué(e) *talentiert, begabt*
sans cesse *ohne Unterlass/ Unterbrechung*
soudainement *plötzlich*
tout à l'heure *eben, vorhin* (mit einem Verb in Vergangenheitsform)
dans un premier temps *zunächst, anfangs*

Tout à fait *Absolut, Genau*

4. ÜBERSETZEN SIE AUF FRANZÖSISCH

a. Ich denke, dass alle Studierenden das Recht haben, an Weihnachten Urlaub zu nehmen. – Absolut.

b. Sie hat Jura studiert und sie ist eine der jüngsten Anwältinnen* von Frankreich geworden.

c. Wir haben uns verliebt und wir sind etwa 20 Jahre zusammen geblieben.

d. Habt ihr die Neuigkeit gehört?** Die Schauspielerin Jeanne Morteau ist im Alter von 92 Jahren gestorben.

e. Sie hat ihren Magister in weniger als drei Jahren erhalten. – Sie ist wirklich begabt!

* **un avocat** kann *ein Anwalt* und *eine Anwältin* heißen, aber die feminine Form **une avocate** wurde mittlerweile zum Standard-Gebrauch.
** 3. Frageform

Bedenken Sie, dass Zahlen und Daten zu lernen größtenteils eine Frage von Reflexen ist. Jahreszahlen können zu Beginn des Französischlernens besonders bizarr sein. Also zögern Sie nicht, Daten laut auszusprechen, sobald Sie welchen begegnen oder blättern Sie durch ein dickes Buch – mit mehr als 2000 Seiten – um zu üben. Starten Sie heute!

17.
LASS UNS AUF DEN MARKT GEHEN!

ALLONS AU MARCHÉ !

ZIELE	KENNTNISSE
- ÜBER GESCHÄFTE UND LADENINHABER*INNEN SPRECHEN - ÜBER FREUND*INNEN UND PLÄNE SPRECHEN - REGIONALE DIALEKTE KENNENLERNEN	- *Y* UND *EN* - INDIREKTE OBJEKTPRONOMEN

FREUNDE IN TOULOUSE (1. TEIL)

Bruno, der Pariser, besucht (gibt Besuch) *seine Freunde Émilie und Marc in Toulouse.*

– Bist du heute Morgen schon auf den Markt gegangen, Émilie?

– Noch nicht: ich gehe dort in ein oder zwei Stunden hin, während *(dass)* Marc arbeitet.

– Kann ich dich [beim] Einkaufen begleiten? Ich kenne die rosa Stadt kein bisschen *(gar nicht)*.

– Aber die ganze Stadt kennt die Saint-Cyprien-[Markt]Halle! Jeder geht dort am Ende der Woche hin. Draußen *(Im Äußeren)* findet man Fischhändler, Metzger und Obst- und Gemüsehändler. Im Inneren des Gebäudes gibt es regionale Produkte, Wursthändler, Floristen, Käsehändler und eine Menge anderer Sachen. Heute *(diesen Morgen)* muss ich Butter, Milch und Eier kaufen *(nehmen)*. Ich *(Es)* muss unbedingt daran denken, da wir keine *(nichts)* mehr *(davon)* im Haus haben. Gib *(Leih)* mir bitte einen Stift. Ich muss eine Liste machen.

– Ich habe keinen bei mir. Ich werde einen in meinem Zimmer holen *(suchen)*.

– Vergiss es *(Lass fallen)*, es ist nicht wichtig. Komm, wir gehen *(Geht, wir gehen dahin)*.

(Unterwegs, die beiden Freunde diskutieren.)

– Übrigens, hast du Neuigkeiten von Raphaël und Claudie?

– Ja, sie haben mich [am] Dienstag angerufen, um mir zu sagen, dass sie diese Woche in Toulouse sind.

– *(Ich,)* Ich warte seit Monaten und Monaten in Paris [auf] sie. Ich habe ihnen vor langer Zeit geschrieben und ich habe ihnen meine neue Adresse gegeben.

– Hast du deine neuen Kontaktdaten gegeben?

– An Raphaël nicht, aber an Claudie ja. Und ich habe ihr meine E-Mail und meine Handynummer gegeben. Aber sie hat mich nicht kontaktiert.

– Wie schade! Wir haben sie vor drei Monaten besucht *(ihnen Besuch gegeben)*. Sie haben uns ihr Gästezimmer *(Freundezimmer)* gegeben *(geliehen)* und wir haben eine schöne Zeit *(guten Moment)* zusammen verbracht. Raphaël ist wie Marc: er gleicht ihm wie ein Ei dem anderen *(ähnelt ihm wie zwei Wassertropfen)*.

– Das heißt *(ist zu sagen)*?

– Ich rede [mit] ihm, aber er hört mir nicht zu!

DES AMIS À TOULOUSE (1ʳᵉ PARTIE)

Bruno, le Parisien, rend visite à ses amis Émilie et Marc à Toulouse.

– Es-tu déjà allée au marché ce matin, Émilie ?

– Pas encore : j'y vais dans une heure ou deux pendant que Marc travaille.

– Je peux t'accompagner faire les courses ? Je ne connais pas du tout la Ville rose.

– Mais toute la ville connaît la halle Saint Cyprien ! Tout le monde y va en fin de semaine. À l'extérieur, on trouve des poissonniers, des bouchers et des marchands de fruits et légumes. À l'intérieur du bâtiment, il y a des produits régionaux, des charcutiers, des fleuristes, des fromagers, et un tas d'autres choses. Ce matin je dois prendre du beurre, du lait et des œufs. Il faut vraiment que j'y pense car on n'en a plus à la maison. Prête-moi un stylo s'il te plaît. Je dois faire une liste.

– Je n'en ai pas sur moi. Je vais en chercher un dans ma chambre.

– Laisse tomber, ce n'est pas important. Allez, on y va.

(En route, les deux amis discutent.)

– À propos, as-tu des nouvelles de Raphaël et Claudie ?

– Oui, ils m'ont appelée mardi pour me dire qu'ils sont à Toulouse cette semaine.

– Moi, je les attends à Paris depuis des mois et des mois. Je leur ai écrit il y a longtemps et je leur ai donné ma nouvelle adresse.

– As-tu donné tes nouvelles coordonnées ?

– A Raphaël, non, mais à Claudie, oui. Et je lui ai donné mon mail et mon numéro de portable. Mais elle ne m'a pas contacté.

– Quel dommage ! Nous leur avons rendu visite il y trois mois. Ils nous ont prêté leur chambre d'amis et on a passé un bon moment ensemble. Raphaël est comme Marc : il lui ressemble comme deux gouttes d'eau.

– C'est-à-dire ?

– Je lui parle, mais il ne m'écoute pas !

■ DEN DIALOG VERSTEHEN
FORMULIERUNGEN UND REDEWENDUNGEN

→ Im Modul 16 haben wir **une nouvelle**, *eine Nachricht, eine Neuigkeit* im Singular gesehen. Im Plural, mit dem Teilartikel **des**, hat es wie im Deutschen eine allgemeinere Bedeutung: **As-tu des nouvelles de Sacha ?**, *Hast du Neuigkeiten von Sacha/von Sacha gehört?*. Ein gewöhnliches Sprichwort ist **Pas de nouvelles, bonnes nouvelles**, *Keine Neuigkeiten [sind], gute Neuigkeiten.*

→ **pendant** ist eine Präposition, die *während, für* heißt (Modul 5). Gefolgt von **que**, bildet sie eine Konjunktiv-Phrase, die eher *derweil* entspricht: **Pendant que j'y pense, peux-tu me donner tes coordonnées ?**, *Wo ich gerade daran denke, kannst du mir deine Kontaktdaten geben?*. (Das feminine Plural-Nomen **les coordonnées** ist ein mathematischer Begriff für *Koordinaten*. Aber im Alltags-Französisch meint es *Adresse* und *Telefonnummer* oder weiter gefasst, *Kontaktdaten*: **Je vous laisse mes coordonnées**, *Ich lasse Ihnen meine Kontaktdaten da.*)

→ Die genaue Bedeutung von **la fin de semaine**, wörtl. *das Ende von Woche* (von **à la fin de la semaine**, *am Ende der Woche*) hängt vom Kontext ab, referiert aber meist auf Freitag und/oder Donnerstag oder Samstag. Wie wir wissen, haben die Franzosen und Französinnen das englische **le week-end** übernommen, da diese Pause von zwei Tagen angeblich eine englische Erfindung ist – eine fünftägige Arbeitswoche war unter **la semaine anglaise**, *die englische Woche* bekannt – aber Französisch sprechende KanadierInnen tendieren dazu, solche Lehnwörter zu meiden, sodass sie **la fin de semaine** für Samstag/Sonntag nutzen. Fragen Sie, wenn Sie sich unsicher sind!

→ **une course**, *eine Erledigung*, wird meist mit dem Verb **faire** verwendet: *eine Besorgung/Erledigung machen*. Im Plural bedeutet **faire les courses** *(Lebensmittel) einkaufen*. Verwechseln Sie es nicht mit **faire du shopping**, *shoppen* (Modul 11). (Beachten Sie, dass **une course** auch *ein Rennen* bedeutet, was eventuell einen Link zwischen Shoppen, Schnelligkeit, Wettkampf herstellt…)

→ **laisser tomber** heißt *fallen lassen*: **Zut, j'ai laissé tomber mes clés**, *Mist, ich habe meine Schlüssel fallen lassen*. Der idiomatische Ausdruck **Laisse tomber !** heißt *Vergiss es!, Egal!, Lass gut sein!*

→ Das maskuline Nomen **dommage** bedeutet *Schaden*. Es ist Teil einer Gruppe an Nomen, die entweder Singular oder Plural sein können, anders als ihre deutschen Entsprechungen. Im Alltags-Französisch heißt es jedoch *Schande, Schade* und wird in Formulierungen wie **Quel dommage !**, *Wie schade!* oder **C'est vraiment dommage de perdre le match**, *Es ist wirklich schade, das Spiel zu verlieren* verwendet. In einem weiteren Modul werden wir eine Gruppe kollektiver Nomen sehen, inklusive **dommage**, die Singular auf Deutsch sind, aber die Pluralform im Französischen annehmen können.

KULTURELLER HINWEIS

Toulouse ist die Hauptstadt der Region **Occitanie** im Südwesten Frankreichs. Sie liegt zwischen Mittelmeer und Atlantik und wird vom Fluss **Garonne** und dem 240 km langen **Canal du Midi** gekreuzt. Die Stadt ist nicht nur historisch und kulturell wertvoll; sie ist auch ein Zentrum für Hightech und die europäische Raumfahrtindustrie.
Toulouse ist aufgrund seiner rötlichen Terrakotta-Gebäude im historischen Stadtzentrum als **La Ville rose**, *die rosarote Stadt* bekannt. (Auch auf andere französische Städte wird oft mit deren Spitznamen referiert, vor allem **Paris** – **La Ville lumière**, *die Stadt der Lichter*; **Marseille** – **La Cité phocéenne**, *die phokäische Stadt* und **Saint Malo** – **La Cité corsaire**, *die Stadt der Korsaren*.)
Eine weitere Eigenschaft von Toulouse und dem Südwesten Frankreichs generell, ist ein lokaler, von der regionalen Okzitanischen Sprache, **la langue d'oc** (Modul 8), abgeleiteter Dialekt. Der Dialekt hat mehrere charakteristische Merkmale: Silben tragen einen stärkeren Akzent als im Standard-Französisch, Vokale klingen nasaler und das finale -e an Wörtern wie z.B. **femme** wird [fam-e] statt [fam] ausgesprochen. Der Poet und Sänger **Claude Nougaro**, aus Toulouse stammend, hat den Dialekt als **un torrent de cailloux [qui] roule**, wörtl. *ein rollender Bach von Steinen* bezeichnet. Versuchen Sie Nougaros Liebeslied zu seiner Heimat zuzuhören: **Ô Toulouse**.

◆ GRAMMATIK

Y UND *EN*

Diese zwei Wörter können manchmal Probleme für Anfänger darstellen, aber sobald Sie verstanden haben, wie sie funktionieren, werden Sie deren Eleganz, Wiederholung zu vermeiden – eine der Standardregeln guten Französischs – wertschätzen.

• **y**
Oft übersetzt als *dort*, ersetzt **y** Präpositional-Phrasen, die von **à** (**au**, **aux**, etc.) oder **dans** gefolgt werden. Es wird vor das Verb gesetzt und ersetzt den finalen Vokal eines Pronomens oder des negierenden Adverbs **ne** wenn nötig:
Tu vas au marché? – Oui, je vais au marché tout à l'heure → Oui, j'y vais tout à l'heure.
Est-ce qu'il habite dans la rue Balzac ? – Non, il n'habite pas dans la rue Balzac → Non, il n'y habite pas.

Während **y** im Deutschen nicht immer übersetzt wird (*Ja, ich gehe später (dorthin)*, kann es im Französischen nicht ausgelassen werden.

Y kann auch als Pronomen in Sätzen wie diesen benutzt werden:

Vous pensez à votre voyage ? – Oui, je pense à mon voyage → Oui, j'y pense.
Est-ce que tes collègues sont dans le bureau – Non, ils ne sont pas dans le bureau → Non, ils n'y sont pas.

Es erlaubt uns zudem, Wiederholungen in Sätzen wie in Modul 5 zu vermeiden:
Le musée est près de la Seine. Vous pouvez y aller à pied.

• Das Pronomen **en** (gesehen im Modul 4) hat eine ähnliche Funktion wie **y**. Es ersetzt **du**, **de la**, **des** und das folgende Singular- oder Plural-Nomen, um Wiederholung zu meiden:
Avez-vous des sœurs ? – Oui, j'ai deux sœurs → Oui, j'en ai deux.
Haben Sie Schwestern? – Ja, ich habe zwei (davon).

Wie **y**, wird **en** also nicht immer übersetzt.

Je n'ai plus de cigarettes. Est-ce que tu as des cigarettes? → Est-ce que tu en as?
Ich habe keine Zigaretten mehr. Hast du welche?

Ebenso wird **en** als Pronomen mit Verben gefolgt von **de** benutzt. Dieser Mechanismus scheint anfangs kompliziert zu sein, aber er ist eigentlich ziemlich intuitiv:

Si tu as des idées, tu peux m'en parler (d.h. **parler des idées**), *Wenn du Ideen hast, kannst du mir davon erzählen.*

Est-ce que vous pouvez me prêter votre stylo? J'en ai besoin (d.h. **besoin de votre stylo**), *Können Sie mir Ihren Stift leihen? Ich brauche ihn/einen.*

Es ist wichtig, nicht das Pronomen und die Präposition zu verwechseln (**Il habite en Bretagne**, **Je vais en car**, etc.).

Sowohl **en** als **y** stehen normalerweise vor dem Verb, das sie modifizieren. Eine geläufige Ausnahme, die wir im nächsten Modul sehen, ist die Imperativform: **Allez-y**, *Los (geht's), Nur zu*; **Prenez-en**, *Nehmen Sie sich.*

INDIREKTE OBJEKTPRONOMEN

Wir sind bereits mit direkten Objektpronomen vertraut (Modul 5).

Hier sind die Pronomen, die als indirekte Objekte verwendet werden, die die Handlung eines Verbs indirekt „erhalten" (ähnlich wie der Dativ im Deutschen).

me*	*mir*	**nous**	*uns*
te* *	*dir*	**vous**	*Ihnen, euch*
lui	*ihm, ihr*	**leur**	*ihnen*

* **m'** vor einem Vokal oder stummen **h**
** **t'** vor einem Vokal oder stummen **h**

Indirekte Objektpronomen ersetzen Personalnomen, die der Präposition **à** folgen. Sie werden immer mit einer bestimmten Gruppe an Verben benutzt, von denen einige im zweiten Teil des Dialogs dieses Moduls auftauchen, vor allem **écrire à** (*jmdm. schreiben*), **dire à** (*jmdm. sagen*) und **parler à** (*mit jmdm. sprechen*). Diese Pronomen kommen immer vor dem Verb:
Je parle à Marc → Je lui parle.
Émilie a écrit à Raphaël et Bruno → Émilie leur a écrit.
In einer negierenden Konstruktion, steht **ne** vor dem Pronomen und **pas** hinter dem (Hilfs-)Verb:
Émilie n'a pas écrit à Raphaël et Bruno → Émilie ne leur a pas écrit.

Beachten Sie, dass **lui** sowohl maskulin als auch feminin ist, sodass **Je lui ai dit** *Ich habe es ihm* oder *ihr gesagt* heißen kann. Das Gleiche gilt für **leur**. Achten Sie immer genau auf den Kontext!

Bedenken Sie auch, dass **à** abhängig vom indirekten Objekt zu **au** oder **aux** wird:
J'ai parlé au directeur/aux copains → Je lui/leur ai parlé.

Leicht kompliziert wird es insofern, als dass französische Verben teilweise direkte Objekte verlangen, wo die deutschen Entsprechungen indirekte benötigen (als Dativ erkennbar) und umgekehrt (Akkusativ).
Zum Beispiel stimmt es bei **rendre visite à** (*jmdn. besuchen*) und **téléphoner à** (*jmdn. anrufen*) nicht überein, da im Französischen ein indirektes Objekt benötigt wird, was im Deutschen nicht der Fall ist (sichtbar am Akkusativ) – oder eben umgekehrt:
Valérie rend visite à mon amie ce week-end, *Valérie besucht meine Freundin dieses Wochenende*
→ Valérie lui rend visite.

Während es bei Verben wie **ressembler à**, *jmdm. ähneln* oder **prêter à**, *jmdm. leihen* „gleich" funktioniert (sichtbar am Dativ):
Raphaël ressemble à son père, *Raphaël ähnelt seinem Vater*
→ Raphaël lui ressemble
Je n'ai pas prêté mon portable à Marc, *Ich habe mein Handy nicht Marc geliehen*
→ Je ne lui ai pas prêté mon portable.

Obwohl indirekte Objektpronomen meist vor dem Verb stehen, folgen sie diesem, wenn der Satz einen Befehl ausdrückt:
Répondez-moi !, *Antwortet mir!*; **Téléphonez-lui !**, *Rufen Sie ihn/sie an!*

ÜBUNGEN

1. ERSETZEN SIE DIE UNTERSTRICHENEN WÖRTER MIT Y. BEACHTEN SIE DIE WORTSTELLUNG!

a. Vous allez au bureau cet après-midi ? – Oui, nous allons <u>au bureau</u> vers quatorze heures. →

b. L'année dernière il habitait à Lyon mais il n'habite plus <u>à Lyon</u>. →

c. Est-ce qu'ils pensent aux vacances ? – Oui, ils pensent <u>aux vacances</u> tout le temps. →

d. Marc und Élodie adorent le sud-ouest. Ils passent leurs vacances <u>dans le sud-ouest</u> chaque année. →

e. Le Louvre est près des Tuileries. – Est-ce que je peux aller <u>au Louvre</u> à pied ? →

2. ERSETZEN SIE DIE UNTERSTRICHENEN WÖRTER MIT EN. BEACHTEN SIE DIE WORTSTELLUNG!

a. Nous avons des croissants chauds. – Excellent. Je veux deux <u>croissants</u> s'il vous plait. →

b. Est-ce que Paul et Marie ont des enfants ? – Oui, ils ont deux <u>enfants</u>. →

c. Si vous avez des problèmes, vous pouvez me parler <u>des problèmes</u>. →

d. Prête-moi de l'argent. – Pourquoi ? – J'ai besoin <u>de l'argent</u>. →

e. Vous avez entendu la nouvelle ? Tout le monde parle <u>de la nouvelle</u>. →

3. ERSETZEN SIE DIE UNTERSTRICHENEN WÖRTER MIT DEREN ENTSPRECHENDEM INDIREKTEN OBJEKTPRONOMEN

a. Raphaël a écrit à <u>Bruno</u> la semaine dernière. → Raphaël ……… a écrit la semaine dernière.

b. Nous allons rendre visite <u>à mes cousins</u>. → Nous allons ………… rendre visite.

c. Est-ce que tu as donné ton adresse <u>à Anne</u> ? → Est-ce que tu ………… as donné ton adresse ?

d. L'agence a téléphoné à <u>ma femme et à moi</u> hier. → L'agence ……… a téléphoné hier.

e. Ils ont vendu leur vieille voiture <u>à moi</u>. → Ils ………… vendu leur vieille voiture.

VOKABULAR

accompagner *begleiten*
contacter *kontaktieren*
faire les courses *(Lebensmittel) einkaufen*
prêter *leihen*
rendre *zurückgeben*
rendre visite *besuchen*
ressembler (à) *ähneln*
se ressembler comme deux gouttes d'eau *sich gleichen wie ein Ei dem anderen*

un bâtiment *ein Gebäude*
le beurre *die Butter*
un(e) boucher/-ère *ein/e MetzgerIn*
un(e) charcutier/-ère *ein/e WursthändlerIn, ein/e FleischerIn, ein/e SchweinemetzgerIn*
les coordonnées *Kontaktdaten (wörtl. Koordinaten)*
une course *eine Erledigung; ein Rennen*
un(e) fleuriste *ein/e FloristIn*
un(e) fromager/-ère *ein/e KäsehändlerIn*
une goutte *ein Tropfen*
le lait *die Milch*
un légume *ein Gemüse*
une liste *eine List*
un(e) marchand(e) *ein/e HändlerIn*
un marché *ein Markt*
un œuf *ein Ei (im Singular [öf], aber [ö] im Plural)*
un(e) poissonnier/-ère *ein/e FischhändlerIn*
une pomme *ein Apfel*
un produit *ein Produkt*
un stylo *ein Stift, ein Kuli*
régional/-aux *regional*

à l'extérieur *draußen, außen*
longtemps *lange (Zeit)*
il y a longtemps *vor langer Zeit*

Allez, on y va ! *Los geht's!, Los, wir gehen!, Auf geht's!*
À propos *Übrigens, À propos*
C'est à dire ? *Das heißt?*
Laisse tomber *Vergiss es, Egal*
On y va *Wir gehen (dorthin)*
Quel dommage ! *Wie schade! Was für eine Schande!*

4. ÜBERSETZEN SIE AUF FRANZÖSISCH

19
a. Können Sie mir bitte Ihre Kontaktdaten geben?

b. Hat Bruno euch geschrieben? Antwortet mir! Wenn nicht, ruft ihn schnell an!

c. Sie haben das Fußballspiel verloren. – Wie schade!

d. Kann ich euch auf den Markt begleiten? – Natürlich, jeder geht dort am Wochenende hin.

e. Keine Neuigkeiten, gute Neuigkeiten.

> Sie haben vermutlich bemerkt, dass die Grammatik ein wenig kniffliger wird, je mehr wir fortschreiten. Deshalb geben wir Ihnen weniger Elemente in der Grammatik-Sektion, sodass Sie sich mehr auf sie konzentrieren können. Nehmen Sie sich Zeit und gehen Sie zurück zu den Notizen und Dialogen und machen Sie nicht weiter, bevor die Dinge nicht klar für Sie sind.

18. DIÄT

LES RÉGIMES

ZIELE

- ÜBER HANDLUNGEN DER ZUKUNFT SPRECHEN
- ESSEN AUF EINEM MARKT KAUFEN
- EINE INTENTION ERKLÄREN

KENNTNISSE

- DAS FUTUR
- MIT *ÊTRE* UND *AVOIR* KONJUGIERBARE VERBEN
- BETONTE PERSONAL-PRONOMEN (FORTSETZUNG)

FREUNDE IN TOULOUSE (2. TEIL)

(Bruno und Émilie sind auf dem Saint-Cyprien-Markt)

– Wer ist dran *(es ist an wem, die Runde)*? Meine Dame, Sie wünschen?

– Ich werde Kartoffeln *(Äpfel der Erde)*, Zwiebeln, Karotten und ein paar Porree[stangen] nehmen.

– Wie viel lege ich Ihnen *(davon)* auf? Ein Pfund? Ein Kilo?

– Ein halbes Kilo bitte. Und auch Thymian und ein bisschen Petersilie. Wie viel schulde ich Ihnen? Jetzt werden wir Würstchen, Käse und eine Flasche Wein kaufen.

– Nicht für mich: ich muss abnehmen *(Gewicht verlieren)* – wenigstens ein bisschen *(Gewicht)*, also mache ich eine Diät.

– Du wirst eine Diät machen *(, du)*? Das wird total schwierig sein, weil du [ein] Feinschmecker bist.

– Doch, doch: ab jetzt werde ich keine Wurstwaren mehr essen und keinen Wein mehr trinken. Ich werde keinen Zucker mehr in meinen Kaffee tun *(nehmen)* und ich werde nicht zwischen den Mahlzeiten knabbern. Ich werde jeden Morgen joggen *(einen Jogging machen)* und ich werde zwei mal pro Woche ins Fitnessstudio gehen, wenn nicht sogar mehr. Alice wird mir helfen: sie wird aufhören Desserts zuzubereiten und sie wird lernen leichter zu kochen *(eine leichtere Küche zu machen)*. Wir werden einen Heimtrainer kaufen und zusammen trainieren *(Übung machen)*. So *(Wie das)*, werde ich in besserer Form *(Gesundheit)* sein, ich werde abnehmen und wir können sparen *(Einsparungen machen)*. Es ist hart, aber man muss Vertrauen in sich haben.

– Aber du wirst dich langweilen, [da] *(darüber)* bin ich mir sicher. *(Ich,)* Ich habe schon versucht jeden Tag ein bisschen zu trainieren. Gestern Morgen habe ich die Einkäufe in die zweite Etage hinaufgetragen, ich habe den Müll heruntergebracht und ich habe die Mülltonne, die draußen war, hereingebracht. Dann habe ich gestaubsaugt und alle Hemden von Marc gebügelt. Aber das hat mich hungrig gemacht *(mir Hunger gegeben)*, also habe ich das ganze Haus auf den Kopf gestellt *(umgedreht)*, um ein Stück Schokolade und einen Keks zu finden.

– Ist das deine ausgeglichene Diät: etwas zu essen in jeder Hand?!

20 DES AMIS À TOULOUSE (2ᴱ PARTIE)

(Bruno et Émilie sont au marché Saint Cyprien)

– C'est à qui, le tour ? Madame, vous désirez ?

– Je prendrai des pommes de terre, des oignons, des carottes et quelques poireaux.

– Je vous en mets combien ? Une livre ? Un kilo ?

– Un demi-kilo s'il vous plaît. Et aussi du thym et un peu de persil. Je vous dois combien ? Maintenant, on va acheter des saucisses, du fromage et une bouteille de vin.

– Pas pour moi : je dois perdre du poids – du moins, un peu de poids, donc je vais faire un régime.

– Tu feras un régime, toi ? Ça sera trop difficile car tu es gourmand.

– Si, si : à partir de maintenant, je ne mangerai plus de charcuterie et je ne boirai plus de vin. Je ne prendrai plus de sucre dans mon café et je ne grignoterai pas entre les repas. Je ferai un footing tous les matins et j'irai à la gym deux fois par semaine, sinon plus. Alice m'aidera : elle arrêtera de préparer des desserts et elle apprendra à faire une cuisine plus légère. Nous achèterons une bicyclette d'appartement et, ensemble, nous ferons de l'exercice. Comme ça, je serai en meilleure santé, je perdrai du poids, et on pourra faire des économies. C'est dur, mais il faut avoir confiance en soi.

– Mais tu t'ennuieras, j'en suis sûre. Moi, j'ai déjà essayé de faire un peu d'exercice tous les jours. Hier matin, j'ai monté les courses au deuxième étage, j'ai descendu les ordures, et j'ai rentré la poubelle qui était dehors. Ensuite, j'ai passé l'aspirateur et repassé toutes les chemises de Marc. Mais ça m'a donné faim, donc j'ai retourné toute la maison pour trouver un bout de chocolat et un biscuit.

– C'est ça, ton régime équilibré : quelque chose à manger dans chaque main ?!

■ DEN DIALOG VERSTEHEN
FORMULIERUNGEN UND REDEWENDUNGEN

→ Wir wissen, dass manche Nomen für Berufsbezeichnungen entweder maskulin oder feminin sein können (Modul 16). Ein paar andere Nomen haben auch zwei Genera – und zwei unterschiedliche Bedeutungen. Z.B. kann **un tour** *eine Tour*, *eine Fahrt* bedeuten oder auch *eine Spielrunde*. Aber **une tour** heißt *ein Turm*. Ebenso heißt **un livre** *ein Buch*, aber **une livre** *ein Pfund*. Und **une voile**, *ein Segel* (Modul 12) hat ein maskulines Gegenstück, **le voile**, was *das Kopftuch* oder *der Schleier* heißt!

→ **désirer**, *wünschen*, wird in formellem Französisch oft statt *wollen* benutzt – wie im Deutschen. Sie werden dieses Verb oft bei VerkäuferInnen oder KellnerInnen hören, entweder in der sehr formellen Phrase **Que désirez-vous ?**, oder etwas formloser **Vous désirez ?** In einem gehobenen Restaurant werden Sie eventuell gefragt **Désirez-vous un café ?**, aber in einem Bistro eher **Vous voulez un café ?** oder einfach **Un café ?**

→ **la charcuterie** (abgeleitet von dem etwas weniger appetitlichen Begriff **la chair cuite**, *das gekochte Fleisch*) bezieht sich auf Schweine-Delikatessen, wie **le pâté**, *die Pastete*; **le jambon**, *der Schinken*; **le saucisson**, *die Wurst* und **les rillettes** (fem. Plu.), *Schmalzfleisch*. Die **-erie**-Endung kann an die Wurzel eines Nomens gehängt werden, um einen Beruf in einen Laden umzuwandeln: **un boulanger → une boulangerie**, *Bäcker → Bäckerei*; **un boucher → une boucherie**, *Metzger – Metzgerei*; **un fromager → une fromagerie**, *Käsehersteller → Käserei* und, natürlich, **un charcutier → une charcuterie**. (Verwechseln Sie nicht die **-ère**- mit der **-erie**-Endung.)

→ Wir wissen, dass **si** sowohl *falls/wenn* und *so* heißen kann: **Si tu viens, je serai si heureuse**, *Wenn du kommst, werde ich so glücklich sein*. Es kann zudem auch *doch* heißen, wenn man einer negierenden Aussage widerspricht: **Tu n'es pas français. – Si, je suis de Rouen**, *Du bist nicht französisch. – Doch, ich bin aus Rouen*. Um wirklich auf dem Widerspruch zu beharren, wird das Wort oft wiederholt: **Si si, je suis de Rouen**.

→ Ein weiteres nützliches Wort, dass von **si** abgeleitet ist, ist **sinon**, *wenn nicht, ansonsten, sonst, andernfalls*: **Mets tes clés dans ta poche, sinon tu les perdras**, *Tu deine Schlüssel in deine Tasche, sonst wirst du sie verlieren*.

→ Das feminine Singular-Nomen **l'économie** bedeutet sowohl *die Wirtschaft* als auch *Wirtschaftswissenschaften*: **L'économie française est en bonne santé**, *Die französische Wirtschaft ist in guter Verfassung*; **Elle étudie l'économie à l'université de Toulouse**, *Sie studiert Wirtschaftswissenschaften an der Universität von Toulouse*. Im Plural bedeutet **les économies** (f.) jedoch *Ersparnisse* und wird oft mit dem Verb **faire** benutzt, i.S.v. *sparen*: **Nous faisons des économies pour partir en vacances**, *Wir sparen, um in den Urlaub zu fahren*.

→ Wir haben **le bout** in Modul 10 gelernt. Es kann idiomatisch auch *ein bisschen* heißen: **Tu veux un bout de gâteau ?**, *Willst du ein bisschen Kuchen?*. Eine idiomatische Redewendung, die dieses Wort mit den vorherigen kombiniert, ist **faire des économies de bout de chandelle**, *am falschen Ende sparen*.

KULTURELLER HINWEIS

Le jogging und **un footing** sind Paradebeispiele für **le franglais** (dessen deutsches Äquivalent *das Denglisch* ist): Formulierungen und Ausdrücke, die englisch aussehen, aber auf Arten und Weisen benutzt werden, die Englischsprechende sich niemals erträumen würden! In manchen Fällen ist die Verbindung zwischen der ursprünglichen und der **franglais**-Bedeutung schwach: **les baskets** für *Sportschuhe* kommt wohl von *basketball boots* (*Basketballschuhe*); **un flipper**, *Flipper* referiert auf die Plastikschläger zum Antreiben des Balls des Spielers oder auch **un smoking**, *ein Smoking*, was im Englischen *dinner suit* heißt. Andere ungeheuerliche Beispiele sind **un planning**, *eine Planung* (*a schedule* auf Englisch); **faire un brushing**, *Haare föhnen*, von *to brush* (*bürsten*) und **un break**, *ein Kombiwagen* vom englischen *a shooting brake*.
Einige dieser entlehnten Wörter, wie **le week-end**, *das Wochenende* (von *the weekend*) sind so tief im Französischen eingebettet, dass sie wohl nie beseitigt werden. Andere wurden ursprünglich als Eigen- oder Produktname importiert (**le scotch**, *Tesa* (*adhesive tape* auf Englisch) und werden daher wohl nicht geändert. Aber manche **franglais**-Begriffe sind durch die Hintertür in die Sprache gelangt. Es sind diese Eindringlinge, die AkademikerInnen, Ämter und viele ordinäre Französisch-Sprechende vertreiben möchten. **L'Académie française**, die drei Jahrhunderte alte Wächterin der französischen Sprache, veröffentlicht Listen „offizieller" Übersetzungen (z.B. **les contre-vérités**, *Unwahrheiten* statt **les fake-news***), die aber nicht alle durchgreifen. Französisch sprechende KanadierInnen, mit 328 Mio. anglophonen Menschen vor der Haustür, nehmen diesen Ansatz etwas ernster, was uns **le courriel** für *E-Mail* und **le clavardage**, *Chat, Plauderei* für *chat* gibt (oder das leicht ironische **le chien chaud** für *hotdog*). Einige dieser Neologismen werden Wurzeln schlagen, wie **un ordinateur**, *ein Computer*. Andere werden untergehen, wie **la vacancelle**, ein debattierter Ersatz für **le week-end**.
* www.academie-francaise.fr/la-langue-francaise/terminologie-et-neologie

GRAMMATIK
VERBEN, DIE MIT *ÊTRE* UND *AVOIR* KONJUGIERBAR SIND

Im Modul 16 haben wir die Verben kennengelernt, die im Perfekt mit **être** statt **avoir** konjugiert werden. Manche davon können beide Hilfsverben tragen, abhängig davon, ob sie ein direktes Objekt haben. Eine Hilfestellung zum Merken dieser Verben ist ein weite-

rer Physiker – DR PREMS: **D**escendre, **R**entrer, **P**asser, **R**etourner, **E**ntrer, **M**onter, **S**ortir.
Hier sind, im Kontext, die transitiven und intransitiven Nutzungen der Verben:

Intransitiv (kein direktes Objekt)		Transitiv (mit direktem Objekt)	
Je suis descendu du bus.	Ich bin aus dem Bus gestiegen.	J'ai descendu le sac.	Ich habe die Tasche heruntergebracht.
Il est rentré très tard.	Er ist sehr spät zurückgekommen.	Simon a rentré la poubelle.	Simon hat die Mülltonne reingebracht.
Je suis passé plus tôt.	Ich bin früher vorbeigekommen.	J'ai passé un bon moment.	Ich habe eine schöne Zeit verbracht.
Il est retourné en France.	Er ist nach Frankreich zurückgegangen.	Il a retourné le matelas.	Er hat die Matratze umgedreht.
Je suis entré dans le magasin.	Ich bin in den Laden gegangen.	Simon a entré les infos.	Simon hat die Infos eingetragen.
Il est monté dans la voiture.	Er ist ins Auto gestiegen.	Il a monté les courses.	Er hat die Einkäufe hochgebracht.
Je suis sorti à dix heures.	Ich bin um 10 Uhr herausgegangen.	J'ai sorti mon téléphone.	Ich habe mein Telefon herausgeholt.

Glücklicherweise entsprechen die Hilfsverben in diesen Fällen genau den deutschen! Wie Sie sehen können, sind die Bedeutungen ähnlich, aber doch unterschiedlich. Erinnern Sie sich: die intransitive Form wird direkt von einer Präposition oder einem Adverb gefolgt (z.B. **tôt**, **tard**) und die transitive von einem direkten Objekt.

MEHR ZU BETONTEN PERSONALPRONOMEN

Wir haben betonte Personalpronomen (**moi**, **toi**, etc.) zunächst in Modul 6 gesehen – in einer „disjunktiven" Form:
Qui veut un café ? – Moi, *Wer will einen Kaffee? – Ich.*
Diese Pronomen werden breiter verwendet als im Deutschen, wo eher anhand von Modalverben betont wird (*Wer will einen Kaffee? Ich will.*). Sie werden oft an den Anfang oder das Ende eines Satzes platziert, um einen Kontrast auszudrücken. In vielen Fällen müssen/können sie nicht übersetzt werden:
Moi, je suis gourmand ; lui, il mange trop, *Ich bin Gourmand; er (, er) isst zu viel.*
Bruno m'aide, lui, *Bruno (, er) hilft mir* (d.h. „im Gegensatz zu dir").
Was sich recht gut übersetzen lässt, ist das unpersönliche **soi**, was *sich (selbst)* heißt: **Chacun pour soi !**, *Jeder für sich!* oder **Il faut avoir confiance en soi**, *Man muss Vertrauen in sich haben.*

MEHR ZUM POSSESSIVUM (FORM, ADJEKTIVE)

Sie werden mittlerweile bemerkt haben, dass es im Französischen kein Äquivalent zum sogenannten sächsischen Genitiv (von „angelsächsisch") gibt (*Toms Haus, seines Glückes Schmied*). Das bedeutet, dass Besitztum immer durch das Benutzen eines direkten Objekts ausgedrückt wird, gefolgt vom Subjekt:
la femme de Bruno → *Brunos Frau (die Frau von Bruno)*
le travail d' Émilie → *Émilies Job (der Job von Émilie)*
Einfach! Die einzige Schwierigkeit tritt auf, wenn man das Nomen der dritten Person Singular durch ein Pronomen ersetzt: **la femme de Bruno** → **sa femme**; **le travail d'Émilie** → **son travail**. Bedenken Sie, dass possessive Adjektive immer mit Genus und Numerus des Nomens übereinstimmen.

▲ KONJUGATION
DAS FUTUR

Die Zukunftsform wird durch Hinzufügen der folgenden Endungen an den Infinitiv von **-er** und **-ir** Verben gebildet:
manger, *essen*

je mangerai	ich werde essen	nous mangerons	wir werden essen
tu mangeras	du wirst essen	vous mangerez	Sie werden/ihr werdet essen
il/elle mangera	er/sie/es wird essen	ils/elles mangeront	sie werden essen

Die auf **-re** endenden Verben tilgen das finale **-e** bevor die Endungen angehängt werden:
perdre, *verlieren*

je perdrai	ich werde verlieren	nous perdrons	wir werden verlieren
tu perdras	du wirst verlieren	vous perdrez	Sie werden/ihr werdet verlieren
il/elle perdra	er/sie/es wird verlieren	ils/elles perdront	sie werden verlieren

Abgesehen von den **nous**- und **vous**-Formen sind es die Endungen der Präsensform von **avoir**. Es gibt ein paar leichte Änderungen für bestimmte Verben, die wir im nächsten Modul besprechen werden.

• Die negierende und interrogative Form folgt dem gleichen Muster wie im Präsens:
je ne perdrai pas, elle ne mangera pas, etc.
est-ce que je mangerai ?, perdront-ils ?, etc.

Bei der invertierten Frageform nimmt man das gleiche eingefügte **-t-** wie beim Perfekt (**a-t-elle appelé ?**, Modul 13), um zu verhindern, dass finale und initiale Vokale in der 3. Ps. Sg. nebeneinander stehen: **perdra-il** → **perdra-t-il ?**, etc. Aber auch hier ist die erste und zweite Frageform in Unterhaltungen und beim zwanglosen Schreiben geläufiger.

- Anders als im Deutschen gibt es im Französischen auch noch eine Zeitform für die unmittelbare Zukunft (Modul 4), die von der Bildung her dem deutschen Futur I ähnelt: **aller** + Infinitiv (**Je vais acheter des carottes; Il va arrêter de manger ce soir**).
Il repassera ses chemises tout à l'heure, *Er wird seine Hemden gleich bügeln.*
À partir de demain, je ne prendrai pas de sucre dans mon café, *Ab morgen werde ich keinen Zucker mehr in meinen Kaffee tun.*
Est-ce que tu boiras du thé ?, *Wirst du Tee trinken?*

- Natürlich gibt es ein paar unregelmäßige Formen, vor allem bei **être** und **avoir**, die direkt gelernt werden sollten:

être		avoir	
je serai	nous serons	j'aurai	nous aurons
tu seras	vous serez	tu auras	vous aurez
il/elle sera	ils/elles seront	il/elle aura	ils/elles auront

- Hier sind noch drei weitere wichtige unregelmäßige Verben dieses Moduls:

aller		faire		pouvoir	
j'irai	nous irons	je ferai	nous ferons	je pourrai	nous pourrons
tu iras	vous irez	tu feras	vous ferez	tu pourras	vous pourrez
il/elle ira	ils/elles iront	il/elle fera	ils/elles feront	il pourra	ils pourront

🔶 ÜBUNGEN

1. SETZEN SIE DIE REGELMÄSSIGEN VERBEN INS FUTUR

a. Je (*prendre*: …………………) deux kilos de poireaux, s'il vous plait.

b. Bruno n'a pas faim maintenant. Il (*manger*: ……………) tout à l'heure.

c. Nous devons finir demain. Sinon, nous (*perdre*: ………………) beaucoup d'argent.

d. Jacques et Christine (*passer*: ………………) Noël avec nous cette année.

e. J'espère que vous m'(*aider*: ………………) à terminer cet exercice. – Mais bien sûr !

VOKABULAR

avoir confiance *Vertrauen haben*
descendre* *herunterbringen, -tragen*
désirer *wünschen, wollen*
devoir *schulden* (siehe Modul 7)
faire un régime *eine Diät machen*
grignoter *snacken, knabbern*
monter* *hochbringen, -tragen*
passer* *verbringen*
rentrer* *hereinbringen, -holen, -tragen*
repasser* *bügeln*
retourner* *umdrehen, -wenden*
* in der transitiven Form

une bicyclette *ein Fahrrad*
une bicyclette d'appartement *ein (Fahrrad-)Heimtrainer*
un biscuit *ein Keks*
une bouteille *eine Flasche*
une carotte *eine Karotte*
la charcuterie *die Wurstware(n)*
une/les course(s) *eine Erledigung/die Einkäufe*
le fromage *Käse*
un/le footing *ein Lauf, das Jogging*
les économies *Ersparnisse*
la gym *die Gymnastik, das Fitnessstudio*
un oignon* *eine Zwiebel* (manchmal **ognon** geschrieben, aber selbe Aussprache)
une livre *ein Pfund*
les ordures *der Müll, der Abfall*
le persil *die Petersilie*
le poids *das Gewicht*
un poireau *ein Porree*
une pomme de terre *eine Kartoffel* („Apfel der Erde")
une poubelle *ein Mülleimer, eine Mülltonne*
un régime *eine Diät*
la santé *die Gesundheit, die Verfassung*
une saucisse *eine Wurst*
le thym *der Thymian*
le vin *der Wein*

léger/-ère *leicht*
gourmand *Feinschmecker, Naschkatze*, Gourmand
dehors *draußen*
du moins *wenigstens, zumindest*
sinon *ansonsten, wenn nicht*

C'est à qui le tour ? *Wer ist dran?*
Vous désirez ? *Sie wünschen?*
Je vous dois combien ? *Wie viel schulde ich Ihnen?*

Nicht alle MuttersprachlerInnen halten sich strikt an die Standard-Grammatikregeln. Sie werden oft umgangssprachlichen Wörtern begegnen, sowie idiomatischen Ausdrücken, wie die des Gemüsehändlers aus diesem Dialog: **C'est à qui, le tour ?**, **Vous désirez ?** und **Je vous en mets combien ?** statt **À qui est-ce le tour ?**, **Que désirez-vous ?** und **Combien vous en mets-je ?**. Auch wenn letztere korrekt sind, würden sie nicht in das Umfeld passen. Unser Ziel ist es, Sie sowohl mit „korrektem" Französisch als auch mit der Alltagssprache vertraut zu machen. Benutzen Sie umgangssprachliche Formulierungen jedoch erst, wenn Sie sich sehr wohl im Französischen fühlen. **C'est clair ?**, *Ist das klar?*

2. SETZEN SIE DIESE UNREGELMÄSSIGEN VERBEN IN DIE NEGIERENDE ODER IN DIE ZWEITE INTERROGATIVE FORM IM FUTUR

a. Tu es là demain. (interr. mit **est-ce que**). →

b. Nous avons assez d'argent. (neg.) →

c. Émilie peut nous aider si on lui demande gentiment. (interr. mit **est-ce que**) →

d. Je pense qu'ils font beaucoup de progrès (neg.) →

e. Vous allez directement au marché. (interr. mit **est-ce que**) →

3. SETZEN SIE DIE VERBEN IN DEN KLAMMERN INS PERFEKT

a. Je (*passer*: …………..) trois semaines en Corse cette année.

b. Marine (*retourner*, negierend: …………..) en France à Noël.

c. Les enfants (*rentrer*: ……………………..) tard hier.

d. Nous (*sortir*: …………...) les couteaux et les fourchettes pour mettre la table.

e. Il (*entrer*: ………………..) dans le bureau et, ensemble, ils (*entrer*: ………………..) les informations dans l'ordinateur.

4. ÜBERSETZEN SIE AUF FRANZÖSISCH

a. Fabiens Frau hat das ganze Haus auf den Kopf gestellt, um ihr Handy zu finden.

b. In unserem neuen Viertel werden wir zwei Käsereien, drei Bäckereien und eine Metzgerei haben.

c. Ich denke, dass du nicht glücklich bist, Marion. – Doch doch, alles ist sehr gut, danke.

d. Tut eure Schlüssel in eure Tasche, sonst verliert ihr sie.

e. Benjamin sagt, dass er keine Schokolade mehr kaufen wird. – Er spart am falschen Ende!

19. BUCHUNG

LA RÉSERVATION

ZIELE

- SICH ÜBER ZIMMER UND PREISE ERKUNDIGEN
- ERFRAGEN/VORSCHLAGEN
- UNVERBINDLICH SEIN

KENNTNISSE

- PRÄPOSITIONEN AM ANFANG VON FRAGEN
- *CHAQUE/CHACUN/CHACUNE*
- *FALLOIR*: EIN BEDARF ODER EINE NOTWENDIGKEIT

ES IST KEIN SCHNÄPPCHEN

– Das Marais-Hotel, Camille am Apparat. Wie kann ich Ihnen behilflich sein?

– Ich würde gerne Ihre Tarife für ein Doppelzimmer und ein Einzelzimmer erfragen *(kennen)*.

– Für welches Datum möchten Sie reservieren und für wie viele Personen?

– Es wird die letzte Woche des nächsten Monats sein, für ein Pärchen und zwei Kinder.

– Das ist der *(Wir werden sein den)* 26. und 27., scheint es mir.

– Das stimmt *(Ist gut das)*, der Ostersonntag und der Montag, der Feiertag ist.

– Wir haben noch Platz an *(für)* diesen Daten, aber man muss sich beeilen *(schnell machen)*. Jedes der Zimmer ist mit einem eigenen *(privaten)* Badezimmer, einem großen Bett oder zwei Einzelbetten *(Zwillingsbetten)* und einer WLAN-Verbindung ausgestattet. Die Kinder werden in dem Zimmer neben Ihrem sein und jedes wird sein eigenes Bett haben. Um wie viel Uhr gedenken Sie anzukommen, ungefähr? Von wo werden Sie kommen?

– Wir werden nicht vor 18:30 ankommen, da wir in Grenoble sein werden.

– Was benötigen Sie noch *(Von was anderem haben sie Bedarf)*: einen Parkplatz vielleicht?

– Nein danke. Wir werden den Zug *(nehmen)* und ein Taxi am Bahnhof nehmen *(finden)*. Aber wir müssen sehr früh am Dienstag Morgen abfahren. Wird es möglich sein zu frühstücken *(das Frühstück einzunehmen)*?

– Keine Sorge. Ein Buffet wird ab 6 Uhr für die Kunden, die früh aufstehen, serviert. Man muss es einfach am Vortag bestellen.

– Ich habe vergessen Sie zu fragen: wie viel kosten *(an wie viel sind)* die Zimmer?

– Jedes Zimmer kostet *(ist an)* 560€, Frühstück nicht inbegriffen.

– Ah, ich verstehe *(sehe)*… Ich werde Sie morgen zur Bestätigung anrufen und werde *(an diesem Moment)* dann zahlen.

– Ich werde ein paar Informationen entgegennehmen, wenn Sie gestatten *(gerne wollen)*. Wie lauten *(sind)* Ihr Nachname, Vorname und Geburtsdatum?

– Ich werde Ihnen all das morgen sagen. Ganz bestimmt *(Ohne Fehler)*…

21 — CE N'EST PAS UNE BONNE AFFAIRE.

— Hôtel le Marais, Camille à l'appareil. Comment puis-je vous être utile ?

— Je voudrais connaître vos tarifs pour une chambre double et une chambre simple.

— Pour quelle date souhaitez-vous réserver, et pour combien de personnes ?

— Ça sera le dernier week-end du mois prochain, pour un couple et deux enfants.

— Nous serons le vingt-six et le vingt-sept, il me semble.

— C'est bien ça, le dimanche de Pâques et le lundi, qui est férié.

— Nous avons encore de la place pour ces dates mais il faut faire vite. Chacune des chambres est équipée d'une salle de bain privée, d'un grand lit ou de lits jumeaux, et d'une connexion wifi. Les enfants seront dans la chambre à côté de la vôtre et chacun aura son propre lit. À quelle heure pensez-vous arriver, à peu près ? D'où viendrez-vous ?

— Nous n'arriverons pas avant dix-huit heures trente car nous serons à Grenoble.

— De quoi d'autre avez-vous besoin : une place de parking, peut-être ?

— Non merci. Nous prendrons le train et trouverons un taxi à la gare. Mais nous devrons partir très tôt le mardi matin. Sera-t-il possible de prendre le petit déjeuner ?

— Pas de soucis. Un buffet est servi à partir de six heures pour les clients qui se lèvent tôt. Il faut simplement le commander la veille.

— J'ai oublié de vous demander : à combien sont les chambres ?

— Chaque chambre est à cinq cent soixante euros, petit déjeuner non compris.

— Ah, je vois… Je vous appellerai demain pour confirmer et je paierai à ce moment-là.

— Je vais prendre quelques informations, si vous le voulez bien. Quels sont vos noms, prénom et date de naissance ?

— Je vous dirai tout ça demain. Sans faute….

■ DEN DIALOG VERSTEHEN
FORMULIERUNGEN UND REDEWENDUNGEN

→ **un appareil**, *ein Apparat, Gerät* wird in zusammengesetzten Wörtern benutzt wie **un appareil-photo**, *ein Fotoapparat, eine Kamera* (Achtung: **une caméra** ist *eine Filmkamera*) oder in Begriffen wie **un appareil électroménager**, *Elektrogerät* (also sehr ähnlich zum Deutschen). Es wird ebenfalls benutzt, wenn man ans Telefon geht (was früher **un appareil téléphonique** hieß): **Qui est à l'appareil ?**, *Wer ist am Apparat?*. Auch die Art ans Telefon zu gehen wird Ihnen bekannt vorkommen: **Michel à l'appareil**, *Michel am Apparat*. Aber jetzt, wo Mobiltelefonie die Norm ist, antworten die meisten einfach **Allô ?**, *Hallo?* außer in formellen Kontexten.

→ Die erste Person Singular von **pouvoir**, *können* (Modul 3) ist **je peux** und die zweite – gewöhnlichste – Frageform lautet **est-ce que je peux ?**. Im gehobenen Umfeld jedoch, kann **je peux** nicht invertiert werden, weshalb Sie eine ältere, literarische Form, **puis** (ausgesprochen [püi]), in höflichen Phrasen der ersten Person Singular antreffen werden: **Puis-je vous aider ?**, *Kann ich Ihnen helfen?* oder **Comment puis-je vous être utile ?**, *Wie kann ich Ihnen behilflich sein?*

→ Neben **un prix**, [prie], *ein Preis* (Modul 5), wird **un tarif**, *ein Tarif, eine Gebühr* auch oft genutzt. In einem Hotel können Sie fragen **Quel est votre meilleur tarif ?**, *Was ist Ihr bester Tarif?*. Das Substantiv wird ebenso im Kontext des Transports oder Unterhaltung gebraucht: **un billet à plein tarif/à tarif réduit**, *ein Voll-Preis-Ticket/ein ermäßigtes Ticket*; **tarif étudiant**, *Studierendentarif*. Wie im Deutschen gibt es also eine Überschneidung von **un prix** und **un tarif** – wenn Sie unsicher sind, nehmen Sie ersteres.

→ **souhaiter** (Ausspr.: [su-ä-te]), erinnern Sie sich, dass das **h** nicht aspiriert ist) heißt *wünschen, wollen, mögen*. Das Verb wird in formellen Kontexten genutzt, um einen Wunsch auszudrücken: **Je souhaite avoir des informations**, *Ich würde gerne Informationen bekommen*, oder um eine Frage zu stellen: **À quelle heure souhaitez-vous venir ?**, *Um wie viel Uhr möchten Sie kommen?*. (Die klassische Antwort, wenn jemand niest ist **À vos/tes souhaits !**, *„Auf Ihre/eure/deine Wünsche"*)

→ Das Adjektiv **propre** hat zwei Bedeutungen: *sauber*, meist nach dem Nomen platziert: **Les chambres de cet hôtel ne sont pas très propres**, *Die Zimmer dieses Hotels sind nicht sehr sauber*; und *eigene/r/s*, was meist vorangestellt wird: **Ce sont mes propres photos**, *Das sind nicht meine eigenen Fotos*. Merken Sie sich diese Unterscheidung, denn **propre** ist eins mehrerer Adjektive, die ihre Bedeutung je nach Stellung im Satz ändern können.

→ **près**, *nah*, steht in der adverbialen Phrase **à peu près**, wörtl. *an fast nah*, was *ungefähr, etwa* bedeutet. Der Ausdruck kommt meist vor einem Adjektiv oder Nomen:

Le sens de cette phrase est à peu près clair, *Der Sinn dieses Satzes ist [in] etwa klar*, aber er kann auch nach einer Aussage oder Frage stehen: **Le petit déjeuner coûte combien, à peu près ?**, *Das Frühstück kostet wie viel, ungefähr?*. Unabhängig vom Kontext drückt die Phrase eine Schätzung aus.

→ Noch mehr **franglais**! **Un parking** oder **une place de parking** ist *ein Parkplatz* (vom englischen *a parking space*). Allerdings wird das englische Verb *to park* (*parken*) mit **(se) garer** übersetzt: **Nous avons garé la voiture derrière l'hôtel**, *Wir haben das Auto hinter dem Hotel geparkt*. Daher kommt auch das Word **un garage**, *eine Garage*.

→ **un souci**, *eine Sorge* wird in der Phrase **Pas de soucis** (oder **souci**), *Keine Sorge, Kein Problem* benutzt. Es ist ein etwas umgangssprachlicher Ersatz für **Pas de problème**.

KULTURELLER HINWEIS

Wenn man nach einem Hotel in Frankreich schaut, muss man darauf achten, dass es auch wirklich eine Beherbergung anbietet, da sich das maskuline Nomen **un hôtel** auch auf ein großes, meist historisches Gebäude bezieht. **Un hôtel particulier** (wörtl. ein privates Hotel) ist eine Villa, oft von historischer Bedeutung. Diese prächtigen Wohnsitze sind zuerst im 14. Jahrhundert, vor allem im Viertel **Le Marais** in Paris, aufgetreten, wo ein paar der „neueren" immer noch stehen: z.B. **l'Hôtel de Carnavalet**, das aus den 1600-ern stammt. **Le Marais** (*der Moor, Morast*) ist eines der ältesten Viertel der Stadt, in dem sich nicht nur mittelalterliche Gebäude befinden, sondern auch angesehene Museen, top-aktuelle Galerien und vielfältige Gemeinschaften.

Viele weitere Gebäude, die den Titel **hôtel** tragen, haben eine offizielle Funktion, wie das **l'Hôtel de la Monnaie**, *die Münzanstalt* oder **un hôtel de police**, *ein Polizeirevier*. In großen Städten ist **l'hôtel de ville** das Äquivalent zum *Rathaus*. (In kleineren Städten und Dörfern ist das Zentrum der Kommunalverwaltung **la mairie**, das Büro von **le** oder **la maire**, *der/die BürgermeisterIn*.)

Die Universität von **Grenoble**, in Südostfrankreich ist ein wichtiges Zentrum für wissenschaftliche Forschung und die Hightech-Industrie. Es ist zudem das Tor zu der Bergregion der Alpen, daher sein Spitzname **la Capitale des Alpes**, *die Hauptstadt der Alpen*.

GRAMMATIK
FRAGEN MIT INITIALEN PRÄPOSITIONEN

Mittlerweile sollten Sie die drei Frageformen kennen. Schauen wir uns nun an, wie man Fragen mit interrogativen Pronomen stellt, kombiniert mit den Präpositionen **à** und **de**. In der zweiten und dritten Form beginnt man Fragen mit einer Präposition, wie im Deutschen:

J'arrive à dix heures.	Ich komme um 10 Uhr an.	→	À quelle heure arrives-tu/ est-ce que tu arrives ?	Um wie viel Uhr kommst du an?
Ils arrivent de Grenoble.	Sie kommen von Grenoble (an).	→	D'où arrivent-ils/est-qu'ils arrivent ?	Von wo kommen sie an?

Viele Französisch-Sprechende präferieren jedoch die erste Frageform, in der die Intonation angehoben wird, da sie einfacher zu bilden und weniger formell ist: **Tu arrives à quelle heure ?/Ils arrivent d'où ?**. Alle drei Formen sind natürlich grammatikalisch korrekt.

Es ist sehr wichtig, auf die Präposition zu achten, da sie wie gesagt vor das Fragewort gesetzt wird: **... à dix heures → À quelle heure ?**; **... de Grenoble → D'où ?**. Nehmen Sie **combien**, *wie viel*:
À combien sont les chambres ? – Les chambres sont à deux cents euros.
De combien avez-vous besoin ? – Nous avons besoin de deux chambres.
Die gleiche Regel trifft auf qui, *wer* und **quoi**, *was* zu:
De qui vient cette lettre ? – Cette lettre vient de Camille.
À qui voulez-vous parler ? – Je veux parler à Camille.
De quoi ont-ils besoin ? – Ils ont besoin de mon aide.
Erinnern Sie sich, dass **à** als **au** „verkleidet" sein kann:
Je veux parler au directeur → À qui voulez-vous parler ?
À quoi penses-tu ? – Je pense à mes vacances.
Ebenso kann **de** als **du/des** verkleidet sein:
Ils ont besoin des clés → De quoi ont-ils besoin ?

Auch hier kann man Fragen umstrukturieren und sie zwangloser gestalten, indem man das Fragepronomen ans Ende setzt, aber die Präposition bleibt natürlich die gleiche:
Cette lettre vient de qui ? Ils ont besoin de quoi ?
Vous voulez parler à qui ? Tu penses à quoi ?

CHAQUE/CHACUN/CHACUNE

Wir haben **chaque**, *jede/r/s, alle*, bereits als indefinites Adjektiv gesehen, das auf Menschen oder Dinge im Allgemeinen referiert und immer mit einem Singular-Nomen gepaart ist: **chaque chambre**, *jedes Zimmer*, **chaque pays**, *jedes Land*.
Es verschmilzt mit **un** oder **une**, um die indefiniten Pronomen **chacun**, *jeder/s* (maskulin) und **chacune**, *jede/s* (feminin) zu formen. Sie werden benutzt, um eine Aussage herauszustellen und müssen dem zugehörigen Nomen angeglichen werden:
Chacune des chambres a une salle de bain, *Jedes der Zimmer hat ein Badezimmer*.
Chacun des enfants aura un grand lit, *Jedes der Kinder wird ein großes Bett haben*.

Das Pronomen kann auch alleine benutzt werden, nach einem Nomen:
Nous avons dix chambres, chacune avec une salle de bain, *Wir haben 10 Zimmer, jedes mit einem Badezimmer.*
J'ai donné une pomme à chacun, *Ich habe jedem einen Apfel gegeben.*
(Wenn eine solche Gruppe nur aus Männern oder aus Männern und Frauen besteht, nehmen Sie **chacun**; wenn sie nur aus Frauen besteht **chacune** – wie im Deutschen).

Zuletzt kann **chacun(e)** als indefiniter Ausdruck benutzt werden, so wie bei **Chacun pour soi !**, *Jeder für sich* oder **Chacun sait que Grenoble est une belle ville**, *Jeder weiß, dass Grenoble eine schöne Stadt ist*. In diesem Kontext ist es Synonym zu **tout le monde**: **Tout le monde sait que…**, etc. Es gibt noch weitere Gebräuche, die wir später sehen. Merken Sie sich, dass es keine Plural-Form gibt, da **chacun(e)** *ein jeder* meint.

▲ KONJUGATION
FALLOIR

Falloir ist ein unpersönliches Verb, was nur in der Infinitiv-Form oder mit **il** (für *es, man*) besteht. Die gute Nachricht ist, dass es nur ein halbes Dutzend an Formen gibt, vor allem **il faut**, verglichen mit 20 für ein normales Verb. **Falloir** drückt eine Notwendigkeit oder ein Bedürfnis aus und wird meist mit *müssen, sollen*, im Falle einer Person oder im allgemeinen Sinne mit *nötig sein, brauchen* übersetzt:
Il faut une connexion wifi pour accéder à Internet, *Man braucht eine WLAN-Verbindung, um ins Internet zu gelangen.*
Pour aller de Grenoble à Forcalquier, il faut deux heures, *Um von Grenoble nach Forcalquier zu kommen, braucht man zwei Stunden.*
Obwohl das Verb unpersönlich ist, wird es je nach Kontext oft „persönlich" übersetzt:
Il faut téléphoner au bureau, *Ich muss/du musst/Wir müssen/Sie müssen/Ihr müsst im Büro anrufen*. Im Text dieses Moduls, sagt Camille „**Il faut simplement nous demander la veille**", was eigentlich bedeutet *Sie müssen uns einfach am Vortrag fragen*. Jedes Verb, das unmittelbar auf **falloir** folgt, steht im Infinitiv:
Il faut partir tout de suite, *Ich muss/du musst/etc. sofort gehen.*
Wir sehen ein paar weitere Strukturen in einem späteren Modul.

FUTUR: ÄNDERUNGEN IN DER AUSSPRACHE

Wir wissen, dass das Futur durch Addieren von **-ai, -as, -a, -ons, -erez**, und **-ont** den Infinitiv von **-er** und **-ir** Verben und an den Stamm von **-re** Verben gebildet wird. Es gibt ein paar Ausnahmen, die bestimmte Verb-Gruppen betreffen. Hier sind zwei der wichtigsten:

1) Fast alle auf **-eler** endende Verben, wie **appeler**, verdoppeln das **l**: **j'appellerai, tu appelleras, il/elle appellera, nous appellerons, vous appellerez, ils/elles appelleront**.

Ebenso verdoppeln die meisten auf **-eter** endende Verben, wie **jeter**, *werfen*, das **t**: **je jetterai, tu jetteras**, etc.

In beiden Fällen ändert sich die Aussprache leicht. Zum Beispiel das **e** in **nous appelons**, das eher einem [ö] ähnelt, klingt in **appellerai** eher wie das [ä] in *elf*. Hören Sie bei der vierten Übung dieses Moduls ganz genau hin. Vorerst ist es wichtig, lediglich die Änderungen der Aussprache zu erkennen.

2) Verben wie **lever**, *hochheben* bekommen ein Accent grave auf dem ersten **e**, wie auch **acheter**, *kaufen*: **je lèverai, tu lèveras**, etc.

Auch hier verändert sich die Aussprache vom **e** von [ö] (**lever**) zum [ä] von *elf* (**lèverai**).

Das Futur der auf **-yer** endenden Verben, wie **payer**, *bezahlen*, kann auf zwei Weisen geschrieben werden: **je payerai** oder **je paierai**. Beide sind korrekt und die Aussprache bleibt gleich.

Diese Details sind wichtig, da die gleichen Arten von Änderungen in anderen Zeitformen auftreten. Aber erinnern Sie sich, dass es vorläufig wichtiger ist zu sprechen und zu verstehen als zu schreiben.

●ÜBUNGEN

1. WANDELN SIE DIESE SÄTZE IN FRAGEN UM, MIT EINER PRÄPOSITION BEGINNEND

a. Les oignons sont à 2 euros le kilo. →

b. Marion arrive à 22 heures. →

c. Elles veulent parler à Jean-Philippe. →

d. J'ai besoin de deux places. →

e. Nous pensons à nos vacances d'été. →

2. MACHEN SIE AUS DIESEN FRAGEN WENIGER FORMELLE FRAGEN

a. De qui vient ce mail ? → ……………………………………… ?

b. À qui veut-il parler. → ……………………………………… ?

c. De quoi ont-ils besoin ? → ……………………………… ?

d. À quoi pensez-vous ? → ……………………………………… ?

e. D'où arrivent-ils ? → ……………………………………… ?

●VOKABULAR

commander *bestellen*
confirmer *bestätigen*
falloir (il faut) *müssen, sollen, brauchen, nötig sein*
sembler *(er-)scheinen*
souhaiter *wünschen, mögen, wollen*

une bonne affaire *ein Schnäppchen, ein gutes Geschäft*
une connexion *eine Verbindung*
un nom *ein (Nach)Name*
un couple *ein Paar, ein Pärchen*
un jumeau/-elle *ein männlicher/weiblicher Zwilling*
des lits jumeaux *Einzelbetten*
la naissance *die Geburt*
Pâques *Ostern*
un prénom *ein Vorname*
un taxi *ein Taxi*
la veille *der Vortag*

double *doppel-, doppelt*
privé(e) *privat*
propre *sauber; eigene/r/s*
simple *einfach, Einzel-*
chacun(e) *jede/r/s (einzeln)*
chaque *jede/r/s, alle*
prochain(e) *nächste/r/s*
à ce moment-là *dann, zu diesem Zeitpunkt*

C'est bien ça *Das stimmt*
Comment puis-je vous être utile ? *Wie kann ich Ihnen behilflich sein?*
Il me semble *Mir scheint, Es scheint mir, Ich habe den Eindruck*
Pas de souci(s) *Keine Sorge*
Sans faute *Ganz bestimmt, Ich verspreche es, Sicher*
Si vous voulez bien *Wenn Sie gestatten/erlauben/bitte so freundlich wären*

3. BENUTZEN SIE CHAQUE, CHACUN ODER CHACUNE

a. Je l'appelle (……………….) jeudi pour avoir de ses nouvelles.

b. (……………..) des enfants fait de l'exercice tous les matins.

c. J'ai trois boîtes de chocolat, mes filles. Vous aurez une boîte (……………..….)

d. (………….……) sait que cet hôtel est beaucoup trop cher.

e. Nous avons deux marchés dans notre ville, (………………) avec un boucher et un poissonnier.

4. ÜBERSETZEN SIE AUF FRANZÖSISCH

a. Diese Filmkamera kostet nur 200€. – Das ist ein Schnäppchen!

b. Sophie hat mich gebeten, sie um 10 Uhr anzurufen. – Ruf sie an, du bist spät dran.

c. Man braucht zwei Stunden, um mit dem Zug von Paris nach Bordeaux zu fahren. – Das ist alles?

d. Wer ist am Apparat? – Ich bin es, Arnaud.
 – Ich rufe dich in einer halben Stunde zurück.

e. Ich habe noch Zimmer, aber man muss sich beeilen. – Keine Sorge.

In diesem Modul haben Sie die Art formeller Sprache gelernt, die man auf einer Website sieht oder am Telefon hört, wenn man eine/n DienstleisterIn anruft. Stellen Sie die Weise, mit der der Verkäufer des Marktes zu einem Kunden in Modul 18 spricht, mit den ersten Zeilen dieses Dialogs gegenüber. Wir erwarten nicht, dass Sie bereits wie Camille sprechen, aber es ist nützlich, verschiedene Sprachniveaus erkennen zu können, selbst wenn man noch am Anfang des Spracherwerbs steht.

20. SPORT
LE SPORT

ZIELE

- **EINE HÖFLICHE EINLADUNG AUSSPRECHEN**
- **HÖFLICH ANNEHMEN**
- **EIN ANGEBOT ABLEHNEN**

KENNTNISSE

- **VERBEN + PRÄPOSITIONEN**
- **UNREGELMÄSSIGE PLURAL-NOMEN**
- **VERBEN, DIE IHRE BEDEUTUNG ÄNDERN**

EINE HANDVOLL SPIELER, VIELE SCHIEDSRICHTER

– Ich verfolge die Fußballmeisterschaft von Frankreich jedes Jahr. Ich lese die Sportzeitungen jede Woche. Ich schaue die meisten der Spiele im Fernsehen oder, im schlimmsten [Fall], höre ich sie im Radio an. Aber dieses Mal ist meine Lieblingsmannschaft im Finale und ich werde sie morgen Abend sehen. Hast du Lust *(Sagt es dir)* mit mir zu kommen? Es ist mir gelungen zwei Tickets zu bekommen, um beim Spiel zuzusehen.

– Du weißt, ich kenne mich nicht mit Fußball aus. Ich komme aus dem Südwesten und ich präferiere *(das)* Rugby. Wo findet es statt, dieses Spiel?

– Es findet im Stadion von Frankreich statt. Das lohnt [sich] wirklich *(die Mühe)*, glaub mir *(ich versichere dir)*. Die Spieler hatten letzte Woche einen Riesenerfolg *(haben einen Tabak gemacht)* als sie gegen Nizza gespielt haben. Sie haben vier zu zwei gewonnen, obwohl sie das Mal davor unentschieden gespielt *(null-Spiel gemacht)* hatten.

– Und André? Mir scheint, dass er *(den)* Fußball liebt. Will er nicht mit dir kommen?

– Ich habe ihm angeboten mich zu begleiten, aber er weigert [sich] unter *(in)* [der] Woche etwas zu unternehmen *(auszugehen)*. Er sagt, dass er zig *(36000)* Dinge zu tun hat und dass er den Abend nicht damit zubringen kann, sich zu amüsieren. Generell verstehen wir uns sehr gut, aber langsam nervt er mich *(er fängt an meine Füße brechen)*.

– Du musst *(Man muss)* lernen geduldig zu sein.

– Du hast Recht. Ich werde mich anstrengen *(eine Anstrengung machen)*. Also, kommst du, ja oder nein?

– Wenn es dir Freude *(Gefallen)* bereitet. Aber ich werde meinen Platz bezahlen, ich bestehe darauf.

– Auf keinen Fall *(Es ist keine Frage darüber)*. Ich lade dich ein – auch wenn du keine Spiele mit runden Bällen magst!

– Wo treffen *(finden)* wir uns?

– Ich werde auf dich vor dem Stadion um 18:30 warten. Achtung: auf der RER-Strecke sind Bauarbeiten.

– Ok. Bis morgen Abend also. Denkst du, dass viele Leute da sein werden?

– Und wie! Es werden 22 Spieler und 50000 Schiedsrichter da sein.

22 UNE POIGNÉE DE JOUEURS, BEAUCOUP D'ARBITRES

— Je suis le championnat de France de football chaque année. Je lis les journaux sportifs toutes les semaines. Je regarde la plupart des matchs à la télé ou, au pire, je les écoute à la radio. Mais cette fois-ci, mon équipe préférée est en finale et je vais les voir demain soir. Ça te dit de venir avec moi ? J'ai réussi à avoir deux billets pour assister au match.

— Tu sais, je ne m'y connais pas en foot. Je suis du sud-ouest et je préfère le rugby. Ça se passe où, ce match ?

— Il a lieu au Stade de France. Ça vaut vraiment la peine, je t'assure. Les joueurs ont fait un tabac il y a deux semaines quand ils ont joué contre Nice. Ils ont gagné quatre à deux, alors que la fois d'avant, ils avaient fait match nul.

— Et André ? Il me semble qu'il adore le foot. Il ne veut pas venir avec toi ?

— Je lui ai proposé de m'accompagner mais il refuse de sortir en semaine. Il dit qu'il a trente-six mille choses à faire et qu'il ne peut pas passer la soirée à s'amuser. En général, on s'entend très bien mais il commence à me casser les pieds.

— Il faut apprendre à être patient.

— Tu as raison. Je ferai un effort. Alors, tu viens, oui ou non ?

— Si ça te fait plaisir. Mais je vais payer ma place, j'insiste.

— Il n'en est pas question. Je t'invite – même si tu n'aimes pas les jeux de ballon rond !

— Où est-ce qu'on se retrouve ?

— Je t'attendrai devant le stade à dix-huit heures trente. Attention : il y a des travaux sur la ligne du RER.

— Ça marche. À demain soir, alors. Tu penses qu'il y aura beaucoup de monde ?

— Et comment ! Il y aura vingt-deux joueurs et cinquante mille arbitres.

■ DEN DIALOG VERSTEHEN
FORMULIERUNGEN UND REDEWENDUNGEN

→ Wir wissen, dass **je suis** die erste Person Singular von **être** ist. Aber das ist es auch von **suivre**, *folgen* (Modul 15): **je suis, tu suis, il/elle suit, nous suivons, vous suivez, ils suivent**. Es ist wichtig Wörter mit der gleichen Schreibweise, aber unterschiedlichen Bedeutungen aufzuschreiben, um sicherzugehen, dass man sie korrekt verwendet.

→ **dire**, *sagen*, kann idiomatisch als Synonym für *Lust haben*, *zusagen* gelten. Es wird oft in der unpersönlichen Form mit **ça** benutzt: **Ça vous dit de voir le match?**, *Hast du Lust/Sagt es dir zu, das Spiel zu sehen?*; **Ça ne me dit rien**, *Damit kann ich nichts anfangen, Das sagt mir nichts*. Bedenken Sie, dass das Subjekt von **dire** hier **ça** ist, weshalb das Verb in der 3. Ps. Sg. konjugiert wird.

→ **assister à** ist zum Teil ein „falscher Freund": es heißt *zusehen, beiwohnen*: **Le premier ministre a assisté au débat au Sénat hier**, *Der Premierminister hat der Debatte im Senat gestern beigewohnt*. Es kann auch mit *dabei sein* übersetzt werden: **Combien de spectateurs ont assisté au match ?**, *Wie viele Zuschauer waren beim Spiel dabei?* In diesem Kontext wird das Verb immer von **à** (oder **au/aux**) gefolgt. Ohne die Präposition heißt **assister** aber passend *assistieren*.

→ **s'y connaître en** (wörtl. *sich dort kennen darüber*) steht idiomatisch für *sich (mit etw.) auskennen, etw. von ... verstehen*. Schauen Sie, wie es benutzt wird: **Je m'y connais en sport automobile**, *Ich kenne mich mit Motorsport aus*; **Est-ce qu'il s'y connait en rugby?**, *Versteht er etwas von Rugby?*; **Elle ne s'y connaît pas en peinture**, *Sie kennt sich nicht mit Malerei aus*.

→ **la peine** heißt *Schmerz, Leid*: **Cet homme me fait de la peine**, *Dieser Mann tut mir leid*. Aber es wird oft mit dem Verb **valoir** im Sinne von *sich lohnen, die Mühe wert sein* benutzt, mit dem indefiniten Artikel **de**. **Ça vaut la peine d'arriver de bonne heure au stade**, *Es lohnt sich, früh am Stadion anzukommen*. Die negierende Form, **ça ne vaut pas la peine**, wird oft zu **ce n'est pas la peine** verkürzt: **Ça ne vaut pas la peine/Ce n'est pas la peine d'arriver avant deux heures**, *Es lohnt sich nicht vor 2 Uhr zu kommen*.

→ **faire un tabac** (wörtl. *einen Tabak machen*) ist ein Idiom für *einen Riesenerfolg haben*. Es kommt von einem alten Marine-Ausdruck für den Donnerschlag. **La chanteuse a fait un tabac avec son nouvel album**, *Die Sängerin hat einen Riesenerfolg mit ihren neuen Album gehabt*. (Siehe auch Modul 24, Kultureller Hinweis). Ein weiterer figurativer Ausdruck ist **casser les pieds** (wörtl. *die Füßen brechen*), was im Grunde genommen *nerven, auf die Nerven gehen* meint: **Elle me casse les pieds avec ses problèmes**, *Sie nervt mich mit ihren Problemen*. Wir werden bald mehr über geläufige Idiome lernen.

→ **trente-six**, *dreiundsechzig*, wird als unbestimmte Nummer in verschiedenen idiomatischen Ausdrücken benutzt. Es kann eine große indefinite Anzahl meinen, wie wir im Dialog gesehen haben: **Je ne peux pas faire trente-six** (oder **trente-six mille**) **choses à la fois**, *Ich kann nicht zig Sachen auf einmal machen*. Oder eine lange Zeitperiode: **Je la vois tous les trente-six du mois parce qu'elle habite très loin**, *Ich sehe sie alle Jubeljahre mal, weil sie sehr weit weg wohnt*. Die Herkunft dieser und anderer 36-bezogener Idiome ist umstritten. Es genügt zu wissen, dass wenn Sie **trente-six** hören, es nicht unbedingt drei mal 12 bedeutet!

→ **Il n'en est pas question** heißt *Kommt nicht in Frage*. Hören Sie aufmerksam der Audioaufnahme zu und passen Sie auf, nicht ein zweites negierendes Adverb vor **est** zu setzen (**il n'en n'est pas**).

→ **Ça marche !** heißt wörtlich *Das läuft, Das funktioniert*, was man so auch fast im Deutschen antreffen könnte, aber noch passender ist *Ok, Abgemacht, Geht in Ordnung*. Es indiziert Zustimmung oder Bejahung: **Tu peux venir dîner mardi ? – Ça marche !**, *Kann du Dienstag zum Abendessen kommen? – Klar!*. Sie werden es oft hören, wenn Sie eine Bestellung in einem Café oder Restaurant aufgeben: **Deux cafés et un thé, s'il vous plait. – Ça marche !**, *Zwei Kaffee und einen Tee bitte. – Kommt sofort.*

KULTURELLER HINWEIS

Le sport, *der Sport*, spielt eine wichtige Rolle in Frankreich. Der populärste Sport ist **le football** (oft zu **le foot** abgekürzt), auch wenn der südwestliche Teil des Landes die geistige Heimat von **le rugby** ist. Andere beliebte Sportarten sind **le tennis**, **le cyclisme**, *der Radsport*, **la natation**, *das Schwimmen*, **l'escrime** (fem.), *das Fechten* und, natürlich, **le ski** (Frankreich verfügt über das größte zum Skifahren geeignete Areal der Welt). Mit etwa 3400 km Küstenlinie ist es kaum überraschend, dass **la voile**, *das Segeln*, sowohl ein Sport als auch ein Hobby ist. Ein typisch französisches Spiel, das keine Olympia-Fähigkeiten verlangt, ist **la pétanque** oder auch **le jeu de boules**, *das Spiel der Kugeln*.

Ein international berühmtes Event, das weltweites Interesse anzieht, ist das alljährliche dreiwöchige Fahrrad-Rennen **Le Tour de France** (wörtl. *Rundfahrt von Frankreich* – Vorsicht: **la tour** heißt *der Turm*), in dem Radfahrer-Teams das gesamte Land durchqueren, mit Abstechern zum benachbarten Italien, Spanien, Belgien und Großbritannien.

Zusätzlich zum Nomen **le foot**, kommt ein Großteil des Sport-Vokabulars vom Englischen, wie auch im Deutschen: **la boxe**, **le hockey**, **le golf**, **le squash**, **le tennis**, **le volley**, *Volleyball*; **le water-polo**, *Wasserpolo*; **le match,** *das Spiel* (von engl. *the match*) und **le penalty,** *der Strafstoß* (von engl. *the penalty*). Dennoch ist Französisch eine der offiziellen Sprachen von **les Jeux olympiques**, *die Olympischen Spiele* und

Frankreich war Vorgänger einiger Sportarten, inklusive des Tennis (das englische Wort kommt von **tenez**, dem Imperativ von **tenir**, und das Spiel hieß urspr. **le jeu de paume**, *das Schlagballspiel*). **Allez les Bleus !**, *Los Frankreich!* – der Name **les Bleus** kommt von der Farbe der Trikots des Nationalteams.

Le Réseau express régional, abgekürzt **le RER** [er-ö-er], ist das schnellste Schienenverkehrssystem, das die Pariser Außenbezirke mit der Stadt verbindet (es entspricht in etwa der S-Bahn).

GRAMMATIK

In dieser Grammatik-Sektion geben wir Ihnen ein paar Hilfestellungen, mit denen die Probleme aufgeklärt werden, die Ihnen beim Lesen der bisherigen Dialoge und Grammatik-Regeln und beim Machen der Übungen begegnet sind.

KOMBINATIONEN VON VERBEN UND PRÄPOSITIONEN

Wenn man ein Verb lernt, ist es genau so wichtig, auch die dazugehörige Präposition zu lernen, wenn vorhanden, denn nicht immer stimmt es mit dem deutschen Äquivalent überein. Leider gibt es keine gesonderten Regeln, die diese Kombinationen leitet, aber dafür ein paar Richtlinien:

Verben mit direktem Objekt plus Präposition auf Deutsch, aber nicht auf Französisch:

attendre	warten auf	Nous attendons le bus.	Wir warten auf den Bus.
demander	fragen nach, bitten um	Demandez le programme.	Frag nach dem Programm.

Verben im Französischen gefolgt von einer Präposition, aber nicht im Deutschen:

changer de	wechseln, ändern	Je change de sujet.	Ich wechsle das Thema.
manquer de	fehlen	Nous manquons de personnel.	Uns fehlt Personal.
jouer à/de	spielen (Sport, Instrument)	Je joue au golf. Elle joue du piano.	Ich spiele Golf. Sie spielt Klavier.
rendre visite à	besuchen	Je rends visite à mon copain.	Ich besuche meinen Freund.
assister à	beiwohnen	Elles ont assisté à la conférence.	Sie haben der Konferenz beigewohnt.

Verben, die von einem Infinitiv ohne Präposition gefolgt werden können:

aimer	mögen, lieben	Elle aime travailler seule.	Sie mag es alleine zu arbeiten.
détester	hassen	Ils détestent attendre.	Sie hassen es zu warten.
devoir	müssen	Tu dois arriver avant neuf heures.	Du musst vor 9 Uhr da sein..
espérer	hoffen	Nous espérons aller en vacances en mars.	Wir hoffen im März in den Urlaub zu fahren.
pouvoir	können	Peux-tu répondre au téléphone ?	Kannst du ans Telefon gehen?
préférer	vorziehen	Je préfère partir demain.	Ich ziehe es vor morgen zu fahren.
savoir	wissen	Il sait faire la cuisine.	Er kann kochen.
vouloir	wollen, mögen	Nous voulons acheter cette maison.	Wir wollen dieses Haus kaufen.

Da die Regeln zu Gebrauch oder Tilgung von Präpositionen so komplex sind, ist es besser die Verben in Gruppen zu lernen (gefolgt von à, von de, von einem Infinitiv, etc.).

AMBIGE VERBEN: REFLEXIV UND TRANSITIV

Wir wissen, dass ein transitives Verb zu einem pronominalen (oder reflexiven) Verb gewandelt wird, indem man **se**, *sich* hinzufügt: **J'habille mon enfant/Je m'habille** → *Ich ziehe mein Kind an/Ich ziehe mich an* (siehe Modul 10). In manchen Fällen jedoch, ändert sich die Bedeutung, wie auch im Deutschen. Schauen Sie sich diese Beispiele an:
Je vais demander trois billets pour le match mais je me demande si André viendra,
Ich werde um 3 Tickets für das Spiel bitten, aber ich frage mich, ob André kommen wird.
Le film se passe à Nice, où nous passons nos vacances tous les ans,
Der Film spielt in Nizza, wo wir jedes Jahr unsere Ferien verbringen.
Je vous entends très mal. – J'ai dit : "Nous nous entendons bien avec tout le monde", *Ich höre Sie sehr schlecht. – Ich habe gesagt: „Wir verstehen uns gut mit allen".*
J'ai trouvé sa maison sur la carte : elle se trouve près de la banque,
Ich habe sein/ihr Haus auf der Karte gefunden: es befindet sich in der Nähe der Bank.
Hier sind ein paar weitere geläufige ambige Verben:

amuser	unterhalten	s'amuser	sich amüsieren, Spaß haben
battre	besiegen	se battre	sich prügeln
tromper	täuschen, hintergehen	se tromper	sich irren
servir	servieren	se servir	sich bedienen

PLURAL-NOMEN (FORTSETZUNG)

Wir wissen, dass Nomen ihren Plural meist durch Anhängen eines finalen **-s** bilden (außer sie enden bereits auf **-s**, **-x** oder **-z**, siehe Modul 2). Es gibt jedoch ein paar Ausnahmen. Nomen, die auf **-al** enden, bilden ihn meist durch das Ersetzen des **-l** mit **-ux**:
un animal, *ein Tier* → **des animaux**
un journal, *eine Zeitung* → **des journaux**
Die gleiche Regel trifft auf Wörter zu, die auf **-eau**, **-au** und **-eu** enden:
un bateau, *ein Boot* → **des bateaux**; **un tuyau**, *ein Rohr* → **des tuyaux**; **un jeu**, *ein Spiel* → **des jeux**
Eine Handvoll Nomen mit **-ail** endend, folgen der gleichen Regel. Das häufigste ist **le travail**, *die Arbeit* → **les travaux**, *(Bau-)Arbeiten*.
Zu guter Letzt gibt es sieben auf **-ou** endende Nomen, die ihren Plural durch ein **-x** bilden (alle anderen bekommen das finale **-s**). Die nützlichsten davon sind **un chou**, *ein Kohl* → **des choux** und **un genou**, *ein Knie* → **des genoux**.
In jedem Fall ist das finale **-x** lautlos.

●ÜBUNGEN

1. SETZEN SIE DIE KORREKTE PRÄPOSITION, WENN NÖTIG, HINTER DAS VERB

a. Le chanteur joue aussi _ _ _ _ piano. J'espère _ _ le voir en concert à Nantes.

b. Est-ce que vous voulez assister _ _ _ la réunion demain ?

c. J'ai appuyé _ _ le bouton mais la machine ne marche pas.

d. Nous espérons _ _ _ te voir _ _ match ce soir.

e. Ils préfèrent _ _ aller en vacances en octobre parce qu'il y a moins _ _ monde.

f. Je joue _ _ _ golf et _ _ _ la guitare.

g. Vous avez fini _ _ faire cet exercice ?

2. ÜBERSETZEN SIE DIESE NOMEN, SETZEN SIE SIE DANN INS PLURAL

a. ein Tier → ………………………………………………..

b. ein Boot → ………………………………………………..

c. eine Zeitung → ……………………………………………

d. ein Rohr → ………………………………………………..

e. ein Knie → ………………………………………….....…..

VOKABULAR

avoir lieu *stattfinden*
assister *dabei sein, zusehen, beiwohnen*
casser les pieds *nerven*
connaître *kennen*
s'y connaître *sich auskennen*
entendre *hören*
s'entendre *sich verstehen*
faire plaisir *eine Freude machen, einen Gefallen tun*
faire un tabac *einen Riesenerfolg haben*
faire un effort *sich anstrengen, sich überwinden, sich Mühe geben*
gagner *gewinnen*
inviter *einladen*
passer *verbringen,*
se passer *passieren*
préférer *präferieren, vorziehen*
proposer *vorschlagen, anbieten*
refuser *ablehnen*
retrouver *wiederfinden*
se retrouver *sich treffen*
réussir *schaffen, gelingen* (siehe auch Modul 6)
sortir *(her-)ausgehen*

un arbitre *ein Schiedsrichter*
un championnat *eine Meisterschaft*
un ballon *ein Ball* (Fußball, etc.)
une équipe *ein Team*, *eine Mannschaft*
une finale *ein Finale*
le football/le foot *Fußball*
un joueur/une joueuse *ein/e SpielerIn*
un match/des matchs *ein Spiel/Spiele*
un match nul *ein Unentschieden*
une place *ein Platz* (Theater, etc.)
un stade *ein Stadion*
la télé *das Fernsehen, der Fernseher*
des travaux *(Bau-)Arbeiten*

au pire *im schlimmsten Fall, schlimmstenfalls*
contre *gegen*
en général *generell, im Allgemeinen*
la plupart (de) *die meiste/n, die Mehrheit*

Attention ! *Achtung! Vorsicht!*
Ça marche ! *Ok!, Einverstanden!*
Ça vous/te dit de…? *Haben Sie/Habt ihr/hast du Lust…?, Sagt es Ihnen/euch/dir zu, …?*
Et comment ! *Und wie! Und ob!*
Il n'est pas question *Kommt nicht in Frage, Auf keinen Fall, Das steht außer Frage*

3. BILDEN SIE SÄTZE MIT DIESEN VERB-PAAREN

a. Nous (se demander) si ce projet vous intéresse.
Nous vous (demander) de ne pas être en retard.

b. Avez-vous (trouver) votre journal ?
Où (se trouver) votre bureau ?

c. La ligne est mauvaise : je te (entendre) mal
Je (s'entendre) avec ta famille.

d. (Passer) nous voir si vous venez à Paris.
Le film (se passer) en mil neuf cent quarante-trois à Paris.

4. ÜBERSETZEN SIE AUF FRANZÖSISCH

a. Ich kenne mich mit Rugby nicht aus, aber ich werde mich überwinden, wenn es dich/Sie/euch Freude macht.

b. Man muss lernen, geduldig zu sein. – Das steht außer Frage.

c. Hast du/Habt ihr Lust, heute Abend einen Film zu sehen? Es lohnt sich, früh am Kino zu sein.

d. Kannst du/Können Sie mir helfen, diese Arbeit zu beenden? Ich kann nicht zig* Sachen gleichzeitig machen.

e. Suchen Sie die Metro? – Nein, wir warten auf den Bus. – Kommen Sie mit mir. – Ok!

* Nehmen Sie beide Formen des idiomatischen Ausdrucks.

21. KRANKHEIT

LA MALADIE

ZIELE

- ÜBER GESUNDHEIT REDEN
- SYMPTOME ERKLÄREN
- EINE AUSEINANDERSETZUNG ERKLÄREN

KENNTNISSE

- PRONOMEN-REIHENFOLGE
- *MEILLEUR/MIEUX*
- FUTUR NACH ZEIT-KONJUNKTIONEN

ICH FÜHLE MICH NICHT SEHR GUT...

– Es scheint *(dass)* dir nicht sehr gut zu gehen. *(Das)* Stimmt das?

– Absolut. Ich fühle mich sehr schlecht: ich habe Fieber – fast 38 Grad – und Husten. Ich glaube, dass ich eine Grippe oder [so] etwas *(wie das)* habe. Ich habe meinen Hausarzt *(behandelnden Arzt)* kontaktiert und er hat mir geraten *(gesagt)* im Bett zu bleiben. Ich habe ihm die Symptome erläutert und um Ratschläge gebeten und er hat sie mir gegeben, mit klaren Erklärungen zu meiner Krankheit.

– Du hast mit ihm darüber gesprochen? Wie das?

– Er hat mich [nach] meiner Handynummer gefragt und ich habe sie ihm gegeben.

– Was? Du hast ihm deine private Nummer gegeben? Das macht man *(sich)* nicht!

– Ich weiß, aber ich war nicht auf dem Damm *(in meinem Teller)*. Ich habe ihn nicht um eine Krankmeldung *(Aussetzen der Arbeit)* gebeten, aber er hat mir trotzdem eine gegeben. Er hat mir geantwortet: „Glauben Sie mir, das ist besser für Sie. Sie werden zurück zur Arbeit gehen, wenn Ihr Gesundheitszustand besser ist *(Sie in besserer Gesundheit sind)*". Dann hat er mir ein Rezept geschickt und das Attest.

– Hast du dieses Attest deinem Arbeitgeber geschickt?

– Ja, ich habe es ihm sofort *(ohne zu warten)* geschickt.

– Aber was hast du genau? Du siehst mir nicht krank aus. Du wirkst fit *(in Form)*.

– Aber ich bin krank, ich sage [es] dir. Es geht mir überhaupt nicht gut. Ich sehe vielleicht nicht so aus, aber laut dem Arzt leide ich unter einer Angina, einer Mittelohrentzündung, einer Cephalgie und Abdominalschmerzen. Siehst du? Das ist recht schlimm, oder nicht?

– Unsinn! Du hast Halsschmerzen, Ohrenschmerzen, Kopfschmerzen und Bauchschmerzen.

– Puh! Jetzt fühle ich mich viel besser. Danke Doktor!

23 — JE NE ME SENS PAS TRÈS BIEN…

— Il parait que tu ne te sens pas très bien. C'est vrai, ça ?

— Absolument. Je me sens très mal : j'ai de la fièvre – près de trente-huit degrés – et de la toux. Je crois que j'ai une grippe ou quelque chose comme ça. J'ai contacté mon médecin traitant et il m'a dit de rester au lit. Je lui ai expliqué les symptômes et demandé des conseils et il me les a donnés, avec des explications claires sur ma maladie.

— Tu lui en as parlé ? Comment ça ?

— Il m'a demandé mon numéro de portable et je le lui ai donné.

— Quoi ? Tu lui as donné ton numéro personnel ? Ça ne se fait pas !

— Je sais, mais je n'étais pas dans mon assiette. Je ne lui ai pas demandé un arrêt de travail mais il m'en a donné un quand même. Il m'a répondu : « Croyez-moi, c'est mieux pour vous. Vous retournerez au travail quand vous serez en meilleure santé ». Puis il m'a envoyé une ordonnance et le certificat médical.

— Est-ce que tu as envoyé ce certificat à ton employeur ?

— Oui, je le lui ai envoyé sans attendre.

— Mais, qu'est ce tu as précisément ? Tu ne m'as pas l'air souffrant. Tu as l'air en forme.

— Mais je suis souffrant, je te dis. Je ne vais pas bien du tout. Je n'en ai peut-être pas l'air, mais, d'après le médecin je souffre d'une angine, une otite, une céphalée et des douleurs abdominales. Tu vois ? C'est plutôt grave, non ?

— N'importe quoi ! Tu as mal à la gorge, mal aux oreilles, mal à la tête et mal au ventre.

— Ouf ! Maintenant je me sens beaucoup mieux. Merci docteur !

■ DEN DIALOG VERSTEHEN
FORMULIERUNGEN UND REDEWENDUNGEN

→ **une fièvre** wird wie auf Deutsch im alltäglichen Französisch für *ein Fieber* oder *eine erhöhte Temperatur* benutzt: **Ma fille a beaucoup de fièvre**, *Meine Tochter hat hohes Fieber*; **la fièvre jaune**, *das Gelbfieber*. Das Nomen **la température** bezieht sich wie Sie es auch kennen auf die gemessene *Temperatur* des Körpers und auch auf die Atmosphäre. (Alle Temperaturen werden in Celsius abgegeben – praktisch!)

→ Um über Krankheiten zu sprechen, können wir das Verb **souffrir (de)** nehmen, was wörtlich *leiden (an)* heißt, aber es ist meist weniger dramatisch als es klingt: **Je souffre d'un mal de tête**, *Ich habe Kopfschmerzen*; **Ma sœur souffre de l'estomac**, *Meine Schwester hat Magenschmerzen*. Wie immer: alles hängt vom Kontext ab. Das Adjektiv **souffrant** bedeutet *krank*. Ein weiterer (gewöhnlicherer) Weg, Krankheit oder Unwohlsein zu beschreiben, ist **avoir mal** (wörtl. *Schmerz/schlecht haben*), gefolgt von **à** (in der jeweiligen korrekten Form) und dem erkrankten Körperteil: **J'ai mal à la tête**, *Ich habe Kopfschmerzen („Schmerz am Kopf")*; **Elle a mal au ventre**, *Sie hat Bauchschmerzen*; **Ils ont mal aux oreilles**, *Sie haben Ohrenschmerzen*. (Bedenken Sie jedoch, dass Ärzte/Ärztinnen zu fachlicheren Begriffen wie **une otite** tendieren). Zuletzt: ein klassischer idiomatischer Weg, um zu sagen, dass man sich nicht gut fühlt, ist **ne pas être dans son assiette**, wörtl. *nicht in seinem Teller sein*, was so figurativ wie *nicht auf dem Damm sein* ist oder *sich nicht wohlfühlen* entspricht.

→ **Comment ça ?** drückt Verwirrung aus und erfragt eine Erklärung, wie bei *Wie das?*, *Inwiefern?*: **Comment ça : tu as oublié d'acheter le pain ?** *Wie, du hast vergessen das Brot zu kaufen?*. Nicht zu verwechseln mit **Comment ça va ?**, *Wie geht es dir?*.

→ Die reflexive Form **se faire**, die wir in Modul 10 gesehen haben, wörtlich *sich machen*, wird in vielen idiomatischen Ausdrücken benutzt. Eine der häufigsten ist **Ça ne se fait pas**, *Das macht man nicht, Das gehört sich nicht*. Es kann mit einem Komplement verwendet werden: **Ça ne se fait pas de refuser une invitation**, *Es gehört sich nicht, eine Einladung abzulehnen*.

→ **avoir** kann wie im Deutschen benutzt werden für: **Qu'est-que vous avez? Vous vous sentez mal ?**, *Was haben Sie/Was ist mit Ihnen? Fühlen Sie sich nicht gut?* Eine Standard-Antwort wäre **Je n'ai rien**, *Ich habe nichts/es ist nichts* oder **J'ai mal à la tête**, *Ich habe Kopfschmerzen*.

→ **avoir l'air** bezieht sich darauf, was eine Person über jemanden oder etwas wahrnimmt. Es kann mit *aussehen, wirken, scheinen* übersetzt werden: **Il a l'air fatigué**, *Er sieht müde aus*; **Les hommes ont l'air très contents de leur travail**, *Die Männer sehen sehr zufrieden mit ihrer Arbeit aus*.

KULTURELLER HINWEIS

Das französische Gesundheitssystem, **le système de santé français**, wird auf der Welt als gut angesehen. Die medizinische Grundversorgung, **les soins de ville** (wörtl. die Stadtpflege) wird von einem umfassenden System öffentlicher Krankenhäuser, **des hôpitaux publics**; staatlich anerkannter Privatkliniken, **des cliniques**; Notfallmedizin, **la médicine d'urgence** und ambulanter Versorgung, **soins ambulatoires** gestellt. Der Großteil der Behandlungskosten wird von der Sozialversicherung, **la Sécurité sociale** (ugs. oft **la Sécu** genannt) getragen, während der Rest von Versicherungsvereinen auf Gegenseitigkeit, **des mutuelles**, übernommen wird.

Die erste Ebene des Gesundheitswesens wird von einem/r Allgemeinarzt/-ärztin, **un(e) médecin généraliste** gewährleistet. Man ist verpflichtet, sich bei einem/r AllgemeinmedizinerIn seiner Wahl einzutragen, der/die dann zum/r Hausarzt/-ärztin, **médecin traitant(e)** wird. Wie im Deutschen heißt **un(e) médecin** ein/e Arzt/Ärztin und das Wort **docteur** wird nur als Titel (z.B. **le Docteur Bellier**) verwendet oder wenn man die praktizierende Person direkt anspricht: **Bonjour docteur**, Guten Tag [Herr/Frau] Doktor. Die meisten ÄrztInnen arbeiten selbstständig oder in einer Praxis, **un cabinet** und überweisen den/die PatientIn, **un(e) patient(e)** zu einem/r SpezialistIn, **un(e) spécialiste**, wenn nötig. Wenn Medikamente, **les médicaments** verschrieben werden (nicht zu verwechseln mit **la médecine**, Medizin, „Heilkunde"), wird ein Rezept, **une ordonnance** oder **une prescription** ausgestellt, das in einer Apotheke, **une pharmacie** einlöst wird. Alle über 16 Jahre haben eine Krankenversicherungs-Chipkarte, **une carte Vitale**, die den ÄrztInnen oder ApothekerInnen vorgezeigt wird.

Man sagt übrigens **À votre/ta santé** (oder **Santé !**), Auf Sie/euch/dich!, Prost!, wenn man anstößt.

GRAMMATIK
PRONOMEN-REIHENFOLGE

Wenn ein Satz sowohl ein direktes als auch ein indirektes Objektpronomen hat, gibt es eine strikte Ordnung. Um sich diese zu merken, kann man sich eine Fußball-Mannschaft vorstellen, die in einer 5-3-2-1-1-Formierung spielen (die letzte „1" ist der Ball):

me				
te	le			
se	la	lui	y	en
nous	les	leur		
vous				

All diese Pronomen müssen dem Verb vorausgehen. Lassen Sie uns schauen, was in der Praxis (oder „im Spiel") passiert, wenn wir sie als Ersatz für ein Nomen nehmen:

Je te laisserai le numéro de téléphone. *Ich werde dir meine Telefonnummer dalassen.*	→	**Je te le laisserai.** *Ich werde sie dir dalassen.*
Il donnera l'ordonnance à Louise. *Er wird das Rezept Louise geben.*	→	**Il la lui donnera.** *Er wird es ihr geben.*
Nous envoyons les invitations à vous. *Wir senden die Einladungen an euch.*	→	**Nous vous les envoyons.** *Wir senden sie euch.*
Elles me parlent souvent de leur travail. *Sie erzählen mir oft von ihrer Arbeit.*	→	**Elles m'en parlent souvent.** *Sie erzählen mir oft davon.*
Je vais aller à Rennes demain. *Ich werde morgen nach Rennes fahren.*	→	**Je vais y aller demain.** *Ich werde morgen dorthin fahren.*

Die indirekten Pronomen in der ersten und dritten Spalte der Mannschaft können nie zusammen stehen.

Das mag komplex erscheinen, aber in der Praxis gibt es nie mehr als zwei Pronomen zusammen. Merken Sie sich einfach die 5-3-2-1-1-Aufstellung.

In der negierenden Form, kommt das Pronomen unmittelbar nach dem ersten negierenden Partikel, **ne**, während **pas**, wie üblich, nach dem Verb kommt: **Je ne te le donnerai pas, Il ne la lui donnera pas,** etc.

In einem nächsten Modul werden wir sehen, wie sich die Wortstellung ändert, wenn wir den Imperativ nutzen.

MEILLEUR/MIEUX

Man kann diese Wörter leicht verwechseln, da sie beide *besser* bedeuten. Das Problem ist, dass *besser* sowohl Adjektiv als auch Adverb sein kann, während im Französischen die Unterscheidung eindeutiger ist: **meilleur** ist ein Adjektiv, der Komparativ von **bon**, *gut*; und **mieux** ist ein Adverb, der Komparativ von **bien**, *gut*. Die Superlativ-Formen sind jeweils **le meilleur** und **le mieux**.

Im Vergleich wird das komparative Adjektiv **meilleur** meist von **que** und einem Nomen gefolgt, an das es angeglichen wird: **Ce magasin de vêtements est meilleur que celui d'en face**, *Dieser Bekleidungsladen ist besser als der gegenüber*; **Les femmes sont meilleures que les hommes dans ce domaine**, *Frauen sind besser als Männer in diesem Gebiet*. Die gleiche Regel trifft auf den Superlativ zu: **Ma copine fait les meilleurs gâteaux au monde**, *Meine Freundin macht die besten Kuchen der Welt*. In einem Superlativ-Satz oder einer Frage kann **le/la/les meilleur(e)(s)** am Satzende auftauchen: **Il y a trois films au cinéma ce soir. Lequel est le meilleur ?**, *Es laufen heute Abend drei Filme im Kino. Welcher ist der beste?*.

Das komparative Adverb **mieux** hingegen, wird mit einem Verb (oder Adjektiv) genutzt: **Je parle bien le français mais tu l'écris mieux**, *Ich spreche gut Französisch, aber du schreibst es besser.* Die Antwort auf die Frage **Comment vas-tu ?** ist meist **Je vais bien** (oder **Bien !**). Aber wenn Sie krank waren und sich jetzt besser fühlen, sagen Sie **Je vais mieux**. Und da Adverbien unveränderlich sind, ändert sich **mieux** nie: **Les femmes conduisent mieux que les hommes**, *Frauen fahren besser Auto als Männer.*

Hier ist ein einfacher Satz, der Ihnen beim Merken des Unterschieds hilft:
André est un bon cuisinier mais Gérard est meilleur. Ensemble, ils cuisinent mieux que moi, *André ist ein guter Koch, aber Gérard ist besser. Zusammen kochen sie besser als ich.*

▲ KONJUGATION
FUTUR NACH *QUAND*

In einem französischen Satz mit **quand**, der zwei Handlungen der Zukunft beschreibt, stehen beide Verben in der Zukunftsform – im Gegensatz zum Deutschen, wo für gewöhnlich das Präsens nach der Konjunktion *wenn* genommen wird:
Je vous donnerai des nouvelles quand je vous verrai, *Ich werde dir ein paar Neuigkeiten geben, wenn ich dich sehe(n werde).*
Dies ist eine wichtige Regel, vor allem, wenn der Satz mit **quand** beginnt:
Quand nous viendrons à Paris, nous irons au Louvre, *Wenn wir nach Paris kommen, werden wir ins Louvre gehen.*
Wenn Sie die Gegenwartsform in einen Satz mit **quand** nehmen, würde es eine regelmäßige Handlung implizieren (**quand nous venons à Paris** = *jedes Mal, wenn wir nach Paris kommen*). Diese Regel trifft auch auf verschiedene andere zeitbezogene Ausdrücke zu, darunter **lorsque**, ein formelles Synonym für **quand**, aber merken Sie sich vorerst nur die obigen Beispiele.

ÜBUNGEN

1. NEHMEN SIE EIN OBJEKTPRONOMEN, UM DIE WÖRTER IN DEN KLAMMERN ZU ERSETZEN

a. Je le donnerai (à *Jean*) → Je le …….. donnerai demain.

b. Elle a dit (à *ses patients*) qu'elle serait absente vendredi. → Elle …….. a dit qu'elle serait absente vendredi.

c. Le médecin a téléphoné (à *moi et ma femme*) → Le médecin ………. a téléphoné.

d. Est-ce qu'il vous a parlé (*de son problème*) ? → Est-ce qu'il vous …… a parlé ?

e. Je ne dirai pas (*aux deux frères*) que leur père est malade. → Je ne …….. dirai pas que leur père est malade.

2. BEANTWORTEN SIE DIESE FRAGEN, INDEM SIE DIE UNTERSTRICHENEN NOMEN MIT EINEM DIREKTEN ODER INDIREKTEN PRONOMEN ERSETZEN

a. Est-ce que tu as donné l'ordonnance au patient ? → Oui, je ………………… ai donnée.

b. Est-ce que Simon va à Rennes demain ? → Non, il ………………….va pas.

c. Est-ce qu'elles te parlent de leur appartement ? → Oui, elles ………… parlent.

d. Est-ce qu'elle donnera l'adresse à Marion ? → Non, elle ne ……………donnera pas.

e. Est-ce que vous vendez les billets à Michel et Catherine. → Oui, nous ……. vendons.

3. NUTZEN SIE *MEILLEUR* (IN DER KORREKTEN FORM) ODER *MIEUX*, WO NÖTIG

a. Je parle très bien l'allemand, mais tu le parles beaucoup …………….. que moi.

b. Les hommes sont …………….. que les femmes en football.

c. Est-ce qu'André est toujours malade ? – Non, il va ……………... .

d. J'ai deux disques de ce nouveau chanteur français. – Lequel est le …………….. ?

e. Ce sont les …………….. tartes aux fraises de toute la ville.

4. ÜBERSETZEN SIE AUF FRANZÖSISCH

a. Ich habe Maries Adresse nicht dabei. – Ich werde sie euch/dir geben, wenn ich euch/dich morgen sehe.

b. Wie, sie haben meine Einladung abgelehnt? Das macht man nicht.

c. Was hat sie? Fühlt sie sich krank? – Es scheint, dass sie Fieber hat.

d. Hast du den Bericht deinem Arzt geschickt? – Ja, ich habe ihn ihm sofort geschickt.

e. Sie sehen fit aus. – Unsinn! Ich bin sehr krank.

VOKABULAR

avoir l'air *aussehen, wirken, scheinen*
croire *glauben*
expliquer *erklären*
paraitre *(er-)scheinen*
retourner *zurückkehren, -gehen, umdrehen*
(se) sentir *(sich) fühlen*

une angine/un mal de gorge *eine Angina/Halsschmerzen*
un arrêt de travail *Arbeitsausfall*
une céphalée/un mal de tête *eine Cephalgie/Kopfschmerzen*
un certificat médical *ein Attest*
un degré *ein Grad*
une douleur *ein Schmerz*
une explication *eine Erklärung*
une fièvre *ein Fieber*
avoir de la fièvre *Fieber haben*
un hôpital/-aux *ein Krankenhaus/-häuser*
une ordonnance oder **une prescription** *ein Rezept*
une otite/mal aux oreilles *eine Mittelohrentzündung/Ohrenschmerzen*
une maladie *eine Krankheit* (von **mal**, *schlecht*)
un symptôme *ein Symptom*
une toux *ein Husten*

souffrant *krank, „leidend"*
d'après *laut, gemäß, nach*
en forme *in Form, fit*
personnel(le) *persönlich*

précis *präzise, genau, exakt*
précisément *präzise, genau, exakt*
quand même *auch wenn, trotzdem*
sans attendre *sofort, unverzüglich („ohne zu warten")*

Il parait que… *Anscheinend; Es scheint, dass; Offenbar…*
À votre/ta santé ! *Auf Ihre/eure/deine Gesundheit!, Prost!*
Ça ne se fait pas *Das macht man nicht, Das gehört sich nicht*
Comment ça ? *Wie (meinen Sie/meint ihr/meinst du) das?, Inwiefern?, Wie das?*
Ouf ! *Uff!, Puh!*

IV

FREIZEIT

GENIESSEN

22.
DAS BERUFSLEBEN
LA VIE PROFESSIONNELLE

ZIELE

- ÜBER EINE HANDLUNGS-ABFOLGE IN DER VERGANGENHEIT SPRECHEN
- ÜBER STÄDTE UND LÄNDER REDEN
- BEDENKEN AUSDRÜCKEN

KENNTNISSE

- DAS IMPARFAIT
- „MOBILE" ADJEKTIVE
- ANGLEICHUNG VON PARTIZIPIEN
- PRÄPOSITIONEN DES ORTES

ICH HATTE KEINE AHNUNG DAVON.

– Guten Abend und willkommen in unserer wöchentlichen Sendung *Das Unternehmen im kleinen Bildschirm*, präsentiert von Amélie Broutard. Letzte Woche erzählten wir Ihnen von der Gebäude-Welt. Diese Woche habe ich das Vergnügen, Baptiste Legrand zu empfangen, ein ehemaliger Marketing-Direktor und heutzutage einer der bekanntesten Geschäftsmänner der Welt. Also, Baptiste, erklären Sie unseren FernsehzuschauerInnen ihre außergewöhnliche Karriere.

– Danke und Guten Abend an alle. Ich wollte seit langem in dieser Sendung auftreten. Ich schaute sie die ganze Zeit als ich jung war und ich fand sie großartig.

– Umso besser! Erzählen Sie mir von Xavier Perrier, dem Mann, dem Sie Ihren Erfolg verdanken *(schulden)*.

– Ich habe ihn kennengelernt, als er eine sehr moderne Fabrik in Le Mans geführt hat. Danach ist er nach Kanada gegangen und hat, mit seiner Frau Élise, eine auf digitalen Handel spezialisierte Firma gegründet. Der Laden ist sehr schnell die Nummer eins in dem Bereich und die beiden Partner sehr reich geworden.

Damals *(Zu der Epoche)* lebte ich in Le Havre, wo ich in einem Personalvermittlungsbüro arbeitete, direkt neben dem Gebäude, in dem *(wo)* sie ihre Büros hatten. Ich wollte seit Monaten *(und Monaten)* [den] Beruf wechseln. Sie haben mich als Kommunikationsbeauftragten eingestellt. Ich hatte keine Ahnung davon, aber sie haben mich genommen, weil wir Kindheitsfreunde waren und sie dachten, dass ich mich alleine zurechtfinden würde. Sie wurden trotzdem wegen mir Millionäre *(Es ist trotzdem wegen mir, dass sie Millionäre geworden sind)*.

– Achso? Was waren sie also davor?

– Nun gut, sie waren Milliardäre!

– Danke und auf Wiedersehen. Das war die letzte Sendung dieser Saison. Wir sehen uns im Januar.

24 — JE N'Y CONNAISSAIS RIEN.

— Bonsoir et bienvenue à votre émission hebdomadaire *L'Entreprise au petit écran*, présentée par Amélie Broutard. La semaine dernière, nous vous parlions du monde du bâtiment. Cette semaine, j'ai le plaisir de recevoir Baptiste Legrand, un ancien directeur de marketing et maintenant un des hommes d'affaires les plus connus du moment. Alors, Baptiste, expliquez à nos téléspectateurs votre carrière exceptionnelle.

— Merci et bonsoir à tous. Je voulais depuis longtemps passer à cette émission. Je la regardais tout le temps quand j'étais jeune et je la trouvais formidable.

— Tant mieux ! Parlez-moi de Xavier Perrier, l'homme à qui vous devez votre succès.

— Je l'ai rencontré quand il dirigeait une usine très moderne au Mans. Ensuite, il est parti au Canada et, avec sa femme Élise, a créé une entreprise spécialisée dans le commerce numérique. La boîte est devenue très vite le numéro un du secteur, et les deux associés sont devenus très riches.

À l'époque, je vivais au Havre, où je travaillais dans un cabinet de recrutement juste à côté du bâtiment où ils avaient un de leurs bureaux. Je voulais changer de métier depuis des mois et des mois. Ils m'ont embauché comme responsable de communication. Je n'y connaissais rien mais ils m'ont pris parce que nous étions des amis d'enfance et ils pensaient que je pouvais me débrouiller seul. C'est quand même à cause de moi qu'ils sont devenus millionnaires.

— Ah bon ? Alors, qu'est-ce qu'ils étaient avant ?

— Ben, ils étaient milliardaires !

— Merci et au revoir. C'était la dernière émission de cette saison. Nous nous verrons en janvier.

DEN DIALOG VERSTEHEN
FORMULIERUNGEN UND REDEWENDUNGEN

→ **bienvenue** ist die Übersetzung von *Willkommen*. Es wird als unveränderlicher Ausruf benutzt und wenn nötig von **à** für einen Ort und **en** für eine Region, etc. gefolgt: **Bienvenue à Paris/en France**, *Willkommen in Paris/Frankreich*. Als Adjektiv hingegen wird **bienvenu** an sein Nomen angeglichen: **un accord bienvenu**, *ein willkommenes Abkommen*; **une offre bienvenue**, *ein willkommenes Angebot*; etc. (Französisch-Sprechende in Kanada nehmen **Bienvenue** als Rückübersetzung für das englische *You're welcome* (*Gern geschehen*) als Antwort auf einen Dank.)

→ **une boîte**, wörtl. *eine Dose*, ist ein sehr üblicher Jargon (siehe Modul 15). Im beruflichen Kontext meint es *ein Unternehmen* oder ugs. *ein Laden*: **Xavier travaille pour une grosse boîte au Mans**, *Xavier arbeitet für einen großen Laden in Le Mans*. Aber **une boîte** heißt auch *eine Disko*: **Xavier sort en boîte tous les soirs**, *Xavier geht jeden Abend feiern*. Achten Sie immer auf den Kontext!

→ **hebdomadaire**, *wöchentlich* ist vom griechischen „sieben" abgeleitet und steht für eine siebentägige Periode. Es kann ein Adjektiv sein: **une émission hebdomadaire**, *eine wöchentliche Sendung*, oder ein Nomen, **un hebdomadaire**, *eine Wochenzeitung*. Diese Art linguistischer Detektiv-Arbeit hilft beim Merken neuer Wörter.

→ **un cabinet**, im Kulturellen Hinweis des letzten Moduls erwähnt, referiert auf einen Betrieb selbstständiger Berufstätiger, wie *ArchitektInnen* und *AnwältInnen* (**un cabinet d'architectes, d'avocats**): **Ma femme travaille dans un cabinet dentaire**, *Meine Frau arbeitet in einer Zahnarztpraxis*. Oft haben französische Wörter mehrere Übersetzungen, abhängig von den jeweiligen Umständen. Was es einfacher macht, aus dem Deutschen ins Französische zu übersetzen!

→ **tant** ist ein Adverb, was *so viel* heißt: **Je les aime tant**, *Ich mag sie so sehr*. Gepaart mit **mieux**, *besser* bildet es den Ausdruck **Tant mieux**, wörtl. *so viel besser*, was Zustimmung anzeigt: **J'ai gagné ! – Tant mieux !**, *Ich habe gewonnen! – Umso besser!/Schön für dich!*. Wie so oft bei idiomatischen Ausdrücken, hängt die Übersetzung vom Kontext ab.

→ **brouiller** heißt *durcheinanderbringen*: **les œufs brouillés**, *die Rühreier*. Logischerweise heißt **débrouiller** *entwirren*. Jedoch ist der gewöhnlichste Gebrauch das reflexive Verb **se débrouiller** für *zurechtkommen*, *sich zu helfen wissen* (sprich Probleme „entwirren"). Die genaue Übersetzung hängt vom Kontext ab, aber merken Sie sich Redewendungen wie: **Je me débrouille en français**, *Ich komme auf Französisch zurecht*; **Elle se débrouille toute seule**, *Sie kommt alleine klar*. Eine nützliche Ableitung ist das Adjektiv **débrouillard(e)**, *schlau*: **Tu penses qu'elle va réussir ? – Bien sûr, elle est débrouillarde**, *Denkst du, dass sie [es] schaffen wird? – Natürlich, sie ist schlau.*

KULTURELLER HINWEIS

Frankreich war eines der ersten Länder der Welt, das **la télévision**, oder ugs. **la télé** eingeführt hat, was oft auch **le petit écran**, *der kleine Bildschirm* genannt wird (im Gegenzug zu **le grand écran**, *der große Bildschirm*, also *das Kino*). Die Rundfunkmedien, allgemein als **l'audiovisuel** (mask.) bezeichnet, haben sich in den letzten Jahren mit dem Einzug von *Kabel*, **le câble**; *Digitaltechnik*, **le numérique** und *Satellit*, **le satellite** stark verändert. Viele Media-Firmen bieten nun *ein Bündel*, **un bouquet**, an *Sendern*, **des chaînes** an, die durch einen *Dekodierer*, **un décodeur** verfügbar sind. Trotz dieser technologischen Fortschritte schalten viele *FernsehzuschauerInnen*, **les téléspectateurs/-trices** immer noch einen regionalen Sender ein, um *Fernsehnachrichten*, **un journal télévisé** (mask., „Fernseh-Zeitung"); *Nachrichten*, **les informations** (fem. Plu.) oder *die Wettervorhersage*, **un bulletin météorologique** zu schauen. Wie es sich für ein solch schnelllebiges Medium gehört, werden diese Begriffe in der Alltagssprache gekürzt: **un JT** (ausgesprochen [schiete:]), **les infos** und **la météo**. Ebenso kürzt man **la publicité**, *die Werbung* zu **la pub** ab.

Was den Inhalt betrifft, sind die Arten der Sendungen im *Programm*, **un programme** gut wiederzuerkennen: **un jeu télévisé**, *ein Fernsehquiz*; **un dessin animé**, *ein Cartoon*; **un documentaire**, *ein Dokumentarfilm* oder **une émission de sports**, *eine Sportsendung*. Aber das Fernseh-Vokabular wird wie im Deutschen mehr und mehr anglisiert: der Begriff **un feuilleton**, *eine Serie* wird zu **une série** (Plural: **des séries**) und **les heures de grande écoute**, *Hauptsendezeit* wird zu **le prime time**, während **un sitcom** und **un talk-show** auch oft mit deren Entsprechungen **une comédie de situation** und **un débat-spectacle** bezeichnet werden. Zum Glück gibt es noch linguistische Kreativität, wie z.B. beim wundervoll lautmalerischen Verb **zapper**, *zappen*, dessen Substantiv **une zappette**, *eine Fernbedienung* ist (das „richtige" Wort ist **une télécommande**). Die Welt von **la téloche**, *die Glotze* hat den Sprach-Studierenden immer noch viel zu bieten!

◆ GRAMMATIK
DAS *IMPARFAIT*

Das Imparfait („Imperfekt") wird zum Sprechen über eine längere Zeitperiode in der Vergangenheit oder eine Handlung, die regelmäßig stattfindet, genutzt. (Der Name kommt daher, dass diese Handlungen nicht perfektioniert, bzw. abgeschlossen sind.)

Das passendste deutsche Äquivalent ist das Präteritum (*Ich redete wenig, Sie ging zu ihr*), was dem Imparfait in der Bildung ähnelt, jedoch weniger restriktiv in der Anwendung ist.

Um das Imparfait zu bilden, nimmt man die Wurzel des Verbs und addiert die folgenden farbigen Endungen. Hier ist die Struktur für **-er** Verben:

je pensais	*ich dachte*	**nous pens**ions	*wir dachten*
tu pensais	*du dachtest*	**vous pens**iez	*Sie dachten/ihr dachtet*
il/elle pensait	*er/sie/es dachte*	**ils/elles pens**aient	*sie dachten*

Im Anhang finden Sie die Strukturen der anderen zwei Verbgruppen.

Die negierenden und interrogativen Formen folgen dem üblichen Muster:
Il ne pensait pas à son travail, *Er dachte nicht an seine Arbeit.*
Est-ce que vous pensiez que l'émission aurait du succès ?, *Dachten Sie, dass die Sendung Erfolg haben würde?*

Das einzige Verb mit einer unregelmäßigen Imparfait-Bildung ist **être**:

j'étais	*ich war*	**nous étions**	*wir waren*
tu étais	*du warst*	**vous étiez**	*Sie waren/ihr wart*
il/elle était	*er/sie/es war*	**ils/elles étaient**	*sie waren*

Das ist natürlich wichtig, da es ein häufig frequentiertes Verb ist:
Elle était heureuse dans son travail, *Sie war glücklich auf ihrer Arbeit.*

Das Imparfait wird auch genutzt, wenn man eine Handlung beschreibt, die weiterläuft, während eine weitere stattfand. Diese zweite Handlung steht meist im **passé composé**:
J'ai rencontré Serge quand je vivais à Paris, *Ich habe Serge kennengelernt, als ich in Paris lebte*; **Elle ne travaillait pas dans son bureau quand le mail est arrivé**, *Sie arbeitete nicht in ihrem Büro als die Mail angekommen ist.*

Ein weiterer gewöhnlicher Gebrauch des Imparfait ist in Geschichten:
Quand j'étudiais à Nantes, j'allais chaque semaine à l'Île de Versailles. Je me promenais dans le Jardin japonais, je mangeais des glaces et je regardais la vue pendant des heures. Parfois, je louais un bateau pour naviguer sur la rivière,
Als ich in Nantes studierte, ging ich jede Woche auf die Versaille-Insel. Ich spazierte im Japanischen Garten, ich aß Eis und ich guckte mir die Aussicht stundenlang an. Manchmal lieh ich mir ein Boot aus, um auf dem Fluss zu fahren.

Manche Adverbien und adverbiale Phrasen verlangen das Imparfait; vor allem diejenigen, die eine wiederholte oder regelmäßige Handlung beschreiben: **toujours**, *immer*; **d'habitude**, *gewöhnlich*; **chaque jour**, *jeden Tag*; **en général**, *im Allgemeinen*, etc.

„MOBILE" ADJEKTIVE

Im Modul 19 haben wir gesehen, dass die Bedeutung des Adjektivs **propre** davon abhängt, ob es vor (*eigene/r/s*) oder nach (*sauber*) dem Nomen steht. Hier sind einige weitere Adjektive, deren Bedeutung sich je nach Stellung im Satz ändern kann:

un ancien employé	ein ehemaliger Angestellter	un bâtiment ancien	ein altes Gebäude
un cher ami	ein lieber Freund	un hôtel cher	ein teures Hotel
le dernier train	der letzte (sprich finale) Zug	la semaine dernière	die letzte (sprich vorige) Woche
un grand homme	ein großer (einflussreicher) Mann	un homme très grand	ein sehr großer (hochgewachsener) Mann
une jeune femme	eine junge Frau	un visage jeune	ein junges (frisches) Gesicht
la même ville	die gleiche Stadt	la ville même	die Stadt selbst
un pauvre type	ein armseliger Typ	un pays pauvre	ein armes Land
un seul homme	ein einziger Mann	un homme seul	ein einsamer Mann

Als Regel gilt: wenn das Adjektiv nach dem Nomen kommt, ist es attributiv und hat eine wörtliche Bedeutung (**un bâtiment ancien**, *ein altes Gebäude*). Aber wenn es vor das Nomen platziert wird, ist dessen Bedeutung entweder figurativ (**un pauvre type**, *ein armseliger Typ*) oder leicht unterschiedlich zum attributiven Adjektiv (**un seul homme**, *ein einziger, einzelner Mann*). Es gibt etwa 40 solcher Adjektive, aber die obigen sind die häufigsten.

ANGLEICHUNG VON PARTIZIPIEN

In manchen Fällen wird das Partizip Perfekt eines Verbs mit dem jeweiligen Subjekt oder direkten Objekt angeglichen. Im gesprochenen Französisch ist das nicht problematisch, da das Plural-**s** nie ausgesprochen wird und die feminine Endung -**e** selten die Aussprache verändert. Da wir uns in diesem Kurs nicht auf die geschriebene Sprache fokussieren, haben wir dieses Phänomen minimal gehalten, aber hier sind ein paar Grundregeln zum Merken:
– Wenn das Verb mit **avoir** konjugiert wird, wird das Partizip meist nicht angeglichen
– Wenn das Verb mit **être** konjugiert wird, wird das Partizip dem Subjekt angeglichen

Also schreiben wir für ein feminines Subjekt: **Elle est allée au Canada, où elle a vu le Lac Champlain**, *Sie ist nach Kanada gegangen, wo sie den Champlain-See gesehen hat*. Wenn das Subjekt maskulin ist, schreibt sich der Satz **Il est allé au Canada, où il a vu...**, etc. Es gibt keinen Unterschied in der Aussprache zwischen **allée** und **allé**.

Natürlich werden reflexive Verben mit **être** konjugiert, weshalb die Partizipien im Passé Composé angeglichen werden müssen: **Michel s'est levé à dix heures et sa femme s'est levée à midi**, *Michel ist um 10 Uhr aufgestanden und seine Frau ist um 12 Uhr aufgestanden.* Die Regeln der Angleichung werden komplexer, wenn das direkte Objekt eines reflexiven Verbs unterschiedlich zum Subjekt ist, aber für die Zwecke dieses Buches sind die obigen Informationen ausreichend.

ARTIKEL UND PRÄPOSITIONEN MIT ORTSNAMEN BENUTZEN

Die Präposition vor eine Ortsbezeichnung zu setzen, kann leicht kompliziert werden. Bei Verben, die eher Position als Bewegung beschreiben (**vivre**, **travailler**, etc.), benutzt man **à**: **Je travaille à Paris**, *Ich arbeite in Paris.* Vor einem Ortsnamen, der den maskulinen definiten Artikel beinhaltet, gilt die Regel **à + le** oder **les** wird zu **au** oder **aux**: **Les bureaux de ma société sont aux Ulis mais je travaille au Mans**, *Die Büros meiner Firma sind in Les Ulis, aber ich arbeite in Le Mans.* (Schauen Sie, wie aus dem großen **L** ein Kleinbuchstabe wird.)

Was Ländernamen betrifft, variieren die Präpositionen abhängig vom Genus: **La France** ist feminin, also wird die Präposition **en** benutzt: **Ma tante habite en France**, *Meine Tante wohnt in Frankreich.* Aber wenn sie in Kanada, **Le Canada** lebt, sagt man: **Ma tante habite au Canada**. Manche Länder, wie **les États-Unis**, *die Vereinigten Staaten*, sind in der Mehrzahl, also sagt man: **Mon oncle habite aux États-Unis**.

Eine Hilfe zum Identifizieren des Genus eines Ländernamens: die Mehrheit der auf **-e** endenden sind feminin und tragen die Präposition **en**: **Notre cousine est née en Pologne**, *Unsere Cousine wurde in Polen geboren.* Alle anderen sind männlich und bekommen **à**: **...mais son père est né au Japon**, *...aber ihr Vater wurde in Japan geboren.* Wenn der Name jedoch – ob maskulin oder feminin – mit einem Vokal beginnt, wird der Artikel getilgt und es wird **en** benutzt: **Il travaille en Équateur** (**L'Équateur**, *Ecuador*).

Wie immer gibt es ein paar Ausnahmen und ein paar Länder, wie z.B. **Cuba**, *Kuba*, haben keinen definiten Artikel. Aber solange Sie den Landesnamen richtig bezeichnen, wird man Sie verstehen (Achtung: **Mexico** ist die Hauptstadt von **le Mexique** – eine Ausnahme der Regel des femininen **-e**!)

> Sie haben vielleicht das Gefühl, dass der Teufel im Detail steckt (**au Mans**, **en France** aber **au Canada**, etc., ganz zu schweigen von der Partizipien-Angleichung). Und es stimmt, dass es viel zu lernen gibt. Aber bedenken Sie, dass das Hauptziel dieses Kurses ist, Sie zum Reden und Lesen (und auch zum Schreiben) zu bringen. Was Sie lernen, sind die Bauklötze, die Ihnen bei der Satzbildung helfen, die immer komplexer werden, je mehr Sie voranschreiten. Vergessen Sie nicht, dass das Lernen einer Sprache Spaß machen sollte, weshalb manche unser Dialoge einen kleinen Twist haben. **Tant mieux !**

● VOKABULAR

créer *kreieren, gründen*
(se) débrouiller *entwirren, zurechtkommen*
diriger *dirigieren, leiten*
embaucher *einstellen, anwerben*
passer *auftreten (Fernsehen)*
présenter *präsentieren, vorstellen*
recevoir *bekommen, empfangen,*
se voir *sich sehen*

un(e) associé(e) *ein (Geschäfts-) Partner*
le bâtiment *das Gebäudegewerbe*
un bâtiment *ein Gebäude*
une boîte *eine Dose, (ugs.) ein Laden, ein Unternehmen*
une carrière *eine Karriere*
le commerce *der Kommerz, der Handel*
le commerce numérique *der E-Commerce, die Digitaltechnik*
un métier *ein Beruf*
une émission *eine Sendung (TV, Radio)*
l'enfance *die Kindheit*
un homme/une femme d'affaires *ein/e Geschäftsmann/-frau*
un milliard *eine Milliarde*
un(e) milliardaire *ein/e MilliardärIn*
un(e) millionnaire *ein/e MillionärIn* (achten Sie auf das doppel-„n")
un programme *ein Programm*
un(e) responsable *ein/e Beauftragte/r, ein/e Verantwortliche/r*

une saison *eine Saison*
le/un succès *der/ein Erfolg*
un(e) téléspectateur(-trice) *ein/e FernsehzuschauerIn*
une usine *eine Fabrik*

à cause de *aufgrund von, wegen,*
ancien(ne) *ehemalige/r/s*
exceptionnel(le) *außergewöhnlich*
hebdomadaire *wöchentlich*
formidable *großartig, unglaublich*

Ah bon ? *Achso?, Echt?*
À l'époque *Damals,*
Ben… *Nun gut…, Naja…, Nun ja…*
Bonsoir et bienvenue *Guten Abend und Willkommen*
Tant mieux *Umso besser, Gut für Sie/euch/dich*

⬢ ÜBUNGEN

1. SETZEN SIE DIESE VERBEN INS IMPARFAIT

a. À l'époque, nous (*vivre*) au Mans et je (*travailler*) dans une usine.

b. Tu (*vouloir*) me parler, peut-être ?

c. Le journaliste (*penser*) que je (*être*) un homme d'affaires.

d. Est-ce qu'ils (*être*) riches à l'époque ? – Oui, ils (*être*) milliardaires.

e. Nous avons rencontré Serge et Nathalie quand ils (*habiter*) à Paris.

2. SETZEN SIE DIE VERBEN IN DIESEM ABSATZ INS IMPARFAIT

Quand nous sommes (**a.**) _ _ _ _ _ _ à Nantes, nous allons (**b.**) _ _ _ _ _ chaque semaine à l'Ile de Versailles. Nous nous promenons (**c.**) _ _ _ _ _ _ dans le Jardin japonais, nous mangeons (**d.**) _ _ _ _ _ des glaces et nous regardons (**e.**) _ _ _ _ _ _ _ la vue pendant des heures. Parfois, Serge loue (**f.**) _ _ _ _ _ un bateau pour naviguer sur la rivière.

3. NEHMEN SIE DEN ENTSPRECHENDEN ARTIKEL UND/ODER PRÄPOSITION, WENN NÖTIG

a. J'habite _ _ Paris mais je travaille _ _ _ Le Havre.

b. Ma sœur est née _ _ _ l'Argentine et moi _ _ _ les États-Unis.

c. Est-ce que tu as étudié _ _ _ l'Angleterre ? Non, _ _ _ la France

d. Je vais _ _ _ Cuba en janvier. Je préfère _ _ _ le Canada.

e. Quelle est la capitale _ _ _ _ Mexique ? – _ _ _ Mexico, bien sûr.

🔊 4. ÜBERSETZEN SIE AUF FRANZÖSISCH
24

a. Emmanuelle und ihre Freunde arbeiten für einen großen Laden in Les Ulis. – Sie kommen gut zurecht.

b. Michelle ist um 10 Uhr aufgestanden und ihr Mann ist um 12 Uhr aufgestanden. – Echt?

c. Sie ist sehr schnell reich geworden und sie hat ein Haus in Le Mans gekauft.

d. Sie sind nach Kanada gegangen als sie sehr jung waren. – Umso besser für sie!

e. Dachtest du, dass diese Sendungen Erfolg haben würden? – Nicht wirklich.

23. FEIERN
FAIRE LA FÊTE

ZIELE

- ÜBER GEBURTSTAGE REDEN
- EINE BEDINGUNG AUSDRÜCKEN
- ALTERNATIVEN DISKUTIEREN

KENNTNISSE

- KONDITIONAL I
- *CE QUI*/CE QUE
- *ON* ODER *NOUS*? (FORTSETZUNG)

ALLES GUTE ZUM GEBURTSTAG!

– Was stimmt *(geht)* nicht? Bist du bedrückt *(Hast du die Kakerlake)*?

– Wenn ich schlechte Laune habe, dann ist es, weil nächsten Monat mein Geburtstag ist. Ich puste meine 25 Kerzen aus. [Kannst] du dir [das] vorstellen? Bereits ein Vierteljahrhundert! Ich werde eine große *(dicke)* Feier organisieren; nicht am Tag selbst, aber am nächsten oder übernächsten Tag.

– Welch ausgezeichnete Idee. Du hast viele Freunde in Paris. Wenn sie da sind, werden sie alle kommen, das ist sicher.

– Das, was mich besorgt, ist das Wetter. Du weißt, was man sagt: „Der April, der macht, was er will" *(Im April, zieh dir nicht einen Faden weniger an)*. Wenn schönes Wetter ist, werden wir im Wald von Boulogne picknicken können. Wenn es hingegen regnet, werden wir *(verpflichtet sein)* im Haus bleiben müssen und das wird weniger amüsant sein. Wenn wir viele *(zahlreich)* sind, was hundertprozentig sicher *(und bestimmt)* ist, *(das ist, dass)* werden die Nachbarn meckern. Sie beschweren sich in der Regel, also wenn wir Lärm machen, werden sie an die *(auf die)* Decke gehen *(springen)*. Ich weiß nicht, was das Wichtigste ist: eine gelungene Feier oder friedliche Nachbarn.

– Ich verstehe *(sehe)*, was du meinst *(sagen willst)*. Und wenn du sie einlädst, denkst du, dass sie kommen werden?

– Das würde mich wundern, aber man kann es natürlich *(immer)* probieren. Es kann nicht schaden *(Das isst kein Brot)*.

– Weißt du, was ich denke? Sie werden begeistert sein, wenn du sie nett fragst. Wenn sie ja sagen, haben wir unsere Ruhe *(werden wir beruhigt sein)*. Ansonsten macht es nichts: wir werden trotzdem Spaß haben.

– À propos, ich überlege Jacques, meinen Ex, einzuladen. Wenn er kommt, werde ich sehr froh sein. Ich habe ihn seit langem nicht gesehen.

– Wusstest du, dass er mit Christine zusammen ist *(geht)*? Ah, du warst nicht auf dem Laufenden. Das heißt *(will sagen)*, *(dass)* wenn er kommt, bin ich fast sicher, dass Christine auch kommen wird.

– Um ehrlich zu sein, stört mich das nicht sehr. Ich liebe ihn nicht mehr *(Jacques)*. Und er vergisst sowieso immer meinen Geburtstag, was mich sehr nervte.

– Aber wenn er ihn vergisst, heißt das, dass er dich nicht altern sieht!

JOYEUX ANNIVERSAIRE !

– Qu'est-ce qui ne va pas ? Tu as le cafard ?

– Si je suis de mauvaise humeur, c'est parce que c'est mon anniversaire le mois prochain. Je souffle mes vingt-cinq bougies. Tu imagines ? Un quart de siècle déjà ! Je vais organiser une grosse fête ; pas le jour même mais le lendemain ou le surlendemain.

– Quelle excellente idée. Tu as plein d'amis à Paris. S'ils sont là, ils viendront tous, c'est certain.

– Ce qui m'inquiète, c'est le temps. Tu sais ce qu'on dit : « En avril ne te découvre pas d'un fil ». S'il fait beau, on pourra pique-niquer au Bois de Boulogne. En revanche, s'il pleut, on sera obligés de rester à la maison et ça sera moins amusant. Si on est nombreux, ce qui est sûr et certain c'est que les voisins vont râler. Ils se plaignent en règle générale, alors, si on fait du bruit, ils vont sauter au plafond. Je ne sais pas ce qui est le plus important : une fête réussie ou des voisins paisibles.

– Je vois ce que tu veux dire. Et si tu les invites, tu penses qu'ils viendront ?

– Ça m'étonnerait, mais on peut toujours essayer. Ça ne mange pas de pain.

– Tu sais ce que je pense ? Ils seront ravis si tu leur demandes gentiment. S'ils disent oui, on sera tranquilles. Sinon, ça ne fait rien : on s'amusera quand même.

– À propos, je pense inviter Jacques, mon ex. S'il vient, je serai très contente. Je ne l'ai pas vu depuis longtemps.

– Tu savais qu'il sortait avec Christine ? Ah, tu n'étais pas au courant. Ça veut dire que s'il vient, je suis presque sûr que Christine viendra aussi.

– Pour être honnête, ça ne me gêne pas trop. Je ne l'aime plus, Jacques. Et de toute façon, il oubliait toujours mon anniversaire, ce qui m'énervait beaucoup.

– Mais s'il l'oublie, ça veut dire qu'il ne te voit pas vieillir !

■ DEN DIALOG VERSTEHEN
FORMULIERUNGEN UND REDEWENDUNGEN

→ **Qu'est-ce qu'il y a ?** ist eine nützliche Phrase, um sich nach einem Problem oder einer Situation zu erkundigen: **Qu'est-ce qu'il y a ? – Je ne me sens pas très bien**, *Was ist los? – Ich fühle mich nicht sehr gut.* Wenn jemand offensichtlich nicht gut drauf ist, kann man fragen: **Qu'est-ce qui ne va pas ?**, *Was stimmt nicht?, Wo liegt das Problem?*.

→ **un cafard**, *eine Kakerlake*, ist ein Insekt, das schlechte Laune vorherbestimmt, wenn man es im Badezimmer findet! Daher heißt **avoir le cafard** *Trübsal blasen, niedergeschlagen sein.* Das Merken idiomatischer Ausdrücke funktioniert am besten mit eigenen Eselsbrücken – hier z. B. das schlechte Gefühl, wenn man einem unliebsamen Insekt begegnet.

→ Das Nomen **l'humeur** (fem.) ist ein „falscher Freund". Trotz gleicher Wurzel wie **l'humour**, *der Humor*, heißt es *Laune, Stimmung*: **Tu es de bonne/mauvaise humeur**, *Du hast gute/schlechte Laune*; **Il/Elle est d'humeur changeante**, *Er/Sie ist launisch*. Das Wort für *Humor*, **l'humour** (mask.), kommt ursprünglich aus dem Englischen (*humour*) und wurde im Kontrast zu **l'esprit**, *Witz, Verstand* benutzt, der als spezifisch französische Form der Heiterkeit gesehen wurde. **Ils ont un excellent sens de l'humour**, *Sie haben einen ausgezeichneten Sinn für Humor.*

→ **une revanche** steht für *eine Rache, eine Revanche*. Der Ausdruck **en revanche**, meist am Satzbeginn benutzt, bedeutet *hingegen, dagegen*: **Je n'aime pas les films d'horreur. En revanche, j'adore les comédies romantiques**, *Ich mag keine Horrorfilme. Romantische Komödien hingegen liebe ich.* Eine synonyme Formulierung ist **par contre** (wörtl. *durch gegen*). Es gibt eine große Debatte zwischen ausgebildeten GrammatikerInnen zwischen diesen beiden Ausdrücken; ersteres wird gemeinhin als eleganter betrachtet.

→ **le plafond**, *die Decke*. Wenn Sie im Französischen wütend sind, „hüpfen Sie auf die Decke": **Quand je lui ai donné la mauvaise nouvelle, il a sauté au plafond**, *Als ich ihm die schlechte Neuigkeit mitgeteilt habe, ist er an die Decke gegangen.* (Manchmal heißt derselbe Ausdruck *vor Freude an die Decke springen* – beachten Sie den Kontext!)

→ **Ça ne fait rien** kann genau so ins Deutsche übersetzt werden: *Das macht nichts*. Ein weiteres ça-Idiom ist **Ça ne mange pas de pain**, „*Das isst kein Brot*", und heißt *Es schadet nicht.* Der Ausdruck kommt von der Zeit, als Brot das Hauptnahrungsmittel war und konserviert werden musste. Alles, was nicht den Brotbestand gefährdete, war harmlos. Wie im Deutschen gibt es viele Ausdrücke mit **le pain**, darunter **On a du pain sur la planche**, „*Wir haben Brot auf der Platte*", Äquivalent von *Viel um die Ohren haben.*

→ Das Adjektiv **courant(e)**, *laufend, üblich*, steht z. B. in der Formulierung **être au courant**, *auf dem Laufenden sein*. Sie indiziert, dass man im Klaren über aktuelle Entwicklungen ist: **Ils viennent demain ? Je n'étais pas au courant**, *Sie kommen morgen? Das wusste ich nicht*. Wenn sie am Satzanfang steht, wird es wie auf Deutsch von **que** gefolgt: **Il est au courant que le magasin a fermé**, *Er ist auf dem Laufenden, dass das Geschäft zu hat*. Mit dem Verb **tenir** statt **être**, heißt es folgerichtig *auf dem Laufenden halten*: **Je te tiendrai au courant**, *Ich werde dich auf dem Laufenden halten*.

KULTURELLER HINWEIS

Auch wenn Französisch und Deutsch linguistisch nicht allzu direkt verwandt sind, gibt es einige Ähnlichkeiten zwischen ihnen, die jedoch auch zu **faux amis** führen können oder zu recht gleichen Redewendungen, deren Bedeutungen aber gewisse Diskrepanzen aufweisen. Zum Beispiel beim Sprichwort **Une hirondelle ne fait pas le printemps**, was wörtl. *Eine Schwalbe macht nicht den Frühling* heißt, aber im Deutschen *Eine Schwalbe macht noch keinen Sommer*. Diese Unterschiede sind aber meist auf Floskeln begrenzt und folgen oft gewissen Mustern. Auf Französisch empfiehlt man, keine schlafenden Katzen anstatt Hunde zu wecken: **Ne réveillez pas le chat qui dort**, *Schlafende Hunde soll man nicht wecken* – und glaubt man, dass Kirchenratten mittellos sind, nicht -mäuse: **pauvre comme un rat d'église**, *arm wie eine Kirchenmaus*. Manche ähneln sich aber auch mehr – **se vendre comme des petits pains**, *weggehen wir warme Semmeln* – oder weniger – **déshabiller Pierre pour habiller Paul**, *ein Übel durch ein anderes ersetzen*. Alternativ sind manche Phrasen auch mehr oder weniger umgekehrt: **quitte ou double**, *alles oder nichts* oder einfach nur ähnlich: **sain et sauf**, *gesund und wohlbehalten*.

Solche Unterschiede sind nicht nur einfach anekdotisch; es ist wichtig, sie zu identifizieren und zu behalten, um die Ähnlichkeiten und Unterschiede von Französisch und Deutsch wertzuschätzen.

Ein solcher Unterschied liegt auch in der Bedeutung von **la fête**, das in der Alltagssprache *Feier, Fest* heißt, allerdings auch *Namenstag* meint – der Tag im Jahr, der mit einem bestimmten Heiligen der katholischen Kirche verbunden ist. Jemand mit dem Vornamen **Jean** feiert seinen eigenen Geburtstag, sowie auch den Johannistag am 21. Juni. Diese Tradition ist nach und nach in den Hintergrund gerückt, da die französische Gesellschaft immer säkularer wurde und Kinder Vornamen aus anderen Kulturen und Religionen bekommen. Nichtsdestotrotz steht der Namenstag eines jeden Schutzheiligen in Kalendern und im Unterhaltungsteil von Zeitungen und wird sogar am Vortag im Fernsehen bei der Wettervorhersage angekündigt. Es war früher üblich, seinen FreundInnen oder Verwandten **Bonne fête** (*Herzlichen Glückwunsch zum Namenstag*) an deren Namenstagen zu wünschen, aber auch diese

Tradition ist nicht mehr allzu präsent. (In Kanada wird dieser Ausdruck statt **Joyeux anniversaire** für *Herzlichen Glückwunsch zum Geburtstag* benutzt.) Dennoch ein Wort der Achtung: der Ausruf **Ça va être ta fête !** ist keine Einladung zum Feiern, sondern eine warnende Nachricht: *Jetzt kannst du was erleben!*.

◆ GRAMMATIK
DER KONDITIONAL I, MIT *SI*

Wir haben bereits den ersten Konditional gesehen (*wenn → dann*). Dieser Typ von Konstruktion beinhaltet zwei Teile – den **si**-Satz und den Hauptsatz – und er wird häufig benutzt.
• Um über eine Angewohnheit oder einen gewöhnlichen Zustand zu sprechen, nutzt man Präsens in beiden Satzteilen:
Je suis de mauvaise humeur si on me pose trop de questions, *Ich habe schlechte Laune, wenn man mir zu viele Fragen stellt.*
In diesem Fall hat **si** die gleiche Funktion wie **quand**, *wenn, wann*, was auch benutzt werden kann (**quand on me pose...**). Die beiden Satzteile können umgedreht werden, was nichts an der Aussage ändert, aber in dem Fall wird ein Komma nach dem ersten Teil benötigt: **Si on me pose trop de questions, je suis de mauvaise humeur**.
• Um über etwas zu sprechen, was definitiv stattfinden wird, wenn eine Bedingung erfüllt wird, nimmt man für den Hauptsatz Futur:
Si mes amies sont à Paris, elles viendront à ta fête, *Wenn/Falls meine Freundinnen in Paris sind, kommen sie zur Party (werden sie kommen).*
• Mit dem „realen" Konditional kann man im **si**-Teil auch Perfekt statt Präsens benutzen:
Si vous avez oublié votre mot de passe, vous pourrez le retrouver par mail, *Wenn/Falls Sie Ihr Passwort vergessen haben, können Sie es per Mail wiederbekommen.*
Derselbe Konstruktionstyp kann mit dem Imperativ benutzt werden:
Si tu vas à la boulangerie, achète-moi deux croissants et une baguette, *Wenn/Falls du zur Bäckerei gehst, kauf mir zwei Croissants und ein Baguette.*

Zur Erinnerung: in einer **si**-Phrase können wir nur Präsens, Perfekt, Imparfait und Plusquamperfekt (was wir in diesem Kurs nicht sehen werden) nehmen. Im nächsten Modul schauen wir uns den Konditional II an.

CE QUI / CE QUE

Diese beiden indefiniten Relativpronomen, die *das, was* bedeuten, können zunächst problematisch sein, da sie so ähnlich aussehen (zumal sie im Deutschen keinen Unterschied haben). Sie leiten einen Nebensatz ein, wie **qui** und **que** auch. Aber sie

werden in Sätzen benutzt, wo das Bezugselement – das Nomen oder der Satz auf das/den durch ein Pronomen referiert wird – nicht ausgedrückt wird.
• **Ce qui** bezieht sich auf den Satz (nicht das einzelne Nomen), der Subjekt des Verbs ist:
Mes voisins font beaucoup de bruit, ce qui m'énerve, *Meine Nachbarn machen viel Lärm, was mich nervt.*
Je n'ai pas de ses nouvelles, et c'est ce qui m'inquiète le plus, *Ich habe keine Neuigkeiten von ihm und das ist es, was mich am meisten besorgt.*
• **Ce que** bezieht sich auf das Objekt des Verbs:
Ce qu'elles font m'intéresse énormément, *Das, was sie tun, interessiert mich enorm.*
Nous ne comprenons pas ce que vous voulez, *Wir verstehen nicht, was ihr wollt.*

Beide Pronomen können zur Betonung benutzt werden. Dafür beginnt man den Satz mit dem **ce qui/ce que**-Halbsatz, dann leitet man mit **c'est** den zweiten Halbsatz ein:
Ce qui nous intéresse, c'est que nos clients gagnent de l'argent, *(Das,) Was uns interessiert, ist, dass unsere Kunden Geld verdienen.*
Ce que je veux dire, c'est que j'ai vraiment besoin de vacances, *Was ich meine ist, dass ich wirklich Urlaub brauche.*

Eine kleine Hilfe: *qui* + Verb, *que* + Subjekt.

ON VS. NOUS

Wir haben das Pronomen **on** in Modul 6 kennengelernt. Wie Sie mittlerweile bemerkt haben, wird es standardmäßig sowohl für die unpersönliche Form (*man*) und auch als Alternative zu **nous** benutzt. Ein möglicher Grund für letzteres ist, dass die Form eines Verbs in der ersten Person Plural recht lang sein kann: drei Silben von **nous préférons** können z. B. auf zwei reduziert werden: **on préfère**. Wie wir im Dialog gesehen haben, ist infolgedessen **on** im Mündlichen oft das gewählte Pronomen und der Wechsel zwischen unpersönlich und persönlich nahtlos: **On sera obligés**, *Wir werden verpflichtet sein* (persönlich); **Tu sais ce qu'on dit**, *Du weißt, was man sagt* (unpersönlich). **On** kann auch als erste Person Plural im zwanglosen Schreiben genommen werden, z. B. in einer persönlichen E-Mail. In diesem Fall können Sie wählen, ob Sie die Adjektive auf das Subjekt angleichen oder nicht (**on sera obligé/obligés**), da die Regel recht unklar ist. Nutzen Sie im formellen Französisch hingegen immer **nous** für die erste Person Plural.

UNVERÄNDERLICHE ADJEKTIVE

Viele Einzahl-Adjektive haben im Maskulinen und Femininen die gleiche Form. In diesem Modul z. B., haben wir **tranquille**, *ruhig, beruhigt, gemächlich* gelernt. Andere übliche Adjektive, die sich nicht ändern, sind:

large, *breit, weit*; **libre**, *frei*; **magnifique**, *wunderbar*; **malade**, *krank*; **mince**, *dünn*; **moderne**, *modern*; **necessaire**, *nötig*, **pauvre**, *arm*; **riche**, *reich* und **rapide**, *schnell*. Hier ist eine schnelle Methode sie sich zu merken:

Si vous êtes riche ou pauvre, mince ou malade, vous pouvez admirer ce magnifique bâtiment moderne avec sa large porte d'entrée. L'accès est libre, mais il est nécessaire d'être rapide : il y a beaucoup de visiteurs, *Wenn Sie reich oder arm sind, dünn oder krank, können Sie dieses wunderbare moderne Gebäude mit seinen breiten Eingangstüren bewundern. Der Zugang ist frei, aber es ist nötig schnell zu sein: es gibt viele BesucherInnen.*

Eine weitere Kategorie unveränderlicher Adjektive sind die Farben. Zum Beispiel sind **orange**, *orange*; **rose**, *rosa* und **marron**, *braun* unveränderlich. Adjektive, die von Nomen abgeleitet sind, die Tiere, Blumen, Früchte oder Edelsteine betreffen, verändern sich in der Regel auch nicht. Die geläufigsten darunter sind: **argent**, *silber*; **émeraude**, *smaragdgrün*; **marine**, *marineblau* und **turquoise**, *türkis*. Zusammengesetzte Farben folgen der gleichen Regel: des **yeux gris clair**, *hellgraue Augen*; **une jupe vert pomme**, *ein apfelgrüner Rock*. Allerdings haben diese Eigenheiten wenig Auswirkung auf die Aussprache, sie müssen in diesem Stadium nicht detailliert erklärt werden.

⬢ ÜBUNGEN

1. SETZEN SIE DIE VERBEN DIESER KONDITIONAL-SÄTZE IN DIE KORREKTE FORM

a. Si mes amis (*être*) à Paris le mois prochain, ils (*venir*) dîner à la maison.

b. Tu (*pouvoir*) retrouver ton mot de passe par mail si tu le (*perdre*).

c. Si vous (*aller*) au marché, (*prendre*)-moi un kilo de pommes, s'il vous plait.

d. Nous (*aller*) au Bois de Boulogne demain s'il (*faire*) beau.

e. Si tu (*inviter*) ton ex à la fête, tu penses qu'elle (*venir*) ?

2. NEHMEN SIE *CE QUI* ODER *CE QUE*, UM DIESE SÄTZE ZU VERVOLLSTÄNDIGEN

a. (……) est certain, c'est que les voisins vont se plaindre du bruit.

b. Dis-moi (……) tu comprends dans cette lettre : elle est écrite en arabe.

c. Son mari oublie toujours son anniversaire, (……) l'énerve.

d. (……) font Marie et Nicolas m'aide beaucoup dans mon travail.

e. Avoir un bon travail, c'est (……) est le plus important.

VOKABULAR

avoir le cafard *Trübsal blasen, niedergeschlagen sein*
(s')énerver *sich aufregen, genervt sein*
(s')étonner *sich wundern, erstaunt sein*
gêner *stören, behindern*
(s')inquiéter *sich sorgen (siehe* **inquiet**, *Modul 12)*
inviter *einladen*
piqueniquer *picknicken*
se plaindre (de) *sich beschweren (über), sich beklagen*
râler *meckern*
sauter *springen*
~au plafond *an die Decke*
souffler *(aus-)pusten, (aus-)blasen*
vieillir *altern, alt werden*
vouloir dire *sagen wollen, meinen*

un anniversaire *ein Geburtstag*
un bois *ein Holz, ein kleiner Wald*
le bois *das Holz*
une bougie *eine Kerze*
un cafard *eine Kakerlake*
une fête *eine Feier, ein Namenstag, ein Feiertag*
une humeur *eine Laune*
mauvaise humeur *schlechte Laune*
le lendemain *morgen, der nächste Tag*
le plafond *die Decke*
le surlendemain *übermorgen, der übernächste Tag*
un(e) voisin(e) *ein/e NachbarIn*

longtemps *lange (Zeit),*
quand même *trotzdem, nichtsdestoweniger,* immerhin
amusant(e) *amüsant, lustig, unterhaltend*
gentiment* *nett, liebenswürdig*
honnête *ehrlich*
nombreux(-euses) *zahlreich*
paisible *friedlich, ruhig*
ravi(e) *begeistert, erfreut*
tranquille *ruhig, beruhigt, gemächlich*

* Beachten Sie die unregelmäßige Schreibweise (**gentillement** → **gentiment**)

Ça ne mange pas de pain *Es kann nicht schaden, Es schadet nicht*
En revanche *Hingegen, Dagegen*
Joyeux anniversaire *Herzlichen Glückwunsch zum Geburtstag*
Qu'est ce qui ne vas pas ? *Was stimmt nicht? Was ist (denn) los?*

3. ÄNDERN SIE DIESE SÄTZE VON *NOUS* ZU *ON* UND VICE VERSA

a. Nous sommes très contents de vous avoir ici avec nous*. →

b. Ce n'est pas grave : nous nous amuserons quand même. →

c. Nous ne l'avons pas vu vendredi dernier mais nous lui avons parlé le surlendemain. →

d. On préfère ne pas bouger d'ici car on attend nos amis à seize heures. →

e. Ce que nous pensons, c'est que nous devons vraiment aller à la fête de Jacques demain. →

* Das zweite **nous** ändert sich nicht, da es ein betontes Personalpronomen ist (siehe Modul 6).

4. ÜBERSETZEN SIE AUF FRANZÖSISCH

25

a. Sie sind an die Decke gegangen, als man ihnen die schlechte Nachricht gegeben hat. Es ist aus diesem Grund, dass sie schlechte Laune haben.

b. Seid ihr auf dem Laufenden, dass die Geschäfte morgen und Montag geschlossen sein werden?

c. Wir haben viel um die Ohren: wir müssen Nellys Feier organisieren.*

d. Was ist los, Monique? – Ich bin niedergeschlagen, weil mein Ex mit meiner besten Freundin geht.

e. Ich werde sie vielleicht einladen. – Du kannst es nach wie vor probieren. Das schadet nicht.

* Nehmen Sie beide Formen (**on**, **nous**).

24.
DIE LOTTERIE

LA LOTERIE

ZIELE

- **EINE BEDINGUNG BESCHREIBEN**
- **ÜBER MÖGLICHKEITEN SPRECHEN**
- **GELÄUFIGE IDIOME VERWENDEN**

KENNTNISSE

- **DER KONDITIONAL II**
- **STELLUNG VON ADVERBIEN**
- **IDIOMATISCHE REFLEXIVE VERBEN**

„ALL UNSERE GEWINNER HABEN IHR GLÜCK VERSUCHT."

*(Eine Journalistin stellt Fragen an einen Gast (*Eingeladenen*))*

— Haben Sie Lust auf ein kleines Spiel, nur um Sie auf andere Gedanken zu bringen *(Ihre Ideen zu ändern)*? Ja? Dann antworten Sie ernsthaft auf diese Frage: was würden Sie tun, wenn Sie das große Los in der Lotterie gewinnen würden?

— Wenn ich den Jackpot gewinnen würde? Um ehrlich zu sein *(sagen)*, habe ich [noch] nie daran gedacht. Und Sie?

— Ich denke oft daran. Aber Sie sind es, dem ich die Frage gestellt habe.

— Ich habe [noch] nie einen Lotterieschein gekauft, weil mir klar geworden ist, dass ich wenig Glück in meinem Leben hatte. Aber wenn ich gewinnen würde, ist es sicher, dass ich nicht weiterarbeiten würde.

— Verzeihung, ich habe [das] nicht gut verstanden: Sie würden weiterhin arbeiten?

— Nein, im Gegenteil, ich würde kündigen und nie wieder ins Büro gehen. Ich würde meiner ganzen Familie und engen Bekannten Geschenke kaufen und ein hübsches Landhaus für meine Freundin finden. Ich bin überzeugt, dass sie [es] auch [so] machen würde, wenn sie an meiner Stelle wäre. Ich würde mir das neueste Luxus-Hybridauto schenken; das, was die Filmstars fahren. Ich habe gestern oder vorgestern eins auf der Autobahn gesehen und habe mich auf den ersten Blick verliebt. Normalerweise könnte ich es mir nicht kaufen, weil es ein Vermögen kostet. Aber weil ich im Geld schwimmen *(auf Gold fahren)* würde, würde ich gleich 2 kaufen; eins für die geraden Tage und eins für die ungeraden. Ich würde in einer Villa in einem schicken und angesagten Viertel der Hauptstadt wohnen. Ich hätte einen Koch, der mir köstliche Gerichte kochen würde und jemanden, der den Haushalt machen würde.

— Sie würden also alles ausgeben, alles auf einen Schlag? Sie müssten aufpassen, ihr Geld nicht aus dem Fenster zu schmeißen.

— Seien Sie beruhigt: ich würde einen Teil beiseite legen, in einer Bank. Und Sie, was würden Sie an meiner Stelle machen?

— Zuallererst, wenn ich gewinnen wollen würde, würde ich ein Los kaufen!

* In diesen letzten Modulen ist die Übersetzung des französischen Texts weniger wörtlich als anfangs. Es ist Zeit, Sie so weit wie möglich von den Wort-für-Wort Äquivalenten zu entwöhnen.

26 « TOUS NOS GAGNANTS ONT TENTÉ LEUR CHANCE. »

(Une journaliste pose des questions à un invité)

— Ça vous dirait de faire un petit jeu, juste pour vous changer les idées ? Oui ? Alors répondez franchement à cette question : qu'est-ce que vous feriez si vous gagniez le gros lot à la loterie ?

— Si je gagnais le jackpot ? À vrai dire, je n'y ai jamais pensé. Et vous ?

— Moi, j'y pense souvent. Mais c'est à vous que j'ai posé la question.

— Je n'ai jamais acheté un billet de loterie, parce que je me suis rendu compte que j'ai eu peu de chance dans ma vie. Mais si je gagnais, ce qui est sûr est que je ne continuerais pas à travailler.

— Pardon, j'ai mal entendu : vous continueriez à bosser ?

— Non, au contraire, je démissionnerais et je n'irais plus jamais au bureau. J'offrirais des cadeaux à toute ma famille et mes proches et je trouverais une jolie maison de campagne pour ma petite amie. Je suis convaincu qu'elle ferait pareil si elle était à ma place. Je m'offrirais la toute dernière voiture hybride de luxe, celle que conduisent les vedettes de cinéma. J'en ai vu une hier ou avant-hier sur l'autoroute et j'ai eu le coup de foudre. Normalement, je ne pourrais pas me la payer parce que ça coûte les yeux de la tête. Mais parce que je roulerais sur l'or, j'en achèterais même deux, une pour les jours pairs et l'autre pour les jours impairs. J'habiterais une villa dans un quartier chic et branché de la capitale. J'aurais un chef qui me cuisinerait des plats délicieux, et quelqu'un qui ferait le ménage.

— Donc vous dépenseriez tout, tout d'un coup ? Il faudrait faire attention à ne pas jeter votre argent par les fenêtres.

— Rassurez-vous : j'en mettrais une partie de côté, dans une banque. Et vous, que feriez-vous si vous étiez à ma place ?

— Avant tout, si je voulais gagner, j'achèterais un billet !

■ DEN DIALOG VERSTEHEN
FORMULIERUNGEN UND REDEWENDUNGEN

→ Mit dem regelmäßigen Verb **dire**, *sagen*, kann man höflich fragen, ob jemand etwas machen möchte: **Ça te dit de venir passer la soirée avec nous ?**, *Sagt es dir zu, den Abend mit uns zu verbringen?*. In einem formelleren Kontext, wird das Verb in den Konditional gesetzt: **Ça vous dirait de visiter nos bureaux ?**, *Würde es Ihnen zusagen, unsere Büros zu besichtigen?*. Ein anderer Ausdruck mit **dire** ist **à vrai dire**, *um ehrlich zu sein* (wörtl. *um richtig zu sagen*). Die Phrase kann ohne Bedeutungsänderung umgestellt werden (**à dire vrai**).

→ **bosser**, *arbeiten, „ackern"*, ist noch ein umgangssprachliches Wort (Modul 15), das oft im Alltags-Französisch benutzt wird, aber keine konkrete Entsprechung auf Deutsch hat. **Une bosse** ist *eine Beule, ein Buckel* und die ursprüngliche Bedeutung von **bosser** war, dass jemandes Rücken unter der vielen Arbeit gebeugt war (**un(e) bossu(e)**, *ein/e Buckelige/r*). Es ist wichtig zu bedenken, dass manche Wörter keine direkte Übersetzung haben.

→ Das Adjektiv **proche** heißt *nah, nahestehend* (Modul 12, **la proche banlieue**, *der nahe Vorort*). Als Nomen, meist maskulin Plural, meint **les proches** *Verwandte, Angehörige, Nahestehende*. Ein üblicher Jahreswechsel-Gruß ist **Bonne année à vous et à vos proches**, *Frohes neues Jahr für Sie & Ihre Familie*.

→ **pareil** ist ein Adjektiv vergleichbar mit **même**, *gleich*, aber heißt auch *selbe/n, ähnlich*: **J'ai une nouvelle écharpe. – J'en ai une pareille**, *Ich habe einen neuen Schal. – Ich habe einen ähnlichen*. Es kann auch als Adverb fungieren: **Elles s'habillent pareil**, *Sie ziehen sich ähnlich/gleich an*.

→ **une vedette** heißt *ein Star, eine Diva*, was aber auch als **une star** (immer feminin) bezeichnet wird. Es ist auch ein Adjektiv: **Giniaux est le joueur vedette de l'équipe**, *Giniaux ist der Starspieler der Mannschaft*. (Das Wort *ein Stern* (engl. *a star*) ist **une étoile**).

→ **branché** ist ein Adjektiv für *angeschlossen, eingesteckt*: **Est-ce que l'imprimante est branchée ?**, *Ist der Drucker angeschlossen?*. Im Umgangssprachlichen heißt es *hip, angesagt*: **Il y a plein de boutiques branchées dans le quartier du Marais**, *Es gibt viele angesagte Läden im Le Marais-Viertel*. (Siehe Modul 22 für die Regel zu definiten Artikeln in Eigennamen.)

KULTURELLER HINWEIS

Glücksspiele, **les jeux du hasard**, sind in Frankreich staatlich kontrolliert. Die vermutlich bekannteste *Lotterie*, **la loterie** (Achtung: einzelnes „t") **nationale**, wurde in den 1930-ern gegründet, um Geld für die im Ersten Weltkrieg verletzten Soldaten aufzubringen. Die wöchentliche Auslosung wurde später zu **Le Loto** umbenannt, worunter es heutzutage immer noch läuft. *Rubbellos-Spiele*, **les jeux de grattage**, sind auch sehr populär. Karten können in **un bureau de tabac** erstanden werden (ein speziell ausgewiesenes Café, das auch Tabak verkauft, daher der Name) oder bei einem *Zeitungshändler*, **un marchand de journaux**. In den letzten Jahren ist ein Großteil dieser Aktivität online umgestellt worden. Ein weiteres berühmtes Spiel ist *das Pferderennen*, **les courses** (fem.) **de chevaux**. Diese Aktivität wird durch eine Organisation kontrolliert, **le Pari mutuel urbain** oder **PMU**, benannt als wechselseitiges Wett-System (**un pari**, *eine Wette*), die auch in Nordamerika eingesetzt wird. WettspielerInnen haben ursprünglich auf eine Kombination aus drei Pferden gewettet, daher der Name **tiercé**, *Dreierwette*. Auch wenn das System auf vier oder fünf GewinnerInnen ausgeweitet wurde, wird **le tiercé** häufig als eine generische Form der Pferdewetten benutzt. Das meiste Vokabular in dieser Domäne kommt aus dem Englischen, darunter **un(e) bookmaker**, *ein/e BuchmacherIn*; **un betting book**, *ein Wettbuch*; **un trotteur**, *ein/e TraberIn* und **un steeple-chase**, *ein Jagdrennen*. Aber **le Loto** hat sich in Frankreich profiliert und ist bekannt für seine cleveren Slogans, wovon **Cent pour cent des gagnants ont tenté leur chance**, *100% der GewinnerInnen haben ihr Glück gewagt!* wohl der bekannteste ist. **Bonne chance !**, *Viel Glück!*

◆ GRAMMATIK
STELLUNG VON ADVERBIEN

Jetzt, wo wir die Bildung von Adverbien kennen, lassen Sie uns genauer schauen, wo sie im Satz platziert werden.
Die erste Regel ist, dass Adverbien nie neben das Subjekt eines Satzes gesetzt werden: **Ils disent toujours non**, *Sie sagen immer nein*.
Zweitens kommen sie unmittelbar nach dem Verb, das aus einem einzelnen Wort besteht, unabhängig von der Zeitform:
Je pense souvent à mon premier travail, *Ich denke oft an meinen ersten Job*.
Wenn das Verb negierend ist, steht das Adverb nach dem negierenden Element:
Sa voiture ne roule pas vite, *Sein Auto fährt nicht schnell*.
Erinnern Sie sich jedoch, dass wenn das Adverb eine Negation ausdrückt, **pas** nicht benötigt wird:
Il ne pensait jamais à moi, *Er dachte nie an mich*.
Wenn der Satz ein direktes Objektnomen beinhaltet, steht das Adverb davor:
J'aime beaucoup ses romans, *Ich mag seine Romane sehr*.
Diese Regeln sind wichtig, da die Wortstellung oft, aber zum Glück nicht immer, vom Deutschen abweicht.

Bei Verben, die mit **avoir** oder **être** konjugiert werden, steht das Adverb zwischen Hilfsverb und Partizip:
Je n'ai jamais pensé qu'il était intelligent, *Ich habe nie gedacht, dass er intelligent war.*
Die meisten dieser Adverbien beziehen sich auf Quantität oder Frequenz; dazu gehören **beaucoup**, *viel*; **bien**, *gut*, **mal**, *schlecht*; **vraiment**, *wirklich*; **rarement**, *selten*; **souvent**, *oft* und **toujours**, *immer*.
Ebenso kommt das Adverb in der Zeitform der unmittelbaren Zukunft mit **aller** zwischen dieses Hilfsverb und dem Infinitiv:
Elle va certainement venir demain, *Sie wird sicherlich morgen kommen.*
Manche Adverbien stehen nach einem zusammengesetzten Verb, besonders die, die auf Zeit und Position referieren:
Ils sont arrivés tôt ce matin, *Sie sind heute Morgen früh angekommen.*
Andere Adverbien dieser Kategorie sind **tard**, *spät*; **quelquefois**, *manchmal*; **longtemps**, *lange*, sowie **aujourd'hui**, *heute*; **hier**, *gestern* und **demain**, *morgen*.
Adverbien, die ein Adjektiv oder ein anderes Adverb modifizieren, stehen meist vor dem entsprechenden Wort:
Le livre est très bien écrit, *Das Buch ist sehr gut geschrieben.*
Désolé, vous êtes trop en retard, *Verzeihung, Sie sind zu spät.*

IDIOMATISCHE REFLEXIVE VERBEN

Wie in Modul 10 erwähnt, sind manche reflexiven Verben idiomatisch und müssen gelernt werden. Der Mechanismus ist sehr einfach und besteht darin, ein reflexives Pronomen vor ein normales Verb zu setzen: **J'offre un cadeau à ma petite amie**, *Ich gebe meiner Freundin ein Geschenk* → **Je m'offre un cadeau**, *Ich leiste mir ein Geschenk.*
Ebenso wird aus **payer quelque chose**, *etw. kaufen* → **se payer quelque chose**, *sich etwas gönnen.*
Ein weiteres Beispiel ist **rendre compte**, was *nachzählen, abbilden, nachweisen* heißt (wörtl. *Bericht/Konto zurückgeben*), wohingegen **se rendre compte** *sich über etw. klarwerden, sich über etw. bewusst sein/werden* heißt:
Il s'est rendu compte que le quartier était très branché,
Er wurde sich klar darüber, dass das Viertel sehr hip ist (Erinnern Sie sich, dass alle reflexiven Verben **être** statt **avoir** als Hilfsverb nehmen).
Se changer les idées heißt *sich ablenken, auf andere Gedanken kommen* (wörtl. *sich Ideen ändern*):
Viens boire un café avec moi: ça te changera les idées,
Komm einen Kaffee mit mir trinken: das wird dich auf andere Gedanken bringen.
Es ist wichtig, diese idiomatischen Begriffe zu lernen, da sie meist nicht per wörtlicher Übersetzung verstanden werden können.

▲ KONJUGATION
DER KONDITIONAL II

Der zweite Konditional entspricht der deutschen Verb-Form mit *würde*. Er wird genutzt, um eine hypothetische Situation zu beschreiben oder er ist eine höfliche Form, um nach etwas zu fragen. Ebenso kann er benutzt werden, wenn man Rat gibt oder einen Vorschlag macht.

Um diesen Konditional zu bilden, addiert man die Endungen der Imparfait-Zeitform (siehe Modul 22) an den Infinitiv (bei der **-re** Gruppe tilgt man das finale **e**).

gagner, *gewinnen*

je gagnerais	ich würde gewinnen	nous gagnerions	wir würden gewinnen
tu gagnerais	du würdest gewinnen	vous gagneriez	Sie würden/ihr würdet gewinnen
il/elle/on gagnerait	er/sie/es würde gewinnen	ils/elles gagneraient	sie würden gewinnen

mettre, *setzen, stellen, legen*

je mettrais	ich würde stellen	nous mettrions	wir würden stellen
tu mettrais	du würdest stellen	vous mettriez	Sie würden/ihr würdet stellen
il/elle/on mettrait	er/sie/es würde stellen	ils/elles mettraient	sie würden stellen

Wenn die Zukunftsform eines Verbs unregelmäßige Formen trägt (vor allem die Hilfsverben **aller**, **avoir** und **être**), werden diese auch im Konditional auftreten: **j'irai → j'irais**; **j'aurai → j'aurais**; **je serai → je serais**. Jedoch werden beide Formen gleich ausgesprochen. Also seien Sie besonders achtsam, wenn Sie in der ersten Person Singular schreiben: **je gagnerai** = Futur; **je gagnerais** = Konditional. Selbst französische MuttersprachlerInnen verwechseln es manchmal! Wir haben **on** in der Tabelle hinzugefügt, da es oft statt **nous** benutzt wird, was formeller (und schwieriger auszusprechen) ist!

Zwei weitere oft im Konditional stehende Verben sind **pouvoir**, *können* und **vouloir**, *wollen*, da sie in höflicher Konversation Anwendung finden.

je pourrais	nous pourrions	je voudrais	nous voudrions
tu pourrais	vous pourriez	tu voudrais	vous voudriez
il/elle pourrait	ils/elles pourraient	il/elle voudrait	Ils/elles voudraient

Pourriez-vous nous aider s'il vous plait ? Nous voudrions louer une voiture, *Könnten Sie uns bitte helfen? Wir würden gerne ein Auto mieten.*

In zweiteiligen Sätzen mit **si** und einem angehängten Nebensatz ist das Verb, das der Konjunktion folgt, in der Imparfait-Zeitform:
Si je gagnais le gros lot, j'achèterais une maison,
Wenn ich das große Los ziehen würde, würde ich ein Haus kaufen.
Elles partiraient demain si elles pouvaient,
Sie würden morgen losfahren, wenn sie könnten.
Eine häufige Anwendung des Konditionals der Höflichkeit wäre:
Voulez-vous (noch höflicher, **Voudriez-vous**) **un café ? – Je veux bien** (einfacher, **Avec plaisir**), *Möchten/Hätten Sie gerne einen Kaffee? – Ja gerne/Ja bitte.*
Ähnlich wie im Deutschen, wird der Konditional auch benutzt, um eine Mutmaßung oder eine nicht bestätigte Handlung auszudrücken. Deshalb findet man ihn oft in Nachrichten, was man in dem Fall auf Deutsch aber meist mit Wörtern wie *scheinbar, wohl* + Indikativ macht:
Dix personnes seraient blessées dans un accident de car en Bourgogne,
Zehn Personen seien/sind wohl in einem Autounfall in Bourgogne verletzt worden.

● ÜBUNGEN

1. SETZEN SIE DIESE SÄTZE IN DEN KONDITIONAL II, WO NÖTIG

a. Dis-moi, qu'est ce tu (*faire*:………………) si tu (*gagner*:………………) le gros lot à la loterie ?

b. Je (*acheter*, negierend:………………………) une voiture car j'en ai déjà deux.

c. Qu'est-ce que tu (*vouloir*:………………) si tu (*avoir*:………………) de l'argent? – Quelqu'un qui (*faire*:………………) le ménage.

d. Elle m'a dit que son mari (*démissionner*:……………) et (*aller*, negierend:……………) au bureau.

e. Ce qui est sûr, c'est que je (*habiter*, negierend:…………………) Le Marais, même si je (*pouvoir*:………………).

2. SETZEN SIE DIESE ADVERBIEN AN DIE KORREKTE STELLE, UM DIE UNTERSTRICHENEN VERBEN ZU MODIFIZIEREN

a. **beaucoup** → Elle n'aime pas ses films car ils sont trop tristes. (2 mal in diesem Satz)

b. **jamais** → Tu es égoïste : tu ne penses pas à moi.

c. **certainement** → Il m'a dit qu'il va partir demain.

d. **toujours** → J'ai pensé qu'ils étaient nos amis mais j'avais tort.

e. **souvent** → Nous l'avons vu à la télévision : c'est une star !

VOKABULAR

bosser (ugs.) *arbeiten, ackern*
conduire *fahren, am Steuer sitzen*
(se) changer *(sich) verändern; sich umziehen*
~ les idées *(sich) ablenken, sich auf andere Gedanken bringen*
convaincre *überzeugen*
démissionner *kündigen*
dépenser *ausgeben*
jeter *werfen*
offrir *anbieten, schenken, geben (ein Geschenk)*
(se) rendre compte *nachzählen; sich bewusst/klar werden*
rassurer *beruhigen*
rouler *rollen, fahren*

une autoroute *eine Autobahn*
une banque *eine Bank*
un cadeau *ein Geschenk*
une étoile *ein Stern*
une fenêtre *ein Fenster*
la foudre *der Blitz*
un gros lot, un jackpot *ein großes Los, ein Jackpot*
un jeu *ein Spiel*
une loterie *eine Lotterie*
le luxe *der Luxus*
de luxe *luxuriös, Luxus-, Nobel-*
l'or (mask.) *das Gold*
le ménage *Haushalt*
un(e) proche *ein/e Verwandte/r, ein/e Nahestehende/r*
une star *ein (Film-)Star*
un(e) petit(e) ami(e) *ein/e feste/r FreundIn*
une vedette *ein Star; ein Schnellboot*
une villa *eine Villa*

branché(e) *hip, angesagt*
chic *schick*
à côté *neben*
franchement *ehrlich gesagt, wirklich, offen*
impair *ungerade Zahl*
pair *gerade Zahl*
pareil *gleich, ähnlich, selbe/n*

Ça te/vous dirait…? *Sagt es dir/ Ihnen/euch zu…?, Hättest du/ Hätten Sie/Hättet ihr Lust…?*
Rassurez-vous *Seien Sie/Seid beruhigt/unbesorgt*

3. VERVOLLSTÄNDIGEN SIE DIESE IDIOME

a. Est-ce que son cadeau était cher ? – Oui ! Ça m'a coûté ....
b. Ne jette pas tout ton argent ....
c. Sortons au restaurant. Tu pourras ...... changer ....
d. Je ne peux pas acheter une voiture neuve. Je ne roule pas ....
e. Je pense que Michel est tombé amoureux. – Oui, il a eu ....

4. ÜBERSETZEN SIE AUF FRANZÖSISCH

26

a. Sagt es euch/Sagt es dir zu, den Abend mit uns zu verbringen?
 – Um ehrlich zu sein*, ich habe nicht viel Zeit.
b. Ich bin überzeugt, dass Sie/du das gleiche tun würden/-st, wenn Sie/du an unserer Stelle wären/-st.
c. Mir ist klar geworden, dass deren neues Viertel sehr angesagt ist.
 – Ganz ehrlich, wir** haben nie darüber nachgedacht.
d. Er würde morgen fahren, wenn er könnte, nur, um sich abzulenken.
e. Die beiden Geschäfte sind ähnlich: ziemlich schick und sehr teuer.

* 2 Möglichkeiten
** Nehmen Sie beide Formen (**on**, **nous**)

Wir haben begonnen ein paar geläufige Idiome kennenzulernen, wie **rouler sur l'or**, **avoir le coup de foudre** und **coûter les yeux de la tête** (und die alternative Form **coûter un bras**). Es ist von Bedeutung, diesen Typ von Ausdrücken zu erkennen, da sie oft im Alltag benutzt werden. Allerdings empfehlen wir, dass Sie sich damit zurückhalten, bis Sie sich wohl mit dem „regulären" Französisch fühlen.

25. POLITIK

LA POLITIQUE

ZIELE

- EINEN BEFEHL AUSSPRECHEN
- VERHALTEN/METHODIK VERGLEICHEN
- RATSCHLAG ANBIETEN

KENNTNISSE

- VERGLEICH VON ADVERBIEN
- UNPERSÖNLICHE FORMEN
- DER SUBJUNKTIV VON *ÊTRE* UND *AVOIR*

SIE SIND ALLE GLEICH!

(Zwei Abgeordnete diskutieren die nächsten Wahlen).

– Die Ministerin für *(von)* Gesundheit wird bald in Rente gehen *(ihre Rente nehmen)*. Seit wann *(wie viel Zeit)* ist sie im Parlament?

– Sie wurde gewählt, als sie 21 Jahre alt war, die jüngste Abgeordnete seit einem halben Jahrhundert.

– Bis wann ist sie da?

– Bis zu den nächsten Parlamentswahlen.

– Und wie finden Sie Dubuffet, den verantwortlichen Senator für Fragen der Arbeitslosigkeit?

– Er schreit lauter als die anderen Gewählten, aber er drückt sich deutlich weniger gut als sie aus. Er ist es, der arbeitslos *(in der Arbeitslosigkeit)* sein sollte.

– Man könnte meinen *(würde sagen)*, dass Sie ihn nicht schätzen! Seit wann kennen Sie ihn?

– Wir waren Freunde, als wir junge Abgeordnete waren, aber derzeit sehen wir uns deutlich weniger als früher *(davor)*. Er wird bei den Wahlen antreten, da bin ich sicher, und er wird vielleicht erneut gewinnen. Alles, was ihn interessiert, ist *(die)* Macht.

– Aber ich bitte Sie *(schauen wir)*, Sie müssen optimistisch und enthusiastisch sein und vor allem müssen Sie eine positive Einstellung haben!

– Wenn Sie [darauf] bestehen, aber ich darf auch nicht idiotisch sein. Die Politik ist eine zu seriöse Sache, um den Politikern anvertraut zu werden. Es kommt vor, dass gewisse Politiker oder Politikerinnen besser sind als andere, aber das ist eher die Ausnahme als die Regel.

– Mir scheint, dass Sie etwas zynisch geworden sind. Habe ich Recht?

– Es ist wichtig, nein, essentiell, dass wir sehr aufmerksam sind. Deshalb *(Für das)* reicht es, für den- oder diejenige zu wählen, der oder die am wenigsten Schaden anrichtet. Jedenfalls wissen Sie genauso gut wie ich, dass die Parteien alle gleich sind: die Rechte ist die Ausbeutung des Menschen durch den Menschen, während die Linke das exakte Gegenteil ist.

ILS SONT TOUS PAREILS !

(Deux députés discutent des prochaines élections).

– La ministre de la santé va prendre sa retraite bientôt. Depuis combien de temps est-elle au parlement ?

– Elle a été élue quand elle avait vingt-et-un ans, la députée la plus jeune depuis un demi-siècle.

– Jusqu'à quand est-elle là ?

– Jusqu'aux prochaines élections législatives.

– Et comment trouvez-vous Dubuffet, le sénateur chargé des questions de chômage ?

– Il crie plus fort que les autres élus mais il s'exprime nettement moins bien qu'eux. C'est lui qui devrait être au chômage.

– On dirait que vous ne l'appréciez pas ! Depuis quand le connaissez-vous ?

– Nous étions amis quand nous étions jeunes députés, mais à présent nous nous voyons beaucoup moins qu'avant. Il se présentera aux élections, j'en suis sûr, et il gagnera peut-être à nouveau. Tout ce qui l'intéresse, c'est le pouvoir.

– Mais voyons, il faut que vous soyez optimiste et enthousiaste, et, surtout, il faut que vous ayez une attitude positive !

– Si vous insistez, mais il ne faut pas que je sois idiot non plus. La politique est une chose beaucoup trop sérieuse pour être confiée aux politiciens. Il arrive que certains hommes ou femmes politiques soient meilleurs que d'autres, mais c'est l'exception plutôt que la règle.

– Il me semble que vous êtes devenu un peu cynique. Ai-je raison ?

– Il est important, non, essentiel que nous soyons très attentifs. Pour cela, il suffit de voter pour celui ou celle qui fera le moins de dégâts. De toute façon, vous savez aussi bien que moi que les partis sont tous pareils : la droite, c'est l'exploitation de l'homme par l'homme, alors que la gauche, c'est exactement le contraire.

■ DEN DIALOG VERSTEHEN
FORMULIERUNGEN UND REDEWENDUNGEN

→ Wir haben in Modul 2 gelernt, dass manche Nomen sowohl eine maskuline als auch eine feminine Form haben und, dass sich die Sprache diesbezüglich stetig weiterentwickelt. Das trifft insbesondere auf das politische Feld zu. Das maskuline **un député**, *ein Abgeordneter* des französischen Parlaments, wird für Frauen und Männer benutzt. In den letzten Jahren wurde jedoch **une députée** immer üblicher. Ebenso wird **un ministre** für *einen Minister* und **une ministre** für *eine Ministerin* benutzt.

→ **dire**, *sagen* und **voir**, *sehen* werden in vielen gewöhnlichen Redewendungen benutzt. Der Konditional **on dirait que**, *„man würde sagen, dass"* drückt eine Wahrnehmung aus: **On dirait qu'il va neiger**, *Es sieht aus als wird es schneien*. Die 1. Person Plural **Voyons** am Satzanfang entspricht etwa dem deutschen *Ich bitte dich/Sie/euch!* und wird benutzt, um Uneinigkeit oder Ärgernis auszudrücken: **Voyons, tu sais bien que c'est impossible**, *Ich bitte dich, du weißt (gut), dass das unmöglich ist*. Eine andere geläufige ausrufende Phrase ist **Voyons voir**, *„Lass uns schauen sehen"*, was bedeutet *Schauen wir mal*: **Voyons voir, qui m'a envoyé ce message ?**, *Schauen wir mal; wer hat mir diese Nachricht geschickt?*.

→ **le chômage**, *Arbeitslosigkeit*, ist abgeleitet von **chômer**, *stillstehen*. Es wird mit **être** benutzt: **Éric est au chômage depuis six mois**, *Éric ist seit 6 Monaten arbeitslos*. Erweitert kann es auch *Arbeitslosengeld* heißen: **Je suis étudiant: est-ce que j'ai droit au chômage ?**, *Ich bin Student: habe ich Anspruch (Recht) auf Arbeitslosengeld?*. Man sagt auch **un chômeur/une chômeuse**, *ein/e Arbeitslose/r*. Im gleichen Stil wird **la retraite** meist in **prendre sa retraite** oder **être à la retraite**, *in Rente gehen/sein* benutzt. Die Personenbezeichnung lautet **un(e) retraité(e)**, *ein/e RentnerIn*. Wie **le chômage** und im Deutschen kann **la retraite** sich auch auf das Rentengeld beziehen: **Mon père reçoit une retraite confortable**, *Mein Vater erhält eine komfortable Rente*.

→ **arriver**, *ankommen* (Modul 7), kann auch *passieren, vorkommen* heißen: **L'accident est arrivé hier**, *Der Unfall ist gestern passiert*. Ein nützlicher Ausdruck ist **Ce sont des choses qui arrivent**, *Solche Dinge kommen vor*. Das Verb kann unpersönlich benutzt werden, wie auf Deutsch: **Il arrive que nous soyons en retard, mais c'est rare**, *Es kann passieren, dass wir zu spät sind, aber das ist selten*. In diesem Typ von Satz ist das Resultat ungewiss, weshalb man den Subjunktiv benutzt.

→ **combien de temps**, *wie lange*, wird vor allem mit den Präpositionen **depuis** und **pour** benutzt: **Depuis combien de temps habitez-vous ici ?**, *Seit wann wohnen Sie schon hier?*; **Pour combien de temps sont-ils à Paris ?**, *Für wie lange sind sie in Paris?*. In der umgangssprachlichen Frageform sind die beiden Satzteile vertauscht: **Vous habitez ici depuis combien de temps ?; Ils sont à Paris pour combien de temps ?**

KULTURELLER HINWEIS

Politik, **la politique**, ist ein Thema leidenschaftlicher Diskussionen in Frankreich. Das Land ist eine konstitutionelle Republik, **la République française**, dessen Leitwort **Liberté**, **Égalité**, **Fraternité**, *Freiheit*, *Gleichheit*, *Brüderlichkeit* ist. Das politische System ist um *das Parlament*, **le parlement**, organisiert, mit einem Unter- und einem Oberhaus, **la Chambre des deputés** und **le Sénat**, dessen Mitglieder, **les député(e)s** und **les sénateurs**, je für fünf und neun Jahre gewählt werden. *Die Parlamentswahlen*, **les élections législatives**, finden alle fünf Jahre statt. *Ein/e Abgeordnete/r* ist **un(e) élu(e)** (vom Partizip Perfekt des Verbs **élire**, *wählen*). Die Exekutive wird im Namen der Menschen durch den/die PräsidentIn, **le président de la République**, innerhalb eines fünfjährigen Amtes ausgeübt, als **un quinquennat** bekannt. Der Präsident ernennt seine *MinisterInnen*, **les ministres (un(e) ministre)**, die je ein *Ministerium*, **un ministère**, leiten – achten Sie darauf, diese Worte nicht zu verwechseln. Wie in den meisten Ländern, decken *die politischen Parteien*, **les partis politiques** (mask.) ein breites Spektrum an Philosophien ab, die oft dadurch identifiziert werden, auf *der Rechten*, **la droite**, oder *der Linken*, **la gauche** zu sein.

GRAMMATIK
KOMPARATIVE UND SUPERLATIVE FORMEN VON ADVERBIEN

Wir wissen, dass Adverbien unveränderlich sind. Um positive und negative Vergleiche zu machen, gilt die gleiche Struktur wie für Adjektive: **plus…que**, **moins…que**:
L'inflation monte plus rapidement que mon salaire !, *Die Inflation steigt schneller an als mein Gehalt!*
J'apprends moins rapidement que toi, *Ich lerne weniger schnell als du.*
Der Gleichheitsvergleich wird mit **aussi…que** gebildet:
Le projet avance aussi rapidement que possible, *Das Projekt geht so schnell wie möglich voran.*
Viele Adverbien enden nicht in **-ment**, aber die gleiche Regel trifft zu:
Le vent est fort aujourd'hui → Le vent est moins fort qu'hier,
Der Wind ist heute stark → Der Wind ist weniger stark als gestern.
Und natürlich gibt es auch unregelmäßige Adverbien. Wir haben in Modul 21 **mieux** gesehen, den Komparativ von **bien**. Eine andere unregelmäßige Form trägt **peu**:
Il lit très peu → Il lit moins que moi, *Er liest sehr wenig → Er liest weniger als ich.*
In allen Fällen wird der Superlativ durch Anfügen des definiten Artikels **le** gebildet:
Il avance le plus rapidement possible, *Er geht so schnell voran wie möglich.*
Je bosserai le plus longtemps possible, *Ich werde so lang wie möglich arbeiten.*
Il lit le moins de nous tous, *Er liest am wenigsten von uns allen.*

UNPERSÖNLICHE FORMEN

Wir kennen sowohl unpersönliche Verbformen, wie **Il pleut**, *Es regnet*, als auch Konstruktionen mit **il y a**. Es gibt eine Vielzahl weiterer unpersönlicher Strukturen, die mit der dritten Person Singular der Verben **arriver**, **suffire**, **sembler**, **être** und **falloir** geformt werden, die idiomatisch genutzt werden und je nach Kontext übersetzt werden müssen.

- **Il arrive que…**, „*Es passiert, dass…*", *Es kommt vor, dass…*:

Il arrive que j'oublie mon mot de passe, *Manchmal vergesse ich mein Passwort.*

- **Il est important/essentiel que…**, *Es ist wichtig, dass…*:

Il est important d'arriver toujours à l'heure, *Es ist wichtig immer pünktlich zu kommen.*

- **Il suffit de…**, "*Es reicht, …*", *Es genügt, …*:

Il suffit d'entrer votre nom, puis valider, *Einfach Ihren Namen eingeben, dann bestätigen.*

- **Il semble que…**, *Es scheint, dass…*:

Il semble que vous êtes satisfait, *Sie scheinen zufrieden zu sein.*

Manche dieser Ausdrücke, z. B. **il faut que**, *man muss*, involvieren eine Hypothese oder eine Bedingung. In diesem Fall müssen wir den Subjunktiv benutzen (siehe unten).

▲ KONJUGATION
DER SUBJUNCTIV VON *ÊTRE* UND *AVOIR*

Der „Subjonctif" erlaubt es Ihnen, ein Gefühl, einen Befehl oder einen Wunsch auszudrücken. Aus diesem Grund muss er mit bestimmten Konstruktionen benutzt werden, vor allem mit **il faut que**, *man muss*.

Erstmal werden wir uns auf die zwei häufigsten – und natürlich unregelmäßigen – Verben konzentrieren, die dafür benutzt werden: **être** und **avoir**:

être		avoir	
je sois	nous soyons	j'aie	nous ayons
tu sois	vous soyez	tu aies	vous ayez
il/elle soit	ils/elles soient	il/elle ait	ils/elles aient

Il faut que tu sois à la gare à neuf heures, *Du musst um neun Uhr am Bahnhof sein*.
Il faut que nous ayons une discussion, *Wir müssen reden (eine Diskussion haben)*.

Wir werden mehr über den Subjonctif in Modul 26 lernen.

VOKABULAR

confier *anvertrauen*
crier *schreiben*
discuter *diskutieren*
(s')exprimer *(sich) ausdrücken*
insister *beharren, bestehen auf*
(se) présenter *(sich) vorstellen, antreten (bei Wahlen)*
sembler *(er)scheinen*
voter (pour) *wählen, abstimmen (für)*

une attitude *eine Haltung, eine Einstellung*
le chômage *die Arbeitslosigkeit, das Arbeitslosengeld*
le contraire *das Gegenteil* (siehe **au contraire**, Modul 10)
les dégâts *die Schäden*
un(e) député(e) *ein/e Abgeordnete/r*
idiot *dumm, idiotisch*
optimiste *optimistisch*
exactement *exakt, genau*
nettement *deutlich, eindeutig*
une élection *eine Wahl*
un(e) élu(e) *ein/e Gewählte/r, ein/e Abgeordnete/r*
une exception *eine Ausnahme*
l'exploitation *die Ausbeutung*

un(e) ministre *ein/e MinisterIn*
un ministère *ein Ministerium*
le parlement *das Parlament*
un parti (politique) *eine (politische) Partei*
la politique *die Politik*
le pouvoir *die Macht, die Gewalt*
la retraite *die Rente*
un(e) sénateur/-trice *ein/e SenatorIn*

sérieux(-euse) *seriös*
chargé(e) de *verantwortlich für*
cynique *zynisch*
enthousiaste *enthusiastisch*

Ce sont des choses qui arrivent, *Das sind Dinge, die passieren, Solche Dinge geschehen/kommen vor*
Depuis combien de temps ? *Wie lange/Seit wann…?*
Pour combien de temps ? *Für wie lange…?*
Voyons ! *Ich bitte dich/Sie/euch!, Aber aber!*
Voyons voir *Schauen wir mal, Dann wollen wir mal sehen*

Wann immer Sie einem neuen Wort begegnen, z. B. einem Nomen, schauen Sie, ob es mit einem Verb verwandt ist, das Sie vielleicht schon kennen (oder vice versa). Das ist einer der einfachsten Wege, ein gutes Vokabular aufzubauen.

ÜBUNGEN

1. NEHMEN SIE DEN SUPERLATIV (SL) ODER DEN VERGLEICH DER SUPERIORITÄT (S), DER INFERIORITÄT (I) ODER DER GLEICHHEIT (G), WIE ANGEGEBEN

a. G: Je travaille (vite: ……………………….) ta collègue.

b. S: Son projet avance (rapidement: …………………………………..) le tien.

c. I: Mes amis gagnent (peu: ……………………….) moi.

d. SL: Prononcez la phrase (fort: ……………………….) possible.

e. S/I: Je vois mes amis (souvent: ……………………..) avant.*

* Zwei Formen – Superiorität und Inferiorität – sind möglich.

2. VERVOLLSTÄNDIGEN SIE DIE SÄTZE MIT DER UNPERSÖNLICHEN FORM

a. **sembler** → ……………………….. vous n'aimez pas le fromage bleu.

b. **suffire** → ……………………….. appuyer sur ce bouton si vous voulez un café.

c. **arriver** → ……………………….. j'oublie les clés à la maison.

d. **être** → ……………………….. important de répondre à ses questions.

e. **falloir** → ……………………….. je sois à Paris après-demain au plus tard.

3. SETZEN SIE *ÊTRE* UND *AVOIR* IN DEN SUBJUNKTIV

a. Il faut que vous (être: …………………….) à l'heure pour l'avion.

b. Il faut que je (avoir: ……………………….) une réponse le plus rapidement possible.

c. Il faut que nous (être: …………………….) nombreux.

d. Il faut que tu (avoir: …………………….) confiance en moi.

e. Il faut que Jean-Michel et Sylvie (être: …………………….) là pour ma fête.

4. ÜBERSETZEN SIE AUF FRANZÖSISCH

a. Seit wann warten Sie auf mich?* – Ich bin seit zwei Stunden hier.

b. Ihr wisst/Du weißt so gut wie ich, dass die Arbeitslosigkeit schneller als früher ansteigt.

c. Für wie lange sind Sie in Paris? – So lang wie möglich.

d. Wir müssen enthusiastisch und optimistisch sein.** – Bis wann?

e. „Die Politik ist eine zu seriöse Sache, um den Politikern anvertraut zu werden."
- Charles de Gaulle

* Nehmen Sie die 2. und 3. Frageform.
** Nehmen Sie den Subjunktiv

26.
EIN AUTO MIETEN
LOUER UNE VOITURE

ZIELE

- **WEGBESCHREIBUNGEN GEBEN**
- **VORZÜGE AUSDRÜCKEN**
- **EMPFEHLUNGEN AUSSPRECHEN**

KENNTNISSE

- **SUBJONCTIF MIT UNPERSÖNLICHEN FORMEN**
- **MEHRWORT-PRÄPOSITIONEN**
- *AUTANT DE/QUE*

LIEBER DIE AUTOBAHN NEHMEN.

– Welche Art von Fahrzeug würden Sie gerne mieten?

– Ich hätte gerne ein sparsames Treibstoffauto *(Auto sparsam in Treibstoff)* mit einem Dieselmotor, aber es muss schnell sein und der Preis unter 600€, wenn möglich.

– Ich kann Ihnen den ganz neuen Y70 empfehlen. Es fährt so schnell wie ein Sportauto und ist so groß wie ein Kleintransporter, aber es verbraucht soviel wie ein kleines Stadtauto *(Städterin)* und es gibt genauso viele Plätze wie in einer Familienkutsche. Wir haben einen vorteilhaften Pauschaltarif für vier Tage für 630€, alles inbegriffen.

– Das ist etwas über meinem Budget, aber ich werde es nehmen. Hier ist mein Führerschein.

– Und ich brauche auch eine Kreditkarte. Tippen Sie bitte Ihren Code ein. Danke.

– Könnten Sie mir vielleicht helfen? Ich fahre nach Beaune, aber ich kenne die Region nicht gut *(wenig)*. Welcher ist der schnellste Weg?

– Sind Sie schon [einmal] in Burgund gewesen *(gekommen)*?

– Ich bin einmal nach Vézelay gefahren, aber vor langer Zeit.

– Es ist besser, wenn Sie die Autobahn bis nach Dijon nehmen und dann die Departement-Straße. Ist das verständlich?
Hier sind also der Mietvertrag und die Schlüssel. Das Fahrzeug steht *(ist stationiert)* hinten auf dem Parkplatz, der sich gegenüber der Post befindet. Sie können ihn nicht verfehlen. Gehen Sie *(von)* hier hinaus, gehen Sie ans Ende der Straße und biegen Sie links ab. Sie brauchen diesen Chip, damit Sie ohne zu zahlen aus der Garage fahren können. Sie müssen volltanken *(den vollen machen)*, bevor Sie losfahren, da der Tank fast leer ist und Sie müssen auch daran denken, den Reifendruck zu verifizieren, da ich keine Zeit hatte, es zu machen. Oh, es ist möglich, dass Sie ein paar Schrammen auf der Motorhaube und dem Kofferraum finden. Es ist schade, dass Sie nicht letzte Woche gekommen sind: all unsere Fahrzeuge waren in gutem Zustand, aber uns fehlt im Moment Personal.

28 IL VAUT MIEUX PRENDRE L'AUTOROUTE.

— Quel type de véhicule souhaiteriez-vous louer, Madame ?

— Je voudrais une voiture économe en carburant avec un moteur diesel, mais il faut qu'elle soit rapide et que le prix soit en-dessous de six cents euros si possible.

— Je peux vous proposer la toute nouvelle Y70. Elle roule aussi vite qu'une voiture de sport et elle est aussi grande qu'une camionnette mais elle consomme autant qu'une petite citadine et il y a autant de place que dans une berline. Nous avons un forfait avantageux pour quatre jours à six cent trente euros, tout compris.

— C'est un peu au-dessus de mon budget, mais je la prendrai. Voici mon permis de conduire.

— Et il me faut aussi une carte de crédit. Tapez votre code s'il vous plaît. Merci.

— Vous pourriez peut-être m'aider ? Je vais à Beaune mais je connais peu la région. Quel est le chemin le plus rapide ?

— Êtes-vous déjà venue en Bourgogne ?

— Je suis allée une fois à Vézelay mais il y a très longtemps.

— Il vaut mieux que vous preniez l'autoroute jusqu'à Dijon et ensuite la route départementale. C'est clair ?
Voici donc le contrat de location et les clés. Le véhicule est stationné au fond du parking, qui se trouve en face de la poste. Vous ne pouvez pas le manquer. Sortez d'ici, allez au bout de la rue et tournez à gauche. Vous aurez besoin de ce jeton pour que vous puissiez sortir du garage sans payer. Il faut que vous fassiez le plein avant de partir car le réservoir est presque vide et il faut aussi penser à vérifier la pression des pneus car je n'ai pas eu le temps de le faire. Oh, il est possible que vous trouviez quelques rayures sur le capot et le coffre. C'est dommage que vous ne soyez pas venue la semaine dernière : tous nos véhicules étaient en bon état mais nous manquons de personnel en ce moment.

DEN DIALOG VERSTEHEN
FORMULIERUNGEN UND REDEWENDUNGEN

→ Das Adjektiv **économe** heißt *sparsam* und kann in verschiedenen Kontexten auftreten: **Ma mère est très économe**, *Meine Mutter ist sehr sparsam*. Ebenso ist **un couteau économe** *ein Sparschäler*. Das Adjektiv wird auch oft im Kontext der Energieeffizienz und des Konsums verwendet: **L'immeuble est économe en énergie**, *Das Gebäude ist energieeffizient (sparsam in Energie)*; **Cette nouvelle voiture est économe en carburant**, *Dieses neue Auto ist treibstoffarm*.

→ **un forfait** ist im Grunde genommen *ein Pauschaltarif*. Es wird oft für vor All-Inclusive-Angebote genutzt oder für Angebote, die mehrere Leistungen beinhalten: **Nous avons un forfait avion-hôtel**, *Wir haben einen Flug-Hotel-Pauschalpreis*. Im Wintersport entspricht **un forfait de ski** (oder einfach **forfait ski**) einem *Skipass*, d.h. ein fester Betrag, der das Benutzen von Ausrüstung und Skiliften abdeckt. Mobilfunkbetreiber bieten **un forfait illimité**, *eine Flatrate* an.

→ **une cité** ist ein Wort für *eine Stadt* (Kultureller Hinweis, Modul 17), wobei das geläufige Wort **une ville** ist. Aber **un(e) citadin(e)** bedeutet *ein Stadtmensch, ein/e StädterIn*. **Une voiture citadine**, oft zu **une citadine** abgekürzt, heißt *ein Stadtauto*. Im zeitgenössischen Französisch jedoch, wird mit **une cité** auch auf eine Wohnsiedlung referiert, oft in einer sozial benachteiligten Gegend: **Le problème des cités est très complexe**, *Das Problem der benachteiligten Siedlungen ist sehr komplex*.

→ **une voiture**, *ein Auto*, wird oft auch als **un véhicule**, *ein Fahrzeug*, bezeichnet, obwohl letzteres auch **un camion**, *ein Lastwagen*; **une camionnette**, *ein Kleintransporter*; **un bus**, *ein Bus* oder auch **un deux-roues**, *ein Zweirad* meinen kann. Weitere nützliche Wörter der Autoindustrie sind **un pneu**, *ein Reifen* (eine abgekürzte und stark benutzte Form von **un pneumatique**); **le capot**, *die Motorhaube*; **le coffre**, *der Kofferraum*; **une portière**, *eine (Auto-)Tür*; **un phare**, *ein Scheinwerfer* (auch *ein Leuchtturm*); **le tableau de bord**, *das Armaturenbrett*; **un siège**, *ein Sitz*, und **le réservoir (de carburant)**, *der (Kraftstoff-)Tank*. Wenn Sie tanken, schauen Sie nach **l'essence** (fem.), *Benzin* oder **le diesel**, *das Diesel*, und vermeiden Sie **le fioul**, was *(Brennstoff-)Öl* ist. Die Verwechslung könnte verhängnisvoll werden! **Faire le plein**, „den vollen machen" heißt *volltanken*.

→ **poste** ist ein zwei-geschlechtliches Nomen (siehe Modul 18). Die maskuline Variante, **un poste**, heißt *ein Job, eine Stelle* (**Il a un nouveau poste dans l'entreprise**, *Er hat eine neue Stelle in der Firma*), oder *ein Büro, ein Amt*, etc. (**un poste de police**, *eine Polizeiwache*). Die feminine Variante, **une poste**, heißt *die Post, das Postamt*. Aber wenn Sie einen Brief oder ein Paket abgeben möchten, ist es besser, den ganzen Begriff zu benutzen: **Où se trouve le bureau de poste le plus proche, s'il vous plaît ?**, *Wo ist bitte das nächste Postamt?*. (Erinnern Sie sich auch, dass Sie **un timbre**, *eine Briefmarke* in **un tabac**, siehe Modul 23, kaufen können.)

→ **manquer** heißt *(ver-)fehlen, mangeln* oder *vermissen*. Mit der Präposition **de** entspricht es folgender Konstruktion: **Nous manquons de ressources**, *Uns fehlt es/ Es mangelt uns an Ressourcen*. Es kann aber auch um eine Person gehen: **Tu me manques**, *Du fehlst mir* oder *Ich vermisse dich*. Letztere Konstruktion gibt es nicht im Französischen. Deshalb heißt **Est-ce que je te manque ?**, *Vermisst du mich?* („Fehle ich dir?"). Mit ein wenig Übung und wenn Sie sich immer die *fehlen*-Variante vor Augen führen, kommen Sie auch leicht ohne eine konkrete Entsprechung zu *vermissen* zurecht. Das Nomen **un manque (de)** heißt *ein Fehlen (von), Mangel (an)*.

KULTURELLER HINWEIS

Frankreich hat eines der weltweit ausgedehntesten Straßennetzwerke, das über eine Mio. Kilometer abdeckt. Mehr als 70% des Systems bestehen aus *Autobahnen*, **les autoroutes** (fem.), die von privaten Unternehmen betrieben werden. Das Land hat auch *Nationalstraßen*, **les routes nationales** (fem.); *Departement-Straßen*, **les routes départementales** (fem.) und *Gemeindestraßen*, **les routes communales**. Jede Kategorie ist nummeriert und mit dem Anfangsbuchstaben bezeichnet: **A, D** oder **C**. Auf Autobahnen zahlt man Mautgebühren, die an Schaltern oder automatischen Maschinen per Kreditkarte oder bar bezahlt werden, was zusammen als **péage** (mask.) bezeichnet wird. Manche dieser Straßen haben bezeichnende Namen, wie **l'Autoroute du soleil**, „*die Sonnen-Autobahn*" (die A6/A7, von Paris nach Lyon) und **l'Autoroute des deux mers**, „*die Autobahn der zwei Meere*" (die A61, von Narbonne nach Toulouse). Um während einer langen Autoreise zu pausieren, halten viele an **une station-service**, *eine Tankstelle*, oder **une aire de repos**, *ein Rastplatz*. Autobahnen können sehr voll werden, vor allem während der Sommersaison im Juli und August. Jedes Jahr gibt das Transport-Ministerium eine spezielle Karte heraus, **la carte Bison Futé** („*cleverer Bison*"), die Areale von Verkehrsbelastung angibt und **les itinéraires bis**, *Ausweichstrecken* empfiehlt. Dennoch ist es nahezu unmöglich **le chassé-croisé**, *Urlaubsverkehr*, zwischen **les juillétistes** und **les aoûtiens** zu vermeiden, wenn sich Urlaub-HeimkehrerInnen im *Juli* (**juillet**) mit den UrlaubsgängerInnen im *August* (**août**) kreuzen. Frankreich-BesucherInnen sollten in dieser Periode den Zug nehmen!
La Bourgogne, *Burgund* ist eine der schönsten Regionen von Frankreich, sowohl für ihre idyllischen Landschaften als auch für Essen und Wein angesehen. Die „wichtigsten" Städte sind die Verwaltungshauptstadt **Dijon**, die Weinhauptstadt **Beaune** und die Hügelstadt **Vézelay**, mit einer umwerfenden Basilika aus dem 11. Jahrhundert.

◆ GRAMMATIK
MEHRWORT-PRÄPOSITIONEN

Wir haben die meisten der gängigsten Präpositionen gelernt, von denen ein paar aus mehr als einem Wort bestehen: **au milieu de**, *in der Mitte von* (Modul 13) und **à cause de**, *wegen* (Modul 22). Hier sind noch mehr davon:

au fond de	hinten/unten in etw.
au bord de	am Rand/Ufer
au bout de	nach *(Ablauf)* (siehe Modul 10)
au-dessous de	unter
au-dessus de	über

Le garage est au fond du jardin, *Die Garage ist hinten im Garten*.
La ville de Menton est au bord de la Méditerranée, *Die Stadt Menton ist am Ufer des Mittelmeers*.
Au bout d'une heure, j'étais fatigué, *Nach einer Stunde war ich müde*.
La température est passé au-dessous de zéro, *Die Temperatur ist unter null gegangen*.
Mettez le tableau au-dessus du lit, *Hängen Sie das Gemälde über das Bett*.

Zum Merken des Unterschieds der letzten beiden Präpositionen, denken Sie an **sous**, *unter* und **sur**, *auf*. Sie werden auch **en dessous** und **en dessus** begegnen. Es gibt einen leichten Bedeutungsunterschied, aber im Alltags-Französisch sind sie austauschbar. Präpositionen sind wichtig, also denken Sie daran, sie regelmäßig zu wiederholen.

GLEICHHEITSKOMPARATIV: *AUTANT DE/QUE*

Im vorherigen Modul haben wir den Gleichheitsvergleich gesehen – gebildet mit **aussi … que** (*auch* + Adjektiv + *wie*). Man kann **autant** auch mit **de** oder **que** benutzen, um einen Vergleich zu machen.
Autant de wird meist mit einem Nomen benutzt: **Le Grand Paris a autant d'habitants que les Pays-Bas**, *Grand Paris hat so viele Einwohner wie die Niederlande*.
Autant que mit einem Verb: **Je travaille autant que lui mais je gagne moins**, *Ich arbeite so viel wie er, aber ich verdiene weniger*.
Seien Sie vorsichtig, nicht **autant que** mit **aussi … que** zu verwechseln, was mit einem Adjektiv oder Adverb (statt Nomen oder Verb) benutzt wird.
Je suis aussi fort que toi, *Ich bin so stark wie du* (nicht **autant fort**)
J'aime ce roman autant que toi, *Ich liebe diesen Roman so sehr wie du* (nicht **aussi que**).
Abschließend kann **autant** auch einzeln benutzt werden: **Elle travaille toujours autant**, *Sie arbeitet immer so viel*.

▲ KONJUGATION
DER SUBJUNKTIV

Wir sind dem Modus „Subjonctif" im vorherigen Modul zum ersten Mal begegnet. Er ist im Französischen sehr geläufig. Es drückt die Haltung des/r Sprechenden aus, insbesondere Sorgen, Wünsche, Reue und Unsicherheiten.

Um den Subjunktiv der meisten Verben zu bilden, nimmt man die dritte Person Plural des Präsens als Stamm und addiert diese Endungen:

je	-e	nous	-ions
tu	-es	vous	-iez
Il/elle	-e	ils/elles	-ent

Dies sind die drei Gruppen:

manger	finir	attendre
je mange	je finisse	j'attende
tu manges	tu finisses	tu attendes
il/elle mange	il/elle finisse	il/elle attende
nous mangions	nous finissions	nous attendions
vous mangiez	vous finissiez	vous attendiez
ils/elles mangent	ils/elles finissent	ils/elles attendent

Wir haben bereits die unregelmäßigen Formen für **être** und **avoir** gelernt. Hier sind drei weitere häufige unregelmäßige Verben: **faire**, **pouvoir** und **vouloir**:

faire	pouvoir	vouloir
je fasse	je puisse	je veuille
tu fasses	tu puisses	tu veuilles
il/elle fasse	il/elle puisse	il/elle veuille
nous fassions	nous puissions	nous voulions
vous fassiez	vous puissiez	vous vouliez
ils/elles fassent	ils/elles puissent	ils/elles veuillent

Mehrere andere gewöhnliche Verben werden unregelmäßig gebildet, darunter **aller**, **venir**, und **savoir**.

Die Negation wird wie immer mit **ne ... pas** gebildet: **tu ne sois pas**, **ils ne puissent pas**, etc. Für die dritte, invertierte Frageform ist die häufigste Form: **Veux-tu que je t'attende ?**, etc.

Ein verräterisches Wort, das oft den Subjunktiv ankündigt, ist **que**; insbesondere in unpersönlichen Ausdrücken wie **il faut que**, **il est possible que**, **il est important que**, **il vaut mieux que** und **c'est dommage que**:
Il faut que tu sois patient, *Du musst geduldig sein.*
Il vaut mieux que nous louions une citadine, *Wir sollten lieber ein Stadtauto mieten.*
Il est possible que vous ne puissiez pas partir, *Es ist möglich, dass Sie nicht abfahren können.*
Il est important que je fasse le plein, *Es ist wichtig, dass ist volltanke.*

Bedenken Sie jedoch, dass **que** für sich alleine genommen, nicht den Subjunktiv anzeigt. Abgesehen davon kann man mit unpersönlichen Ausdrücken den Subjonctif-Modus vermeiden, indem man das Relativ- und Personalpronomen tilgt und durch den Infinitiv ersetzt:
Il faut que tu sois patient → Il faut être patient
Il vaut mieux que nous louions une citadine → Il vaut mieux louer une citadine
Il est important que je fasse le plein → Il est important de faire le plein

ÜBUNGEN

1. SETZEN SIE DIE VERBEN IN DEN KLAMMERN IN DEN SUBJONCTF

a. Il faut que nous (*faire*) une liste pour les courses.

b. Il vaut mieux que tu (*partir*) de bonne heure car demain est un jour férié.

c. Il n'est pas possible que votre papa (*pouvoir*) continuer à travailler comme ça. Il est trop âgé.

d. Il est important que vous (*attendre*) sa réponse avant de continuer.

e. C'est dommage que vous ne (*avoir*) pas attendu la fin du film.

2. ÄNDERN SIE DEN SUBJONCTIF ZU EINER UNPERSÖNLICHEN FORM, INDEM SIE DIE PERSONALPRONOMEN ENTFERNEN

a. Il faut que vous soyez à l'heure pour l'avion.

b. Il faut que j'aie une réponse le plus rapidement possible.

c. Il faut que tu fasses le plein avant de partir.

d. Il faut que nous soyons nombreux.

e. Il vaut mieux que vous ayez une version récente du programme.

VOKABULAR

consommer *konsumieren*
manquer *(ver-)fehlen, vermissen, mangeln*
proposer *vorschlagen, anbieten*
rouler *fahren (siehe Modul 22)*
stationner *parken*
taper *tippen*
vérifier *verifizieren, checken*

une aire (de repos) *ein Rastplatz*
une autoroute *eine Autobahn*
une berline *eine Familienkutsche*
un(e) citadin(e) *ein/e StädterIn*
une (voiture) citadine *ein Stadtauto*
un camion *ein Lastwagen, ein LKW*
une camionnette *ein Kleintransporter*
une carte de crédit *eine Kreditkarte*
un capot *eine Motorhaube*
un chemin *ein Weg*
un coffre *ein Kofferraum, eine Truhe*
un contrat *ein Vertrag*
un forfait *eine Pauschale, eine Flatrate*
un jeton *ein Chip, eine Spielkarte*
la location *die Vermietung*
un péage *eine Maut(stelle, -gebühr)*
un permis de conduire *ein Führerschein*
le personnel *das Personal*
un moteur *ein Motor*
un pneu *ein Reifen*

un poste *ein Job, eine Stelle*
une poste *ein Postamt*
la pression *der Druck*
une rayure *eine Schramme*
un réservoir (de carburant) *ein Tank*
une route *eine Straße*
un timbre (oder **timbre-poste**) *eine Briefmarke*
un véhicule *ein Fahrzeug*

avantageux/-euse *vorteilhaft, preiswert*
économe *sparsam*
en bon état *in gutem Zustand*
vide *leer*
au bord de *am Rand von*
autant que/de *so (viel) wie*
au-dessous *unter*
au-dessus *über*
au fond de *am Ende von*

C'est clair ? *Ist das klar/verständlich?*
Tapez votre code *Geben Sie Ihren Code/Ihre PIN ein*
Tu me manques/Vous me manquez *Ich vermisse dich/Sie/euch, Du fehlst/Sie fehlen/ihr fehlt mir*
Vous pourriez peut-être m'aider ? *Könnten Sie mir helfen?*
Tu ne peux pas le manquer *Du kannst es nicht verfehlen.*

Gratulation! Sie haben das Ende des Kurses „Ziel: Sprachen" erreicht! Wir hoffen Sie haben es genossen. Aber erinnern Sie sich: jetzt beginnt die eigentliche Arbeit. Nutzen Sie jede Möglichkeit regelmäßig französisch zu hören, lesen und sprechen – oder noch besser, Frankreich zu besichtigen! Eine Sprache zu lernen, ist wie die Beherrschung jeder Kompetenz: wenn man nicht übt, verliert man sie. **Bonne chance !**

3. WÄHLEN SIE EINE PRÄPOSITION, UM DIE DEUTSCHEN WÖRTER ZU ERSETZEN (UND ÄNDERN SIE DEN DEFINITEN ARTIKEL, WENN NÖTIG)

a. La voiture est (*hinten im*) le parking. →

b. Je me suis endormi (*nach*) dix minutes. →

c. Madeleine a laissé sa voiture (*am Rand*) la route. →

d. Le thermomètre est (*unter*) deux degrés. →

e. La chambre est (*über*) le garage. →

4. ÜBERSETZEN SIE AUF FRANZÖSISCH

a. Estelle ist vor einem Monat nach Nîmes gegangen. Sie fehlt mir.

b. Sie müssen sofort volltanken. Der Tank ist fast leer.

c. Kennen Sie den schnellsten Weg?* – Ja, man muss die Autobahn nehmen.

d. Es ist besser, wenn Sie nächste Woche kommen. Es werden weniger Leute da sein.

e. Sandra arbeitet so viel wie ich, aber sie verdient weniger als ich. Und sie hat so viel Erfahrung wie ich.

* Nehmen Sie die 2. und 3. Frageform

LÖSUNGS-SCHLÜSSEL

Sie werden auf den folgenden Seiten alle Lösungen zu den Übungen der Module finden. Die aufgenommenen Teile werden durch das Piktogramm 🔊 signalisiert, gefolgt von der Streaming-Titelnummer. Sie befinden sich auf der gleichen Spur, wie der Dialog der Lektion & werden nach diesem abgespielt; sie tragen also die gleiche Titelnummer.

1. KONTAKTAUFNAHME

1. a. suis – est **b.** a **c.** sont **d.** êtes **e.** ont – a

2. a. Alain n'est pas français. **b.** Ils ne sont pas en retard. **c.** Virginie n'a pas deux sœurs. **d.** Lyon n'est pas une belle ville. **e.** Nous ne sommes pas à la Sorbonne. **f.** Je ne suis pas belge.

3. a. l'/une (fem.) **b.** la/une (fem.) **c.** le/un (mask.) **d.** la/une (fem.) **e.** le/un (mask.) **f.** la/une (fem.) **g.** la/une (fem.) **h.** le/un (mask.) **i.** le/un (mask.) **j.** le/un (mask.) **k.** la/une (fem.)

03 🔊 **4. a.** Salut Jean, tu vas bien ? – Très bien, merci. **b.** Vous êtes belge ? – Pas du tout. Je suis suisse. **c.** Lyon est une belle ville. **d.** Elle est en retard. – Moi aussi. **e.** Au revoir. – Attendez-moi !

2. SICH KENNENLERNEN

1. a. faisons **b.** fais **c.** fait **d.** faites

2. a. une serveuse **b.** un journaliste **c.** une avocate **d.** une directrice **e.** un informaticien

3. a. gentilles **b.** petite **c.** malades **d.** spécialisé **e.** petite

04 🔊 **4. a.** Il enseigne les maths dans une école primaire. **b.** Est-ce que vous êtes mariée, Sophie ? – Oui, et j'ai un fils. **c.** Qu'est-ce que vous faites comme travail ? **d.** Vous avez combien d'élèves dans votre classe en ce moment ? **e.** Il est directeur d'une petite agence de voyages à Lyon.

3. IN DER BRETAGNE

1. a. pouvons **b.** vais **c.** veulent **d.** peut **e.** veulent

2. a. Est-ce qu'il est/Est-il ? **b.** Est-ce qu'elles connaissent/Connaissent-elles. **c.** Est-ce que vous prenez/Prenez-vous **d.** Est-ce que nous sommes/Sommes-nous **e.** Est-ce qu'ils font/Font-ils

3. a. Il n'est pas… **b.** Elles ne connaissent pas… **c.** Vous ne prenez pas… **d.** Nous ne sommes pas… **e.** Ils ne font pas…

4. a. quelle **b.** Quelle **c.** Quels **d.** Quelles **e.** du café … de la … des crêpes.

05 🔊 **5. a.** Est-ce que vous êtes/Es-tu de Nice ? – Non, je suis de Paris. **b.** L'hôtel est à deux kilomètres de l'école. **c.** Prenez cette carte. – Merci beaucoup de votre aide. **d.** Pouvez-vous/Peux-tu me donner un conseil ? – Bien sûr. **e.** Nous n'avons pas beaucoup de temps. – Vous pouvez partir en bus ce soir.

4. DAS ZUHAUSE UND DIE FAMILIE

1. a. habitent **b.** cherchons **c.** prépares **d.** cuisines **e.** mange … aime

2. a. ne trouve pas **b.** n'est pas **c.** n'habitent pas **d.** n'aidons pas **e.** ne parlez pas

3. a. Nos … mon **b.** son **c.** ton **d.** vos **e.** Leurs … leur

06 🔊 **4. a.** Les couteaux, les fourchettes et les cuillères sont toujours dans le lave-vaisselle. **b.** Ma sœur travaille à la Sorbonne à Paris mais elle va à Rennes. **c.** J'ai faim et j'ai soif. – Moi aussi ! **d.** Allez chercher les assiettes dans le placard dans le salon. **e.** Est-

ce que je peux vous aider à faire quelque chose ? – Non merci. Tout est prêt.

5. WO IST…?

1. a. Pouvez-vous m'aider ? **b.** Nous ne les connaissons pas. **c.** Est-ce que Marie aime son travail ? – Elle l'adore ! **d.** Est-ce que tu l'achètes, cette carte ? **e.** Je t'attends au musée d'Orsay.

2. a. ne savons pas **b.** Continuez … tournez **c.** vont **d.** coûtent **e.** sais – sais

3. a. à droite… angle **b.** ce pas **c.** Tout **d.** Combien **e.** mieux

4. a. quinze **b.** vingt-deux **c.** quarante-cinq **d.** trente-trois **e.** soixante-dix **f.** soixante et un **g.** douze **h.** vingt et un **i.** dix-sept

5. a. Il ne la comprend pas. Est-ce que tu peux l'aider ? **b.** J'aime ces tomates. Où est-ce que tu les achètes ? **c.** Combien coûtent les billets ? – Ils coûtent vingt-sept euros. **d.** Est-ce que vous savez/Savez-vous où je peux trouver un restaurant? **e.** Il vaut mieux prendre le métro. Le musée d'Orsay est assez loin.

6. WIE VIEL UHR IST ES?

1. a. maigrit … grossit **b.** réussit **c.** choisissez **d.** découvrons **e.** refroidir

2. a. ne remplis pas **b.** Est-ce que vous finissez **c.** ne réfléchissent pas **d.** ne choisissons pas **e.** Est-ce qu'ils reviennent

3. a. midi moins le quart/onze heures quarante-cinq **b.** six heures dix **c.** trois heures et quart/trois heures quinze **d.** dix heures moins vingt/neuf heures quarante **e.** huit heures et demie/huit heures trente **f.** quatre heures vingt-cinq **g.** deux heures moins vingt-cinq/une heure trente-cinq **h.** trois heures moins dix/deux heures cinquante **i.** neuf heures cinq

4. a. Voici votre table et voilà le menu, au mur. **b.** Qu'est-ce que vous allez choisir ? – Laissez-moi réfléchir. **c.** Nous n'avons pas/On n'a pas le temps de déjeuner ensemble. J'ai un rendez-vous. **d.** Est-ce qu'ils connaissent un bon endroit dans le quartier? **e.** Allons-y tout de suite. – Non, revenons après-demain.

7. EIN TERMIN

1. a. devons **b.** dois **c.** dois **d.** devez **e.** doivent

2. a. ne dois pas **b.** Est-ce que je dois **c.** ne devez pas **d.** Est-ce que tu dois

3. a. sous **b.** devant **c.** derrière **d.** jusqu'au **e.** depuis **f.** depuis

4. a. Pouvez-vous épeler votre nom, s'il vous plait ? – R.O.M.A.I.N. T.A.R.D.Y **b.** Allumez la lumière avant d'entrer dans la cuisine. **c.** Il y a une trentaine de personnes devant le musée. **d.** Nous devons partir à cinq heures/dix-sept heures au plus tard. **e.** Monsieur Desprats a envie de vous rencontrer. – Il est très gentil, mais je dois partir.

8. DIESES WOCHENENDE

1. a. ne recevons* **b.** voyez **c.** pleut **d.** ne veulent pas **e.** déçois*
Erinnern Sie sich an die Regel bzgl. des Cedilles unter dem „c" vor „a", „o" und „u". Siehe Sektion Aussprache.

2. a. Je ne les aime plus **b.** Nous n'allons jamais au travail en voiture. **c.** Tu ne comprends rien. **d.** Mes grand-parents ne viennent jamais à Paris. **e.** Je ne fume plus.

3. a. soixante-dix-sept **b.** quatre-vingt-neuf **c.** quatre-vingt-treize **d.** soixante-quatorze **e.** quatre-vingt **f.** soixante et onze **g.** quatre-vingt-douze **h.** soixante-dix-huit **i.** quatre-vingt-cinq **j.** quatre-vingt-onze **k.** quatre-vingt-dix-neuf **l.** quatre-vingt-huit

4. a. Simon est très occupé en ce moment. – Comme d'habitude ! **b.** Quel temps fait-il à Marseille cette semaine ? – Il fait beau et très chaud. **c.** Je ne bois pas de café l'après-midi. – Moi non plus. Ça m'empêche de dormir. **d.** Il n'y a plus de trains directs. – C'est vrai ? **e.** Qu'est-ce que tu deviens/vous devenez ? – Je suis obligé de louer une voiture et descendre dans le Midi ce week-end.

9. URLAUB

1. a. pourrions **b.** Est-ce que tu voudrais **c.** ne pourrait pas **d.** Est-ce que vous voudriez **e.** Est-ce que vous pourriez

2. a. Comment pouvons-nous prendre rendez-vous ? **b.** Combien peux-tu payer ? **c.** Où habitent-ils ? **d.** Pourquoi veut-elle partir en mai ? **e.** Quand voulez-vous venir ?

3. a. français **b.** dernière **c.** gentilles **d.** complète **e.** seule **f.** chères **g.** neuve **h.** ancienne **i.** heureux **j.** complets

4. a. L'hôtel est complet en juin, juillet et août, et il ferme de novembre à mars. **b.** À quoi pensez-vous ? – Les ponts dans la deuxième quinzaine de mai. **c.** Comment est-ce que nous pouvons prendre rendez-vous ? **d.** Elle a raison, c'est bon marché : un séjour en Corse pour cinq cents euros. **e.** Combien ça coûte/Combien est-ce que ça coûte ? – Deux cent cinquante euros. – Ça me va.

10. SICH AUSRUHEN

1. a. se réveillent ... se rasent ... s'habillent **b.** se disputent **c.** me lève ... me couche **d.** nous dépêchons ... nous occupons **e.** vous reposez ... vous amusez.

2. a. te rases **b.** ne nous disputons pas **c.** ne vous dépêchez pas **d.** occuper **e.** ne me couche jamais

3. a. doucement **b.** facilement **c.** rarement **d.** vraiment **e.** complètement

4. a. Qu'est-ce que vous pensez de tout ça ? – Je m'amuse énormément. **b.** Il s'ennuie facilement et parfois il s'endort avant la fin de l'émission. **c.** Mes amis arrivent à la gare aux alentours de dix heures. Ils sont épuisés. **d.** On ne se dispute jamais parce qu'on se parle rarement. **e.** Elle doit s'occuper de sa fille, qui se réveille toujours de bonne heure.

11. SHOPPEN

1. a. Ces **b.** ceux **c.** celles-ci ... celles-là **d.** celle **e.** Ce ... celles-là
2. a. *vieille* maison **b.** robe *bleue* **c.** *joli* pantalon **d.** *petit* magasin **e.** l'art *moderne*. **f.** *gros* pull
3. a. de *beaux* manteaux **b.** de *vieux* villages **c.** de *jeunes* informaticiens **d.** de *gentilles* collègues **e.** de *mauvais* films
4. a. Je cherche un nouveau manteau. – Quelle taille faites-vous ?/Quelle est votre taille ? **b.** Et de nouvelles chaussures. – Quelle pointure faites-vous ?/Vous chaussez du combien ? **c.** Celui-ci/Celle-ci est un excellent choix. Il/Elle vous va très bien. **d.** Est-ce que tu fais du shopping/des courses ? – Non, je fais du lèche-vitrines. **e.** Elle veut acheter un pantalon, un jean, un collant, deux chemises de nuit, un tailleur et trois shorts.

12. TELEFON-KONVERSATION

1. a. apprenez-vous **b.** ne dites pas **c.** vendent **d.** lis **e.** connais ... sais
2. a. qui **b.** que **c.** qui **d.** qui **e.** qui ... que
3. a. connais **b.** sais **c.** sait **d.** sais ... connais
4. a. Ne quittez pas, j'ai un autre appel. Désolé, je vais vous laisser. **b.** Parlez plus fort s'il vous plaît. Je ne vous entends pas. **c.** Elle est un peu inquiète pour son frère. – Le frère que je connais ? **d.** Je connais une société qui cherche des gens qui parlent l'arabe. **e.** Pas de problème. Il te rappelle plus tard si tu veux.

13. ÜBER DEN URLAUB SPRECHEN

1. a. avons réservé **b.** n'ai pas nagé ... j'ai fait **c.** Où est-ce que vous avez/Où avez-vous passé **d.** avez aimé **e.** n'avons pas trouvé
2. a. fatigués **b.** compliquées **c.** terminé **d.** aimées **e.** visité
3. a. plus intéressant que **b.** moins grand que **c.** n'est pas plus cher que **d.** aussi difficile que
4. a. C'était comment, Bastia? – C'est une belle ville mais moins belle que Calvi. **b.** Nous faisons du ski chaque année en janvier. C'est très chouette. **c.** Il y a beaucoup de monde sur la plage ce matin. – Oui, tout le monde aime nager. **d.** L'agent de voyage a-t-il téléphoné hier ? – Non, malheureusement. **e.** Vous connaissez bien/Est-ce que vous connaissez bien la Corse ?– Non, je ne voyage jamais. C'est trop fatiguant.

14. EINE WOHNUNG FINDEN

1. a. fourni **b.** n'ai pas réussi **c.** Est-ce que vous avez/Avez-vous rempli **d.** ont converti **e.** Est-ce que tu as réfléchi/As-tu réfléchi
2. a. As-tu fini **b.** Ont-ils réussi **c.** Avons-nous réfléchi **d.** Ont-elles fourni
3. a. meilleur **b.** le plus cher **c.** pires **d.** moins grandes ... plus rapides. **e.** le pire
4. a. Les résultats de leur équipe sont pires que la semaine dernière. – Tant pis. **b.** Vous avez/Tu as quelque chose à faire la semaine prochaine, Madeleine ? – Je ne suis pas tout à fait prête. **c.** Le studio au

rez-de-chaussée est plus bruyant et moins clair que l'appartement au deuxième étage. **d.** Tout cela est très bien mais est-ce que vous avez/avez-vous fini vos études ? **e.** Il y a une épicerie et deux supermarchés dans les environs. – Tu n'es pas loin du centre-ville, j'espère ?

15. MUSIK HÖREN

1. a. a appris **b.** As-tu répondu ... J'ai répondu **c.** n'ai pas lu **d.** est-ce que vous avez connu **e.** J'ai appris ... je n'ai pas compris
2. a. la mienne **b.** le mien **c.** les tiennes **d.** les nôtres **e.** les leurs
3. a. vieux copain **b.** femme intelligente ... mari sympathique **c.** mauvaise nouvelle ... grand musicien **d.** petits verres ... placard rouge **e.** deuxième disque ... meilleur
4. a. Où est-ce qu'il a mis sa tablette ? – La voilà. – Mais ce n'est pas la sienne ; c'est la mienne. **b.** Qu'est-ce qu'il t'a dit ?– Qu'il a perdu sa mère il y a vingt ans. **c.** Armand est bibliothécaire pendant la semaine mais il travaille dans une librairie le samedi et le dimanche. **d.** Et que fait sa femme ? – C'est une excellente comédienne. **e.** J'ai vu sa première pièce de théâtre la semaine dernière mais je n'ai pas vraiment compris le message.

16. DIE GESCHICHTE EINES LEBENS

1. a. sont sorties ... ne sont pas rentrées **b.** est parti ... est parti **c.** sont nées ... sont mortes **d.** sommes sortis ... ne sommes pas allés **e.** sont arrivés ... sont déjà partis.
2. a. toute ... tout **b.** tout ... tout **c.** Tous ... toutes **d.** toutes ... Tout **e.** Tous ... tout
3. a. mil neuf cent quatre-vingt-quatre/dix-neuf cent quatre-vingt-quatre **b.** huit cent vingt-sept **c.** mil huit cent trente-deux/dix-huit cent trente-deux **d.** deux mille dix neuf **e.** mil cent/onze cent **f.** mil neuf cent quatre-vingt-dix-neuf/dix-neuf cent quatre-vingt-dix-neuf **g.** mil cinq cent cinquante-cinq/quinze cent cinquante-cinq **h.** mil soixante-six **i.** mil six cent /seize cent **j.** deux mille
4. a. Je pense que tous les étudiants ont le droit de prendre des vacances à Noël. – Tout à fait. **b.** Elle a étudié le droit et elle est devenue l'une des plus jeunes avocates de France. **c.** Nous sommes tombés amoureux, et nous sommes restés ensemble pendant une vingtaine d'années. **d.** Avez-vous entendu la nouvelle ? La comédienne Jeanne Morteau est morte à l'âge de quatre-vingt-douze ans. **e.** Elle a obtenu sa maîtrise en moins de trois ans. – Elle est vraiment douée !

17. LASS UNS AUF DEN MARKT GEHEN!

1. a. nous y allons **b.** il n'y habite plus **c.** ils y pensent **d.** Ils y passent **e.** je peux y aller
2. a. J'en veux deux **b.** ils en ont **c.** vous pouvez m'en parler **d.** J'en ai besoin **e.** Tout le monde en parle
3. a. lui **b.** leur **c.** lui **d.** nous **e.** m'

4. a. Pouvez-vous me donner vos coordonnées s'il vous plait ? **b.** Est-ce que Bruno vous a écrit ? Répondez-moi ! Sinon, téléphonez-lui vite ! **c.** Ils ont perdu le match de football. – Quel dommage ! **d.** Est-ce que je peux vous accompagner au marché ? – Bien sûr, tout le monde y va le week-end. **e.** Pas de nouvelles, bonnes nouvelles.

18. DIÄT

1. a. prendrai **b.** mangera **c.** perdrons **d.** passeront **e.** aiderez
2. a. Est-ce que tu seras **b.** Nous n'aurons pas **c.** Est-ce que Émilie pourra **d.** ils ne feront pas **e.** Est-ce que vous irez
3. a. J'ai passé **b.** n'est pas retournée **c.** sont rentrés **d.** avons sorti **e.** sont entrés … ont entré
4. a. La femme de Fabien a retourné toute la maison pour trouver son (téléphone) portable. **b.** Dans notre nouveau quartier, nous aurons deux fromageries, trois boulangeries et une boucherie. **c.** Je pense que tu n'es pas contente/heureuse, Marion. – Si, si, tout va très bien, merci. **d.** Mettez vos clés dans votre poche, sinon vous les perdrez. **e.** Benjamin dit qu'il n'achètera plus de chocolat. – Il fait des économies de bout de chandelle !

19. BUCHUNG

1. a. À combien sont les oignons ? **b.** À quelle heure arrive Marion ? **c.** À qui veulent-elles parler ? **d.** De combien de places avez-vous besoin ? **e.** À quoi pensez-vous ?
2. a. Ce mail vient de qui ? **b.** Il veut parler à qui ? **c.** Ils ont besoin de quoi ? **d.** Vous pensez à quoi ? **e.** Ils arrivent d'où ?
3. a. chaque **b.** Chacun **c.** chacune **d.** Chacun **e.** chacun
4. a. Cette caméra coûte seulement deux cents euros. – C'est une bonne affaire ! **b.** Sophie m'a demandé de l'appeler à dix heures. – Appelle-la, tu es en retard. **c.** Il faut deux heures pour aller de Paris à Bordeaux en train. – C'est tout ? **d.** Qui est à l'appareil ? – C'est moi, Arnaud. – Je te rappellerai dans une demi-heure. **e.** J'ai encore des chambres, mais il faut faire vite. – Pas de soucis.

20. SPORT

1. a. du … le **b.** à **c.** sur **d.** te … au **e. (keine Präposition)** … de **f.** au … de **g.** de
2. a. un animal → des animaux **b.** un bateau → des bateaux **c.** un journal → des journaux **d.** un tuyau → des tuyaux **e.** un genou → des genoux
3. a. nous demandons/demandons **b.** Avez-vous trouvé/se trouve **c.** t'entends/m'entends **d.** Passez/se passe
4. a. Je ne m'y connais pas en rugby mais je ferai un effort si ça te/vous fait plaisir. **b.** Il faut apprendre à être patient. – Il n'en est pas question. **c.** Ça te/vous dit de voir un film ce soir ? Ça vaut la peine d'arriver de bonne heure au cinéma. **d.** Peux-tu/

Pouvez-vous m'aider à finir ce travail ? – Je ne peux pas faire trente-six/trente-six mille choses à la fois. **e.** Vous cherchez le métro ? – Non, nous attendons le bus. – Venez-avec moi. – Ça marche !

21. KRANKHEIT

1. a. lui **b.** leur **c.** nous **d.** en **e.** leur
2. a. la lui **b.** n'y **c.** m'en **d.** la lui **e.** les leur
3. a. mieux **b.** meilleurs **c.** mieux **d.** le meilleur **e.** les meilleures
23 🔊 **4. a.** Je n'ai pas l'adresse de Marie avec moi. – Je vous/te la donnerai quand je vous/te verrai demain. **b.** Comment ça, ils ont refusé mon invitation ? Ça ne se fait pas. **c.** Qu'est-ce qu'elle a ? Elle se sent malade ? – Il parait qu'elle a de la fièvre. **d.** Est-ce que tu as envoyé le rapport à ton médecin ? – Oui, je le lui ai envoyé sans attendre. **e.** Vous avez l'air en forme. – N'importe quoi ! Je suis très malade.

22. DAS BERUFSLEBEN

1. a. vivions … travaillais **b.** voulais **c.** pensait … j'étais **d.** étaient … étaient **e.** habitaient
2. a. étions **b.** allions **c.** promenions **d.** mangions **e.** regardions **f.** louait
3. a. à … au **b.** en … aux **c.** en … en **d.** à *(keine Präposition)* **e.** du … *(keine Präposition)*
24 🔊 **4. a.** Emmanuelle et ses amis travaillent pour une grosse boîte aux Ulis. – Ils se débrouillent bien. **b.** Michelle s'est levée à dix heures et son mari s'est levé à midi. – Ah bon ? **c.** Elle est devenue riche très vite, et elle a acheté une maison au Mans. **d.** Ils sont partis au Canada quand ils étaient très jeunes. – Tant mieux pour eux ! **e.** Est-ce que tu pensais que ces émissions auraient du succès ? – Pas vraiment.

23. FEIERN

1. a. viennent … viendront **b.** pourras … l'as perdu **c.** allez … prenez **d.** irons … fait **e.** invites … viendra
2. a. Ce qui **b.** ce que **c.** ce qui **d.** Ce que **e.** ce qui
3. a. On est très contents de vous avoir ici avec nous. **b.** … : on s'amusera quand même **c.** On ne l'a pas vu … on lui a parlé **d.** Nous préférons … nous attendons **e.** Ce qu'on pense … qu'on doit
25 🔊 **4. a.** Ils ont sauté au plafond quand on leur a donné la mauvaise nouvelle. C'est pour cette raison qu'ils sont de mauvaise humeur. **b.** Est-ce que vous êtes au courant que les magasins seront fermés demain et lundi ? **c.** On a/nous avons du pain sur la planche : on doit/nous devons organiser la fête de Nelly. **d.** Qu'est-ce qui ne vas pas, Monique ? – J'ai le cafard parce que mon ex sort avec ma meilleure amie. **e.** Je vais peut-être les inviter. – Tu peux toujours essayer. Ça ne mange pas de pain.

24. DIE LOTTERIE

1. a. ferais … gagnais **b.** n'achèterai pas **c.** voudrais … avais … ferait

d. démissionnerait ... n'irait plus
e. n'habiterais pas ... pouvais
2. a. Elle n'aime pas beaucoup ses films car ils sont beaucoup trop tristes. **b.** Tu es égoïste : tu ne penses jamais à moi. **c.** Il m'a dit qu'il va certainement partir demain. **d.** J'ai toujours pensé qu'ils étaient nos amis mais j'avais tort. **e.** Nous l'avons souvent vu à la télévision : c'est une star !
3. a. les yeux de la tête **b.** par la fenêtre **c.** te *changer* les idées **d.** sur l'or **e.** le coup de foudre
4. a. Ça vous/te dit de passer la soirée avec nous ? – À vrai dire/À dire vrai, je n'ai pas beaucoup de temps. **b.** Je suis convaincu que vous feriez/tu ferais pareil si vous étiez/tu étais à notre place. **c.** Je me suis rendu compte que leur nouveau quartier est très branché. – Franchement, nous n'y avons/on n'y a jamais pensé. **d.** Il partirait demain s'il pouvait, juste pour se changer les idées. **e.** Les deux magasins sont pareils : assez chic et très cher.

25. POLITIK

1. a. aussi vite que **b.** plus rapidement que **c.** moins que **d.** le plus fort **e.** plus (S)/moins (I) souvent qu'
2. a. Il semble que **b.** Il suffit d' **c.** Il arrive que **d.** Il est important de **e.** Il faut que
3. a. soyez **b.** j'aie **c.** soyons **d.** aies **e.** soient
4. a. Depuis combien de temps m'attendez-vous/est-ce que vous m'attendez ? – Je suis ici depuis deux heures. **b.** Vous savez/Tu sais aussi bien que moi que le chômage monte plus vite qu'avant. **c.** Pour combien de temps êtes-vous à Paris ? – Le plus longtemps possible. **d.** Il faut que nous soyons enthousiastes et optimistes. – Jusqu'à quand ? **e.** « La politique est une chose beaucoup trop sérieuse pour être confiée aux politiciens. » Charles de Gaulle

26. EIN AUTO MIETEN

1. a. fassions **b.** partes **c.** puisse **d.** attendiez **e.** n'ayez
2. a. Il faut *être* **b.** Il faut *avoir* **c.** Il faut *faire* **d.** Il faut *être* **e.** Il vaut mieux *avoir*
3. a. au fond du **b.** au bout de **c.** au bord de **d.** au-dessous de **e.** au-dessus du
4. a. Estelle est partie à Nîmes il y a un mois. Elle me manque. **b.** Il faut que vous fassiez le plein tout de suite. Le réservoir est presque vide. **c.** Connaissez-vous/Est-ce que vous connaissez le chemin le plus rapide ? – Oui, il faut prendre l'autoroute. **d.** Il vaut mieux que vous veniez la semaine prochaine. Il y aura moins de monde. **e.** Sandra travaille autant que moi mais elle gagne moins que moi. Et elle a autant d'expérience que moi.

ANHANG: KONJUGATION

◆ VERBEN

Es gibt drei Hauptgruppen an Verben, die anhand ihrer Infinitiv-Endungen identifiziert werden. Es sind: **-er** (die häufigste), **-ir** und **-re**.
Hier ist ein Beispiel aus jeder, mit den Zeitformen und Modi, die wir gesehen haben:

1) *-ER* VERBEN

Die meisten davon sind regelmäßig. Alle neu hinzugefügten Verben, wie zum Beispiel **textoter**, *simsen*, fallen auch darunter.
• **penser**, *denken*
Partizip Präsens: **pensant**; Partizip Perfekt: **pensé**
Präsens

je pense	ich denke	nous pensons	wir denken
tu penses	du denkst	vous pensez	Sie denken/ihr denkt
il/elle pense	er/sie/es denkt	ils/elles pensent	sie denken

Futur

je penserai	ich werde denken	nous penserons	wir werden denken
tu penseras	du wirst denken	vous penserez	Sie werden/ihr werdet denken
il/elle pensera	er/sie/es wird denken	ils/elles penseront	sie werden denken

Perfekt (**passé composé**)

j'ai pensé	ich habe gedacht	nous avons pensé	wir haben gedacht
tu as pensé	du hast gedacht	vous avez pensé	Sie haben/ihr habt gedacht
il/elle a pensé	er/sie/es hat gedacht	ils/elles ont pensé	sie haben gedacht

Imperfekt (**imparfait**)

je pensais	ich dachte	nous pensions	wir dachten
tu pensais	du dachtest	vous pensiez	Sie dachten/ihr dachtet
il/elle pensait	er/sie/es dachte	ils/elles pensaient	sie dachten

Konditional

je penserais	ich würde denken	nous penserions	wir würden denken
tu penserais	du würdest denken	vous penseriez	Sie würden/ihr würdet denken
il/elle penserait	er/sie/es würde denken	ils/elles penseraient	sie würden denken

Subjunktiv (**subjonctif**)

je pense	ich denke	**nous pensions**	wir denken
tu penses	du denkst	**vous pensiez**	Sie denken/ihr denkt
il/elle pense	er/sie/es denkt	**ils/elles pensent**	sie denken

2) -*IR* VERBEN

- **finir**, *beenden*

Partizip Präsens: **finissant**; Partizip Perfekt: **fini**

Präsens

je finis	ich beende	**nous finissons**	wir beenden
tu finis	du beendest	**vous finissez**	Sie beenden/ihr beendet
il/elle finit	er/sie/es beendet	**ils/elles finissent**	sie beenden

Futur

je finirai	ich werde beenden	**nous finirons**	wir werden beenden
tu finiras	du wirst beenden	**vous finirez**	Sie werden/ihr werdet beenden
il/elle finira	er/sie/es wird beenden	**ils/elles finiront**	sie werden beenden

Perfekt (**passé composé**)

j'ai fini	ich habe beendet	**nous avons fini**	wir haben beendet
tu as fini	du hast beendet	**vous avez fini**	Sie haben/ihr habt beendet
il/elle a fini	er/sie/es hat beendet	**ils/elles ont fini**	sie haben beendet

Imperfekt (**imparfait**)

je finissais	ich beendete	**nous finissions**	wir beendeten
tu finissais	du beendetest	**vous finissiez**	Sie beendeten/ihr beendetet
il/elle finissait	er/sie/es beendete	**ils/elles finissaient**	sie beendeten

Konditional

je finirais	ich würde beenden	**nous finirions**	wir würden beenden
tu finirais	du würdest beenden	**vous finiriez**	Sie würden/ihr würdet beenden
il/elle finirait	er/sie/es würde beenden	**ils/elles finiraient**	sie würden beenden

Subjunktiv (**subjonctif**)

je finisse	ich beende	nous finissions	wir beenden
tu finisses	du beendest	vous finissiez	Sie beenden/ihr beendet
il/elle finisse	er/sie/es beendet	ils/elles finissent	sie beenden

3) -*RE* VERBEN

Diese Gruppe besteht aus unregelmäßigen Verben. Sie hat zwei Untergruppen: die auf **-oir** und **-ir** endenden, die kein Partizip Präsens mit einer **-issant** Endung haben.
• **apprendre**, *lernen*
Partizip Präsens: **apprenant**; Partizip Perfekt: **appris**
Präsens

j'apprends	ich lerne	nous apprenons	wir lernen
tu apprends	du lernst	vous apprenez	Sie lernen/ihr lernt
il/elle apprend	er/sie/es lernt	ils/elles apprennent	sie lernen

Futur

j'apprendrai	ich werde lernen	nous apprendrons	wir werden lernen
tu apprendras	du wirst lernen	vous apprendrez	Sie werden/ ihr werdet lernen
il/elle apprendra	er/sie/es wird lernen	ils/elles apprendront	sie werden lernen

Perfekt (**passé composé**)

j'ai appris	ich habe gelernt	nous avons appris	wir haben gelernt
tu as appris	du hast gelernt	vous avez appris	Sie haben/ihr habt gelernt
il/elle a appris	er/sie/es hat gelernt	ils/elles ont appris	sie haben gelernt

Imperfekt (**imparfait**)

j'apprenais	ich lernte	nous apprenions	wir lernten
tu apprenais	du lerntest	vous appreniez	Sie lernten/ihr lerntet
il/elle apprenait	er/sie/es lernte	ils/elles apprenaient	sie lernten

Konditional

j'apprendrais	ich würde lernen	nous apprendrions	wir würden lernen
tu apprendrais	du würdest lernen	vous apprendriez	Sie würden/ihr würdet lernen
il/elle apprendrait	er/sie/es würde lernen	ils/elles apprendraient	sie würden lernen

Subjunktiv (**subjonctif**)

j'apprenne	ich lerne	nous apprenions	wir lernen
tu apprennes	du lernst	vous appreniez	Sie lernen/ihr lernt
il/elle apprenne	er/sie/es lernt	ils/elles apprennent	sie lernen

- **boire**, trinken

Partizip Präsens: **buvant**; Partizip Perfekt: **bu**

Präsens

je bois	ich trinke	nous buvons	wir trinken
tu bois	du trinkst	vous buvez	Sie trinken/ihr trinkt
il/elle boit	er/sie/es trinkt	ils/elles boivent	sie trinken

Futur

je boirai	ich werde trinken	nous boirons	wir werden trinken
tu boiras	du wirst trinken	vous boirez	Sie werden/ihr werdet trinken
il/elle boira	er/sie/es wird trinken	ils/elles boiront	sie werden trinken

Perfekt (**passé composé**)

j'ai bu	ich habe getrunken	nous avons bu	wir haben getrunken
tu as bu	du hast getrunken	vous avez bu	Sie haben/ihr habt getrunken
il/elle a bu	er/sie/es hat getrunken	ils/elles ont bu	sie haben getrunken

Imperfekt (**imparfait**)

je buvais	ich trank	nous buvions	wir tranken
tu buvais	du trankst	vous buviez	Sie tranken/ihr trankt
il/elle buvait	er/sie/es trank	ils/elles buvaient	sie tranken

Konditional

je boirais	ich würde trinken	nous boirions	wir würden trinken
tu boirais	du würdest trinken	vous boiriez	Sie würden/ihr würdet trinken
il/elle boirait	er/sie/es würde trinken	ils/elles boiraient	sie würden trinken

Subjunktiv (**subjonctif**)

je boive	ich trinke	nous buvions	wir trinken
tu boives	du trinkst	vous buviez	Sie trinken/ihr trinkt
il/elle boive	er/sie/es trinkt	ils/elles boivent	sie trinken

• **lire**, *lesen*
Partizip Präsens: **lisant**, Partizip Perfekt: **lu**
Präsens

je lis	ich lese	nous lisons	wir lesen
tu lis	du liest	vous lisez	Sie lesen/ihr lest
il/elle lit	er/sie/es liest	ils/elles lisent	sie lesen

Futur

je lirai	ich werde lesen	nous lirons	wir werden lesen
tu liras	du wirst lesen	vous lirez	Sie werden/ihr werdet lesen
il/elle lira	er/sie/es wird lesen	ils/elles liront	sie werden lesen

Perfekt (**passé composé**)

j'ai lu	ich habe gelesen	nous avons lu	wir haben gelesen
tu as lu	du hast gelesen	vous avez lu	Sie haben/ihr habt gelesen
il/elle a lu	er/sie/es hat gelesen	ils/elles ont lu	sie haben gelesen

Imperfekt (**imparfait**)

je lisais	ich las	nous lisions	wir lasen
tu lisais	du last	vous lisiez	Sie lasen/ihr last
il/elle lisait	er/sie/es las	ils/elles lisaient	sie lasen

Konditional

je lirais	ich würde lesen	nous lirions	wir würden lesen
tu lirais	du würdest lesen	vous liriez	Sie würden/ihr würdet lesen
il/elle lirait	er/sie/es würde lesen	ils/elles liraient	sie würden lesen

Subjunktiv (**subjonctif**)

je lise	ich lese	nous lisions	wir lesen
tu lises	du liest	vous lisiez	Sie lesen/ihr lest
il/elle lise	er/sie/es liest	ils/elles lisent	sie lesen

4) HILFS-, MODAL- UND UNREGELMÄSSIGE VERBEN

Hier sind die primären unregelmäßigen Verben. Zunächst die Hilfsverben **être** und **avoir**.
• **être**, *sein*
Partizip Präsens: **étant**; Partizip Perfekt: **été**
Präsens

je suis	ich bin	nous sommes	wir sind
tu es	du bist	vous êtes	Sie sind/ihr seid
il/elle est	er/sie/es ist	ils/elles sont	sie sind

Futur

je serai	ich werde sein	nous serons	wir werden sein
tu seras	du wirst sein	vous serez	Sie werden/ihr werdet sein
il/elle sera	er/sie/es wird sein	ils/elles seront	sie werden sein

Perfekt (**passé composé**)

j'ai été	ich bin gewesen	nous avons été	wir sind gewesen
tu as été	du bist gewesen	vous avez été	Sie sind/ihr seid gewesen
il/elle a été	er/sie/es ist gewesen	ils/elles ont été	sie sind gewesen

Imperfekt (**imparfait**)

j'étais	ich war	nous étions	wir waren
tu étais	du warst	vous étiez	Sie waren/ihr wart
il/elle était	er/sie/es war	ils/elles étaient	sie waren

Konditional

je serais	ich wäre	nous serions	wir wären
tu serais	du wärst	vous seriez	Sie wären/ihr wärt
il/elle serait	er/sie/es wäre	ils/elles seraient	sie wären

Subjunktiv (**subjonctif**)

je sois	ich bin	nous soyons	wir sind
tu sois	du bist	vous soyez	Sie sind/ihr seid
il/elle soit	er/sie/es ist	ils/elles soient	sie sind

- **avoir**, *haben*

Partizip Präsens: **ayant**; Partizip Perfekt: **eu**

Präsens

j'ai	ich habe	nous avons	wir haben
tu as	du hast	vous avez	Sie haben/ihr habt
il/elle a	er/sie/es hat	ils/elles ont	sie haben

Futur

j'aurai	ich werde haben	nous aurons	wir werden haben
tu auras	du wirst haben	vous aurez	Sie werden/ihr werdet haben
il/elle aura	er/sie/es wird haben	ils/elles auront	sie werden haben

Perfekt (**passé composé**)

j'ai eu	ich habe gehabt	nous avons eu	wir haben gehabt
tu as eu	du hast gehabt	vous avez eu	Sie haben/ihr habt gehabt
il/elle a eu	er/sie/es hat gehabt	ils/elles ont eu	sie haben gehabt

Imperfekt (**imparfait**)

j'avais	ich hatte	nous avions	wir hatten
tu avais	du hattest	vous aviez	Sie hatten/ihr hattet
il/elle avait	er/sie/es hatte	ils/elles avaient	sie hatten

Konditional

j'aurais	ich hätte	nous aurions	wir hätten
tu aurais	du hättest	vous auriez	Sie hätten/ihr hättet
il/elle aurait	er/sie/es hätte	ils/elles auraient	sie hätten

Subjunktiv (**subjonctif**)

j'aie	ich habe	nous ayons	wir haben
tu aies	du hast	vous ayez	Sie haben/ihr habt
il/elle ait	er/sie/es hat	ils/elles aient	sie haben

5) MODALVERBEN

Ein Modalverb benutzt man mit einem weiteren Verb und verändert die Aussage des ersten. Während es im Deutschen sechs gibt (*können*, *mögen*, *müssen*, etc.), gibt es im Französischen nur **devoir**, **pouvoir** und **vouloir**, alle unregelmäßig.
- **devoir**, *müssen, sollen*

Partizip Präsens: **devant**; Partizip Perfekt: **dû**
Präsens

je dois	*ich muss*	nous devons	*wir müssen*
tu dois	*du musst*	vous devez	*Sie müssen/ihr müsst*
il/elle doit	*er/sie/es muss*	ils/elles doivent	*sie müssen*

Futur

je devrai	*ich werde müssen*	nous devrons	*wir werden müssen*
tu devras	*du wirst müssen*	vous devrez	*Sie werden/ihr werdet müssen*
il/elle devra	*er/sie/es wird müssen*	ils/elles devront	*sie werden müssen*

Perfekt (**passé composé**)

j'ai dû	*ich habe gemusst*	nous avons dû	*wir haben gemusst*
tu as dû	*du hast gemusst*	vous avez dû	*Sie haben/ihr habt gemusst*
il/elle a dû	*er/sie/es hat gemusst*	ils/elles ont dû	*sie haben gemusst*

Imperfekt (**imparfait**)

je devais	*ich musste*	nous devions	*wir mussten*
tu devais	*du musstest*	vous deviez	*Sie mussten/ihr musstet*
il/elle devait	*er/sie/es musste*	ils/elles devaient	*sie mussten*

Konditional

je devrais	*ich müsste*	nous devrions	*wir müssten*
tu devrais	*du müsstest*	vous devriez	*Sie müssten/ihr müsstet*
il/elle devrait	*er/sie/es müsste*	ils/elles devraient	*sie müssten*

Subjunktiv (**subjonctif**)

je doive	ich muss	nous devions	wir müssen
tu doives	du musst	vous deviez	Sie müssen/ihr müsst
il/elle doive	er/sie/es muss	ils/elles doivent	sie müssen

- **pouvoir**, *können, dürfen*

Partizip Präsens: **pouvant**; Partizip Perfekt: **pu**

Präsens

je peux	ich kann	nous pouvons	wir können
tu peux	du kannst	vous pouvez	Sie können/ihr könnt
il/elle peut	er/sie/es kann	ils/elles peuvent	sie können

Futur

je pourrai	ich werde können	nous pourrons	wir werden können
tu pourras	du wirst können	vous pourrez	Sie werden/ihr werdet können
il/elle pourra	er/sie/es wird können	ils/elles pourront	sie werden können

Perfekt (**passé composé**)

j'ai pu	ich habe gekonnt	nous avons pu	wir haben gekonnt
tu as pu	du hast gekonnt	vous avez pu	Sie haben/ihr habt gekonnt
il/elle a pu	er/sie/es hat gekonnt	ils/elles ont pu	sie haben gekonnt

Imperfekt (**imparfait**)

je pouvais	ich konnte	nous pouvions	wir konnten
tu pouvais	du konntest	vous pouviez	Sie konnten/ihr konntet
il/elle pouvait	er/sie/es konnte	ils/elles pouvaient	sie konnten

Konditional

je pourrais	ich könnte	nous pourrions	wir könnten
tu pourrais	du könntest	vous pourriez	Sie könnten/ihr könntet
il/elle pourrait	er/sie/es könnte	ils/elles pourraient	sie könnten

Subjunktiv (**subjonctif**)

je puisse	ich kann	**nous puissions**	wir können
tu puisses	du kannst	**vous puissiez**	Sie können/ihr könnt
il/elle puisse	er/sie/es kann	**ils/elles puissent**	sie können

- **vouloir**, wollen, mögen

Partizip Präsens: **voulant**; Partizip Perfekt: **voulu**

Präsens

je veux	ich will	**nous voulons**	wir wollen
tu veux	du willst	**vous voulez**	Sie wollen/ihr wollt
il/elle veut	er/sie/es will	**ils/elles veulent**	sie wollen

Futur

je voudrai	ich werde wollen	**nous voudrons**	wir werden wollen
tu voudras	du wirst wollen	**vous voudrez**	Sie werden/ihr werdet wollen
il/elle voudra	er/sie/es wird wollen	**ils/elles voudront**	sie werden wollen

Perfekt (**passé composé**)

j'ai voulu	ich habe gewollt	**nous avons voulu**	wir haben gewollt
tu as voulu	du hast gewollt	**vous avez voulu**	Sie haben/ihr habt gewollt
il/elle a voulu	er/sie/es hat gewollt	**ils/elles ont voulu**	sie haben gewollt

Imperfekt (**imparfait**)

je voulais	ich wollte	**nous voulions**	wir wollten
tu voulais	du wolltest	**vous vouliez**	Sie wollten/ihr wollten
il/elle voulait	er/sie/es wollte	**ils/elles voulaient**	sie wollten

Konditional

je voudrais	ich möchte	**nous voudrions**	wir möchten
tu voudrais	du möchtest	**vous voudriez**	Sie möchten/ihr möchtet
il/elle voudrait	er/sie/es möchte	**ils/elles voudraient**	sie möchten

Subjunktiv (**subjonctif**)

je veuille	ich will	**nous voulions**	wir wollen
tu veuilles	du willst	**vous vouliez**	Sie wollen/ihr wollt
il/elle veuille	er/sie/es will	**ils/elles veuillent**	sie wollen

6) UNVOLLSTÄNDIGE ZEITVERBEN

Ein weiteres höchst geläufiges Verb ist **falloir**, was defektiv ist (d.h. nur in bestimmten Formen genutzt wird):
Kein Partizip Präsens; Partizip Perfekt: **fallu**
Präsens

| il faut | man muss/braucht/etc. |

Futur

| il faudra | es wird nötig sein |

Perfekt (**passé composé**)

| il a fallu | man hat gemusst |

Imperfekt (**imparfait**)

| il fallait | man musste |

Konditional

| il faudrait | es wäre nötig, man müsste |

Subjunktiv (**subjonctif**)

| il faille | man muss |

7) ANDERE UNREGELMÄSSIGE VERBEN

Zuletzt zwei sehr unregelmäßige – aber sehr nützliche – Verben: **aller** und **savoir**:
- **aller**, *gehen, fahren*
Partizip Präsens: **allant**; Partizip Perfekt: **allé**
Präsens

je vais	ich gehe	nous allons	wir gehen
tu vas	du gehst	vous allez	Sie gehen/ihr geht
il/elle va	er/sie/es geht	ils/elles vont	sie gehen

Futur

j'irai	ich werde gehen	nous irons	wir werden gehen
tu iras	du wirst gehen	vous irez	Sie werden/ihr werdet gehen
il/elle ira	er/sie/es wird gehen	ils/elles iront	sie werden gehen

Perfekt (**passé composé**)

je suis allé(e)	ich bin gegangen	nous sommes allé(e)s	wir sind gegangen
tu es allé(e)	du bist gegangen	vous êtes allé(e)s	Sie sind/ihr seid gegangen
il/elle est allé(e)	er/sie/es ist gegangen	ils/elles sont allé(e)s	sie sind gegangen

Imperfekt (**imparfait**)

j'allais	ich ging	nous allions	wir gingen
tu allais	du gingst	vous alliez	Sie gingen/ihr gingt
il/elle allait	er/sie/es ging	ils/elles allaient	sie gingen

Konditional

j'irais	ich würde gehen	nous irions	wir würden gehen
tu irais	du würdest gehen	vous iriez	Sie würden/ihr würdet gehen
il/elle irait	er/sie/es würde gehen	ils/elles iraient	sie würden gehen

Subjunktiv (**subjonctif**)

j'aille	ich gehe	nous allions	wir gehen
tu ailles	du gehst	vous alliez	Sie gehen/ihr geht
il/elle aille	er/sie/es geht	ils/elles aillent	sie gehen

- **savoir**, *wissen*

Partizip Präsens: **sachant**; Partizip Perfekt: **su**

Präsens

je sais	ich weiß	nous savons	wir wissen
tu sais	du weißt	vous savez	Sie wissen/ihr wisst
il/elle sait	er/sie/es weiß	ils/elles savent	sie wissen

Futur

je saurai	ich werde wissen	nous saurons	wir werden wissen
tu sauras	du wirst wissen	vous saurez	Sie werden/ihr werdet wissen
il/elle saura	er/sie/es wird wissen	ils/elles sauront	sie werden wissen

Perfekt (**passé composé**)

j'ai su	ich habe gewusst	nous avons su	wir haben gewusst
tu as su	du hast gewusst	vous avez su	Sie haben/ihr habt gewusst
il/elle a su	er/sie/es hat gewusst	ils/elles ont su	sie haben gewusst

Imperfekt (**imparfait**)

je savais	ich wusste	nous savions	wir wussten
tu savais	du wusstest	vous saviez	Sie wussten/ihr wussten
il/elle savait	er/sie/es wusste	ils/elles savaient	sie wussten

Konditional

je saurais	ich wüsste	nous saurions	wir wüssten
tu saurais	du wüsstest	vous sauriez	Sie wüssten/ihr wüsstet
il/elle saurait	er/sie/es wüsste	ils/elles sauraient	sie wüssten

Subjunktiv (**subjonctif**)

je sache	ich weiß	nous sachions	wir wissen
tu saches	du weißt	vous sachiez	Sie wissen/ihr wisst
il/elle sache	er/sie/es weiß	ils/elles sachent	sie wissen

8) ANMERKUNGEN UND ERINNERUNGEN

– Das Perfekt wird mit den Hilfsverben **avoir** oder **être** gebildet. Mit **avoir** wird das Partizip einem direkten Objekt angeglichen, das vor dem Verb steht: **J'ai envoyé les lettres** aber **Les lettres que j'ai envoyées.** Wenn **être** das Hilfsverb ist, kongruiert das Partizip mit dem Subjekt: **Il est allé, Elle est allée, Ils sont allés**, etc.
– Alle reflexiven Verben bilden ihr Passé Composé mit **être** (**Elle s'est assise par terre**, *Sie hat sich auf den Boden gesetzt*; **Nous nous sommes rencontrés il y a vingt ans**, *Wir haben uns vor 20 Jahren kennengelernt*).

– Perfekt- und Präsens-Partizipien können als Adjektive verwendet werden, wo sie immer in Numerus und Genus übereinstimmen: **une personne intéressante**, *eine interessante Person*; **les clés perdues**, *die verlorenen Schlüssel*).
– Es gibt im Französischen zwei Futur-Formen, für die es im Deutschen nur eine gibt: Futur composé und Futur simple: **Je vais aller au cinéma** und **J'irai au cinéma** für *Ich werde ins Kino gehen*.
– Es gibt kein Äquivalent zum Subjonctif. In manchen Fällen kommt es aber dem deutschen Konjunktiv nah: **Il faut que tu saches**, *Du solltest wissen* oder aber *Du musst wissen*.

Redaktionelle Umsetzung und Formatierung:
Céladon éditions www.celadoneditions.com

Grafische Gestaltung, Deckblatt und Innenseiten:
Sarah Boris

Tontechniker:
Léonard Mule @ Studio du Poisson Barbu

Deutsche Übersetzung und Aufbereitung:
Ricarda Hollmann @ Hollmann Graphic Design

© 2022, Assimil.
Gesetzliche Pflichthinterlegung: September 2022
Ausgabe Nr.: 4180
ISBN: 978 2 7005 0893 2
 ˙˙ ᵊssimil.com

t in Rumänien von Tipografia Real